Luiz Antonio Mattos Filgueiras

HISTÓRIA DO PLANO REAL
Fundamentos, impactos e contradições

3ª edição

CB032192

Assistência editorial
Livia Campos

Preparação dos originais
Lucélia Caravieri Temple

Capa
Ivana Jinkings e *Antonio Kehl*

Diagramação
Gapp Design

Coordenação de produção
Juliana Brandt

Assistência de produção
Livia Viganó

CIP-BRASIL. CATALOGAÇÃO-NA-FONTE
SINDICATO NACIONAL DOS EDITORES DE LIVROS, RJ

F512h
3.ed.

Filgueiras, Luiz Antonio Mattos
História do Plano Real : fundamentos, impactos e contradições / Luiz
Antonio Mattos Filgueiras. - 3.ed.rev. - São Paulo : Boitempo, 2012.

Inclui bibliografia
ISBN 978-85-85934-64-4

1. Reforma monetária - Brasil. 2. Brasil - Política econômica. I. Título.

12-2113.   CDD: 332.4150981
                                                CDU: 336.748.5(81)

1ª edição: novembro de 2000
2ª edição: outubro de 2003
3ª edição: março de 2006
3ª edição revista: abril de 2012; 2ª reimpressão: outubro de 2024

BOITEMPO
Jinkings Editores Associados Ltda.
Rua Pereira Leite, 373
05442-000 São Paulo SP
Tel.: (11) 3875-7250 / 3875-7285
editor@boitempoeditorial.com.br
boitempoeditorial.com.br | blogdaboitempo.com.br
facebook.com/boitempo | twitter.com/editoraboitempo
youtube.com/tvboitempo | instagram.com/boitempo

"A rejeição ao 'nacional' não só atingiu os níveis mais profundos daquelas almas nativas, mas também conseguiu angariar novos adeptos. Desde os anos 30 não se via coisa igual. A rejeição é mais profunda porque atingiu, de forma devastadora, os sentimentos de pertinência à mesma comunidade de destino, suscitando processos subjetivos de diferenciação e des-identificação em relação aos 'outros', ou seja, à massa de pobres e miseráveis que 'infesta' o país. E essa des-identificação vem assumindo cada vez mais as feições de um individualismo agressivo e antirrepublicano. Uma espécie de caricatura do americanismo. A rejeição também foi mais ampla porque essas formas de consciência social contaminaram vastas camadas das classes médias: desde os 'novos' proprietários, passando pelos quadros técnicos intermediários até chegar aos executivos assalariados e à nova intelectualidade formada em universidades estrangeiras ou mesmo em escolas locais que se esmeram em reproduzir os valores e hábitos forâneos."

Luiz Gonzaga de Mello Belluzzo
("A culpa da crise", *Folha de S.Paulo*, 22/11/1998)

Para Graça e Vitor,
meus companheiros de vida.

Sumário

Apresentação 11
Prefácio à 2ª edição 19
Prefácio 23
Introdução 27
   1. *Objeto de estudo* 29
   2. *Uma leitura econômico-política do Plano Real* 36
   3. *Informações e dados* 38

Capítulo I

O panorama internacional 41
   1. *O "novo" liberalismo* 42
   2. *A reestruturação produtiva* 49
   3. *Avanço e implementação das políticas neoliberais* 56
   4. *O processo de globalização* 58
      4.1. A globalização financeira 62
   5. *A convergência dos três movimentos* 64

Capítulo II

O panorama interno 69
   1. *Antecedentes históricos: a "década perdida"* 70
      1.1. A crise da dívida e o ajuste monetário do balanço
      de pagamentos 71
      1.2. A inflação inercial e o Plano Cruzado 77
   2. *Antecedentes históricos: a era liberal* 83
      2.1. Governo Collor: o início das políticas liberais 84
      2.2. As eleições de 1994 88

Capítulo III

Os FUNDAMENTOS TEÓRICOS E A IMPLEMENTAÇÃO DO PLANO............93
1. *O Consenso de Washington*..................95
2. *A moeda indexada*..................98
3. *A experiência do Plano Cruzado*..................100
4. *As três fases do Plano: a implantação da nova moeda*..........101
   4.1. O ajuste fiscal..................101
   4.2. A URV: o embrião da nova moeda..................104
   4.3. A nova moeda: o Real..................108
5. *As reformas da economia e do Estado e as privatizações*......109

Capítulo IV

As SUCESSIVAS CONJUNTURAS..................117
1. *O pós-Real e a euforia do consumo: julho de 1994 a março de 1995*..................120
2. *A crise do México e a desaceleração da economia: abril de 1995 a março de 1996*..................125
3. *As eleições municipais e a retomada da economia: abril de 1996 a junho de 1997*..................133
4. *Novo período recessivo-estagnacionista: julho de 1997 a dezembro de 1998*..................135
   4.1. A crise da Ásia e o "Pacote 51": julho de 1997 a maio de 1998..................136
   4.2. A crise da Rússia e o novo pacote fiscal: junho-dezembro de 1998..................139
   4.3. O acordo com o FMI: dezembro de 1998..................141
5. *O efeito das flutuações econômicas sobre o desemprego*......145

Capítulo V

Os IMPACTOS DO PLANO..................149
1. *Inflação e balanço de pagamentos*..................155
2. *Produto e emprego*..................168
3. *Déficit público e dívida pública*..................174

Capítulo VI

O FIM DA ÂNCORA CAMBIAL..................185
1. *A desvalorização do Real*..................187
2. *A revisão do acordo com o FMI*..................196
3. *O desempenho da economia pós-âncora cambial*..................198

CONCLUSÃO..................215
POSFÁCIO..................225
BIBLIOGRAFIA..................287

ÍNDICE DAS TABELAS

Tabela 1. Inflação, PIB e taxa de investimento – 1980-1989..75
Tabela 2. Balança comercial – 1980-1989....................76
Tabela 3. Resultados do Programa Nacional de
Desestatização – 1991-1998...................114
Tabela 4. Privatizações – Resultados gerais
acumulados – 1991-1998........................115
Tabela 5. PIB – Taxa trimestral – Brasil – 1991-1998...........119
Tabela 6. PIB – Taxa trimestral contra trimestre anterior –
Brasil – 1991-1998.............................119
Tabela 7. Variação mensal do IGP-DI – 1994-1998..............120
Tabela 8. Índice de Preços ao Consumidor em Real (IPC-r)....123
Tabela 9. Evolução mensal da balança comercial
brasileira/1994-1995.............................124
Tabela 10. Evolução mensal das reservas internacionais –
1994-1998.....................................127
Tabela 11. Evolução mensal da balança comercial
brasileira/1996-1998.............................135
Tabela 12. Variação mensal do IPC-FIPE – 1994-1998.........138
Tabela 13. Evolução mensal do desemprego aberto –
RMSP/PME....................................146
Tabela 14. Montantes acumulados na conta de transações
correntes nos períodos pré e pós-Real.............152
Tabela 15. Montantes acumulados nas contas do
balanço de serviços nos períodos pré e pós-Real.........153
Tabela 16. Montantes acumulados na balança de
capitais nos períodos pré e pós-Real................153

Tabela 17. Dívida externa e reservas internacionais –
1990-1998............154
Tabela 18. Variação anual de preços – 1990-1998............155
Tabela 19. Balança de capitais – 1991-1998............160
Tabela 20. Número de instituições bancárias............164
Tabela 21. Participação dos bancos nacionais com controle
estrangeiro no total dos bancos múltiplos e comerciais........165
Tabela 22. Contas selecionadas da demonstração de
resultados de 9 grandes bancos privados............167
Tabela 23. Evolução da taxa de desemprego aberto –
1989-1998............169
Tabela 24. Necessidade de financiamento do setor público –
1994-1998............176
Tabela 25. Dívida líquida do setor público – 1994-1998............177
Tabela 26. Acordo com o FMI: Metas para 1999............197
Tabela 27. Índices de preço (IGP/FGV; IPC/FIPE; ICV/
DIEESE)............201
Tabela 28. Desemprego aberto: PME – janeiro-junho/1999........203
Tabela 29. Desemprego aberto: PED – janeiro-junho/1999........203
Tabela 30. Dívida líquida do setor público – primeiro
semestre – 1999............204
Tabela 31. Necessidade de financiamento do setor
público – janeiro-maio/1999............206
Tabela 32. Transações correntes – janeiro-junho/1999............207
Tabela 33. Balança de capitais – janeiro-junho/1999............210

Tabelas do Posfácio

Tabela 1. Variação anual de preços – 1990-2002............234
Tabela 2. Metas de inflação............235
Tabela 3. Transações correntes............239
Tabela 4. Serviços e rendas............243
Tabela 5. Juros líquidos e lucros e dividendos............243
Tabela 6. Contra capital e financeira............248
Tabela 7. Empréstimos e amortizações............249
Tabela 8. Juros líquidos e lucros
e dividendos e amortizações............249
Tabela 9. Superávit/déficit primário e dívida
líquida do setor público – 1994-2002............252

ÍNDICE DOS GRÁFICOS

Gráfico 1. Plano Cruzado – Evolução da taxa de inflação............81
Gráfico 2. Plano Collor – Evolução da taxa de inflação............89
Gráfico 3. Balança comercial – 1994-1998............157
Gráfico 4. Evolução da balança de serviços – 1990-1998............157
Gráfico 5. Renda de capitais e viagens internacionais –
1994-1998............158
Gráfico 6. Transações correntes – 1990-1998............159
Gráfico 7. Investimentos estrangeiros, empréstimos e
financiamentos – 1994-1998............161
Gráfico 8. Investimentos estrangeiros no Brasil – 1994-1998........162
Gráfico 9. Número de empresas brasileiras compradas
por estrangeiros – 1990-1998............163
Gráfico 10. Ativos dos vinte maiores bancos privados
nacionais – 1994-1998............166
Gráfico 11. Produto Interno Bruto – 1994-1998............168
Gráfico 12. Taxa de desemprego na RMSP – PED/PME –
1989-1998............173
Gráfico 13. Necessidade de financiamento do setor
público – 1994-1998............180
Gráfico 14. Necessidade de financiamento – Juros reais –
1994-1998............181
Gráfico 15. Necessidade de financiamento – Resultado
operacional – 1994-1998............181
Gráfico 16. Dívida líquida total do setor público – 1994-1998........182
Gráfico 17. Distribuição da dívida líquida total do setor
público – 1994-1998............182

Gráfico 18. Dívida líquida do setor público – 1994-1998..........183
Gráfico 19. Dívida externa por setor – 1994-1998......................184
Gráfico 20. Evolução do câmbio – janeiro/1999........................188
Gráfico 21. Evolução do câmbio – fevereiro/1999.....................191
Gráfico 22. Evolução do câmbio – março/1999.........................193
Gráfico 23. Evolução da taxa cambial – abril-junho/1999......196
Gráfico 24. Distribuição de títulos públicos federais
por indexador – dezembro/1998..205

Gráficos do Posfácio

Gráfico 1. Balança comercial – 1994-2002....................................240
Gráfico 2. Evolução dos serviços e rendas – 1994-2002...........244
Gráfico 3. Serviços e *royalties*...245
Gráfico 4. Juros líquidos e lucros e dividendos........................246
Gráfico 5. Transações correntes – 1994-2002.............................247
Gráfico 6. Dívida externa – 1994-2002..250
Gráfico 7. Necessidade financeira do setor público...............251
Gráfico 8. Dívida líquida do setor público – 1994-2002........253
Gráfico 9. Distribuição da dívida líquida – 1994-2002...........253
Gráfico 10. Produto Interno Bruto – 1994-2002.......................255
Gráfico 11. Taxa de desemprego na RMSP.................................256
Gráfico 12. Evolução do câmbio – fev./2002-mar./2003........271
Gráfico 13. Balança comercial – fev./2002-mar./2003...........273
Gráfico 14. Variação de preços – fev./2002-mar./2003..........274
Gráfico 15. Taxa SELIC – fev./2002-mar./2003.........................275
Gráfico 16. Taxa de desemprego na RMSP
e RMS-PED – fev./2002-mar./2003...277
Gráfico 17. Dívida líquida do setor público –
fev./2002-mar./2003...278

Apresentação

É OPORTUNA e útil a publicação desta *História do Plano Real*, do professor Luiz A. M. Filgueiras, inicialmente (1999) escrita como tese para concurso de professor-titular de Economia Brasileira da UFBA.

O livro apresenta dois capítulos iniciais que explicam ao leitor, com clareza, o sentido da *globalização, da reestruturação produtiva e das políticas neoliberais* e os fatos (da década de 1980 a 1994) antecedentes (notadamente a crise da dívida, Plano Cruzado e Plano Collor) à implantação daquele plano. Os capítulos III a V dedicam-se a uma detalhada análise da implantação do Plano, seus impactos e as conjunturas subsequentes e o último trata de sua implosão, a partir da desvalorização de janeiro de 1999.

A análise é cuidadosa e detalhada, utilizando grande quantidade de informações e manejando ampla bibliografia, tanto de textos de apoio como de crítica ao Plano. Sua análise, por sinal transparente, não só aponta os "erros" e os erros cometidos pela equipe econômica do Governo, mas também denuncia o desprezo dessa equipe (e do próprio Governo) na defesa dos interesses nacionais e dos da classe trabalhadora. Conclui, como eu mesmo já havia concluído, pela necessária ruptura com esse modelo econômico e pela inadiável construção de uma alternativa – um Projeto Nacional.

Certamente Filgueiras não ignora os obstáculos políticos e econômicos nisso envolvidos, tema por demais importante e que dele passo a tratar, resumidamente, nesta Apresentação.

Parto da ideia central de que, a partir de 1979, os EUA, via política monetária e fiscal, voltam a impor o dólar como o equivalente geral da economia mundial; retomam sua hegemonia e instauram, em seguida, o maior *poder imperial* surgido no capitalismo.[1] Para a periferia internacional, o resultado foi abdicar da soberania nacional e adotar submissamente políticas neoliberais, pondo suas economias sob os desígnios dos EUA. Aos efeitos da "Crise da Dívida" da década anterior, somaram-se os destas políticas, aumentando a desestruturação das economias nacionais e agravando a crise do Estado e do balanço de pagamentos.

O exame destas duas últimas décadas, na América Latina, não deixa dúvidas.[2] A crise mostrou a supremacia do capital financeiro, exigindo a quebra de nossa soberania nacional, liberando as vias para sua intermitente valorização. Isso exigiu: desmantelar o Estado; desregulamentar a entrada e saída de capital; abrir o comércio e a finança; transformar várias instituições em *cassinos financeiros*; privatizar e desnacionalizar nossas melhores empresas. Tudo com a submissão e aplauso de nossos governos e de parte de nossas elites.

Essas políticas resultaram em débil crescimento médio anual para nossos países nos últimos 12 anos: taxas altas, em 3 ou 4 anos, baixas, em outro tanto, e débeis ou negativas, em outros 3 ou 4 anos. Mas seu maior efeito foi o aumento das importações (bens e serviços) muito acima das exportações, acumulando enormes déficits externos, exigindo mais financiamento externo e maiores pagamentos de amortizações e juros, aumentando ainda mais o financiamento e a dívida externa pública

---

[1]   As principais decorrências das atitudes dos EUA foram: quebra financeira dos países endividados, alguns deles socialistas; anúncio do projeto Star Wars (*Guerra nas Estrelas*) em 1983, limitando a capacidade de retaliação da URSS; o desastre político e econômico da *perestroika,* a partir de 1985-86, e a desintegração da URSS em 1991; a queda do Muro de Berlim em 1989 e o alto custo da *reunificação alemã*; desvalorização do dólar e subsequente valorização do IEN. Com isso, os EUA liquidaram não só com a URSS, mas também com as pretensões de Japão e Alemanha em *dar as cartas no capitalismo mundial.*

[2]   Ver, em meu livro *Soberania e política econômica na América Latina* (Unesp--Unicamp, 2000), a análise macroeconômica dos sete principais países capitalistas latino-americanos, com os péssimos resultados da implantação dessas políticas.

e privada. O investimento direto financiou parte disso, mas gerou crescentes remessas de lucros, acima do aumento das exportações.

Isso contamina as contas públicas internas, pela *esterilização* do alto influxo de divisas, ampliando a dívida pública interna (que no Brasil quintuplicou desde o Plano Real). O aumento dessas duas dívidas impõe extorsivas taxas de juros que ampliam ainda mais o déficit público, quebram empresas nacionais e inutilizam os sacrifícios dos cortes nos gastos sociais. A estabilidade monetária, obtida graças aos altos juros e valorizações cambiais é também perniciosa, distorcendo os preços relativos e alterando as prioridades privadas de investimento. Há ainda seus efeitos sociais: queda do salário real, aumento do desemprego, da violência e deterioração dos serviços sociais, presentes em quase todos nossos países e cidades.

Essa dinâmica conduz a economia a um desastre cambial, com violenta desvalorização do câmbio, do que pode resultar reativação de exportações, redução ou estagnação das importações e "retomada" do crescimento econômico. Mas a ilusão dura pouco: à medida que se acentue o crescimento, a dinâmica do modelo reporá o processo, as importações voltarão a crescer, o consumo se expandirá, o financiamento externo retornará, e nova crise surgirá em pouco tempo, com o que, nova recessão, mais desemprego etc.

Por isso, não há como "reformar" parcialmente o modelo, embora alguns ingênuos creiam nisso. Se os juros baixam, o capital externo foge e implode o modelo; se os gastos sociais crescem, o orçamento explode, dado o alto peso dos juros; restringir importações é difícil, face à reestruturação já feita nas empresas e à desestruturação de cadeias produtivas; se estimularmos exportações, irão nos acusar de subsidiá-las, sofrendo retaliações externas. Estas são as razões pelas quais proponho a ruptura com o modelo atual, retomando a soberania nacional e o manejo da política econômica, transitando para outro modelo, com alto crescimento da renda e do emprego, voltado principalmente (mas não exclusivamente) para o mercado interno e a população de baixa e média rendas.

Esta alternativa não é a equivocada ideia de uma *autarquia econômica*: a proposta é de alterar nossa inserção externa, através da *integração com os integráveis*, reformulação do Mercosul e ampliação de seu espaço. Procura ampliar nossas tradicionais correntes de comércio, porém em bases mais justas e dignas para nós. Não ignoro que esta proposta implica enfrentar fortes interesses cristalizados pela adoção das *políticas neoliberais*, *globalização* e *reestruturação*. Eles ampliaram nossos CONSTRANGIMENTOS EXTERNOS, que já eram elevados face ao endividamento externo, dificultando ainda mais a formulação e execução de um novo projeto nacional de desenvolvimento econômico e social. Esses constrangimentos resumidamente são:

– *a dívida externa*, crescente, e que exige contínua ampliação do financiamento externo;
– *a Tríade*, com suas políticas multilateralistas, estreitaram nosso campo da negociação bilateral;
– as novas *empresas transnacionais*, através de alta reconcentração privada de capital, ampliaram muito seus poderes monopólicos de mercado, financeiro, tecnológico e de decisão para o investimento;
– as *transformações tecnológicas*, que, entre outros, nos causam os seguintes problemas:
  i – substituição de trabalho (principalmente o menos qualificado), fator abundante nos países subdesenvolvidos, e ampliação do desemprego estrutural;
  ii – substituição de produtos tradicionais (aço, cobre, chumbo, açúcar de cana etc.), basicamente produzidos aqui, por outros produzidos pelas novas tecnologias, notadamente nos países desenvolvidos;
  iii – grande e rápido *sucateamento de equipamentos e instalações* relativamente novos, estruturados no antigo padrão tecnológico;
  iv – necessidade de grandes *investimentos de infraestrutura* adequada às novas tecnologias;
  v – incerteza sobre o futuro de parte de nossa *agricultura*, que, no início do próximo século, graças à biotecnologia, poderá perder parte de nossas vantagens atuais;
  vi – "transferência implícita" de países desenvolvidos para subdesenvolvidos, de grande parte da produção que causa graves danos ecológicos ou alto consumo de energia (aço, alumínio, celulose etc.);

vii – com as privatizações e rupturas dos monopólios públicos, o Estado encolheu ainda mais o investimento, perdendo a capacidade de conduzir as políticas setoriais e regionais;

viii – o predomínio das decisões pelas transnacionais dirige o progresso técnico para setores mais compatíveis com a distribuição regressiva da renda ou que a acentua.

A crise da dívida externa, os erros de nossa política econômica e outras adversidades dos últimos vinte anos geraram um formidável conjunto de CONSTRANGIMENTOS INTERNOS inibitórios à solução da crise:

– o recente processo de estabilização não garante que novas desvalorizações cambiais e remarcações de preços e tarifas públicas não venham a recrudescer a inflação. Ela está em níveis baixos, face à recessão, ao retardamento daquelas remarcações, à grande queda real de preços agrícolas internos e externos. Some-se a isso a inadiável necessidade do equacionamento da dívida interna;

– *deterioração do Estado*, fragilização fiscal e financeira, corrosão da capacidade de planejamento e de política econômica, deterioração qualitativa do funcionalismo público e da eficiência administrativa;

– o efeito acumulado da redução do investimento público nos últimos vinte anos deteriorou quase todos os serviços públicos básicos e a própria infraestrutura;

– há urgente necessidade de readequação das empresas estatais e do reexame das privatizações agendadas;

– o atraso tecnológico relativo de vários setores produtivos;

– a debilidade do sistema nacional de financiamento de longo prazo;

– a ausência de vontade política das elites, para formular um Projeto Nacional. Estas, em grande parte, se converteram em *rentiers*, beneficiando-se ainda da livre entrada e saída do capital para o exterior.

Considerados os anos em que estamos ficando à margem do processo de reestruturação tecnológica e o tempo necessário para alocar recursos e investimentos necessários à recuperação do que deixou de ser feito (estradas, telecomunicações, saneamento básico etc.), nas duas últimas décadas, não é difícil prever que nosso "atraso" rumo à Terceira Revolução Industrial já contabilizaria algo em torno de 40 anos. A esse *atraso técnico e material* junta-se o *cultural* e o *social*, ampliados no período. É preciso definir como OBJETIVOS BÁSICOS do projeto: *retomar altas taxas de crescimento da renda e do emprego, implantar política científica, tecnológica e cultural autônoma, de responsável conservação ambiental e de distribuição de renda e de ativos*. Insisto que apenas a instituição de uma *economia solidária* é insuficiente para enfrentar a questão social e as *do crescimento e do emprego*. Há que se aprofundar e detalhar o DIAGNÓSTICO MACROECONÔMICO E SOCIAL e examinar as perspectivas externas, para demonstrar que a continuidade do atual "modelo" aprofunda cada vez mais a crítica situação do Brasil.

Há que se desmascarar as absurdas propostas para implantar a dolarização, a "moeda única latino-americana", ou a conversibilidade de nossa moeda, cujos efeitos tirariam o resto de poder nacional do país, ampliando o dos EUA. Denunciar também as propostas para criar a Alca e o Acordo Multilateral de Investimentos, que aprofundariam a atual submissão do país e do continente. Se entendido que o atual «modelo» não comporta "meros reparos" e sim ruptura, há que se entender que só cabe propor uma alternativa progressista e democrática a esse *fascismo de mercado*, o que exige clara consciência dos problemas a enfrentar e que se esclareça a nação sobre suas dificuldades e seus efeitos. Significa, portanto, entender que:

– é inadiável a atitude de ruptura com o atual modelo, substituindo-o pelas alternativas propostas;
– é indispensável reestruturar as dívidas interna e externa, para desafogar a crítica situação das finanças públicas e do balanço de pagamentos;
– é imprescindível o *controle drástico do câmbio e dos fluxos de capitais do e para o exterior*;
– é necessário reestruturar os mecanismos de proteção tarifária e não tarifária e rever nossos acordos e obrigações internacionais (OMC, Mercosul);
– é necessária rigorosa reformulação das diretrizes que regem as instituições financeiras públicas e privadas, para criar

novo sistema financeiro para garantir a alocação priorizada do crédito e conter a especulação;

– dada a restrição interna (pública) e externa de recursos, que poderá piorar após a ruptura, as alternativas deverão buscar, no início, a *utilização de capacidade ociosa da economia*, minimizando e priorizando as necessidades de novos investimentos, mormente dos que demandem elevados recursos externos;

– para a transição, é indispensável a implantação de uma *política emergencial de abastecimento* e, posteriormente, uma *política de segurança alimentar*;

– será impossível a consecução destas proposições, sem que se faça completa e urgente reformulação dos aparelhos de Estado voltados para a implantação das alternativas e de seu acompanhamento.

Advirta-se mais uma vez que os propósitos acima podem gerar vários conflitos externos (EUA, FMI, BIRD, OMC, banca internacional etc.) e internos (elites, partidos à direita, empresários, sistema financeiro, alguns sindicatos etc.), exigindo, portanto, a prévia construção de um novo e difícil pacto de poder político.

Este negociará com *partidos, sindicatos, empresariado, regiões e setores*, exigindo acurado preparo político, de difícil construção. Contudo, a possibilidade (verossímil) de um agravamento maior (interno e externo) da crise certamente diminuirá essas dificuldades políticas.

A alternativa aqui proposta privilegia a criação de um AMPLO MERCADO INTERNO DE MASSAS, pois os *constrangimentos internos e externos* apontados impedem a opção de apenas um único e determinante vetor de crescimento, seja o *"drive* exportador" ou o *hacia dentro* com forte aumento do investimento interno. A exclusiva opção interna exige elevados investimentos públicos e privados nos próximos dez anos, para repor os não realizados nos últimos vinte anos. O modelo também não evitaria altas e necessárias importações de máquinas e insumos.

Somos um país *continental* e de grande população, mas não contamos com grande produção de alta qualidade para poder transformar nossas exportações na variável determinante da renda. Isso no passado foi possível com o café, para nós, e milho, trigo e carne, para a Argentina; hoje isto não é mais possível.

Há que se selecionar setores menos demandantes de importações, que aumentarão face à necessária modernização de alguns setores exportadores. Assim, quaisquer dos dois vetores nos colocam problemas sérios de financiamento interno e externo e, portanto, de inflação e balanço de pagamentos. Mas o crescimento possível com qualquer deles – isoladamente – é pequeno e insuficiente para dar conta do desemprego e de nossa crise social.

Por isso é necessária uma estratégia que não se concentre num só vetor, mas que utilize "de tudo um pouco". Ela contemplaria vários setores ao mesmo tempo, priorizando atualização tecnológica de alguns segmentos, escalonando no tempo o uso dos recursos mais escassos (câmbio e finanças públicas), crescimento de ramos combinados com políticas sociais etc. Mesmo assim, uma combinação "ótima" de setores/tempo/espaço pressionaria a capacidade de pagamentos externos, obrigando-nos a reforçar a política de exportações. Para atingir nossos objetivos, temos de nos libertar do neoliberalismo. Para isso, é imperativo e urgente que se formule uma *estratégia, para um programa*: ORGANIZADO, para não deixar só ao mercado a "solução" de problemas econômicos e sociais; DEFENSIVO, porque temos a maior estrutura industrial do "Terceiro Mundo" e ainda muito a perder – em Ativos e Empregos – se permitirmos a continuidade da atual política neoliberal. Para isso, é imprescindível reestruturar o Estado para retomar soberanamente os destinos da Política Econômica e Social, fazer reformas necessárias a essa retomada do crescimento e propor formas de equacionamento daqueles *constrangimentos internos e externos*.[3]

A alternativa, como também a pensa Filgueiras, busca uma estratégia do possível, mas que reponha a soberania nacional, que possibilite a expansão da economia e do emprego e, antes de tudo, que promova o resgate da imensa exclusão social praticada – repetidamente – desde o século XVI neste país.

Wilson Cano
Campinas, julho de 2000

---

[3] O restrito espaço destas notas impede a apresentação mais detalhada do projeto, no que se refere às políticas econômicas específicas, às reformas, quanto aos ramos e segmentos prioritários para o programa e à questão das novas formas e possibilidades de inserção comercial externa.

Prefácio à 2ª edição

A 1ª edição deste livro, lançada em novembro de 2000, tratou da evolução da economia brasileira – do ponto de vista macroeconômico e das políticas econômicas implementadas – desde o início dos anos 1980 até o primeiro semestre de 1999. Nesse último ano, o segundo Governo de Fernando Henrique Cardoso ainda estava no início, mas já tinha enfrentado uma grave crise cambial, que implicou uma grande desvalorização do Real e obrigou a substituição do regime cambial então vigente.

A presente edição está acrescida de um posfácio, que trata, exatamente, do segundo Governo FHC (1999–2002) e do início – os três primeiros meses – do Governo Lula; portanto, essa nova parte do livro abrange o período que vai de 1999 até março de 2003. A compreensão mais geral que guiou esse novo texto pode ser resumida nos seguintes pontos:

1 – A partir de 1999, com a adoção do câmbio flexível, a âncora cambial foi substituída pelas âncoras monetária e fiscal, através da implementação da política de metas de inflação e da obtenção de elevados superávits primários nas contas públicas. No entanto, as vicissitudes da economia brasileira continuaram, no essencial, as mesmas, podendo ser resumidas na sua grande vulnerabilidade externa e na elevada fragilidade financeira do setor público. Com isso, o país completou a sua segunda "década perdida". Mesmo a única conquista importante dos dois Governos de FHC, a estabilidade monetária, passou a ser colocada em questão a partir da crise cambial de

2002, vindo a constituir-se numa das dificuldades do Governo Lula.

2 – A herança deixada por dois Governos de FHC aprisionou o que viria a ser o novo Governo ainda no período eleitoral, quando Lula, expressando a aliança política que o estava levando a vencer as eleições, divulgou a "Carta ao povo brasileiro", se comprometendo a dar sequência às mesmas políticas econômicas adotadas até ali, bem como a respeitar todos os contratos firmados pelo governo que estava saindo. Transcorridos quase quatro meses do novo governo, o aprisionamento continuava e não dava sinais de esmorecimento. Os últimos dois documentos do Governo Lula divulgados – "Política econômica e reformas estruturais", do Ministério da Fazenda, e a proposta da nova "Lei de Diretrizes Orçamentárias" para 2004, do Ministério do Planejamento – mantinham a mesma orientação seguida até então, qual seja, manutenção e aprofundamento das mesmas políticas econômicas do Governo FHC.

3 – Apesar do discurso do Governo Lula, não há a menor possibilidade de transitar do modelo econômico liberal e suas respectivas políticas para um novo modelo de "forma lenta, gradual e segura" sem nenhum tipo de ruptura. A obtenção da confiança dos "mercados", através da manutenção e aprofundamento das políticas ortodoxas e da promessa de realização das reformas previdenciária, tributária e trabalhista, não abrirá espaço para essa transição. Qualquer movimento nessa direção contará com uma reação contrária imediata do capital financeiro e das instituições econômicas "multilaterais". Portanto, a saída dessa prisão, se é que se quer mesmo sair dela, implicará custos, inevitavelmente, e a constituição de uma outra base de sustentação política para o Governo Lula. A alternativa até aqui praticada é de caminhar na radicalização do ajuste fiscal, ano a ano, na esperança de que isso leve o país a obter maior credibilidade internacional, que viabilize a solução de sua vulnerabilidade externa – esperança essa não apoiada na história recente do capitalismo "turbinado", volátil e acelerado sob a hegemonia do capital financeiro.

A análise desenvolvida no posfácio tem a mesma natureza do restante do livro, portanto se constitui num prolongamento da análise feita até 1999, quando da crise cambial que desfez o sonho do Real forte. A metodologia é a mesma, com a utilização dos mesmos indicadores macroeconômicos, referentes à inflação, ao balanço de pagamentos, ao desemprego, ao PIB e às contas públicas. As fontes são o Banco Central, o IBGE e a Fundação Getúlio Vargas. Muitas vezes, os números para um mesmo período, em particular no que se refere ao balanço de pagamentos, não coincidem com os apresentados no capítulo V, Os impactos do Plano; isso ocorre em virtude de revisões feitas posteriormente, pelas instituições responsáveis pela produção desses números, ou pelo fato de a estrutura do balanço de pagamentos ter sido modificada, em termos da apresentação de algumas de suas contas. No entanto, pelo fato de essa circunstância em nada alterar a análise já feita, bem como suas conclusões, preferiu-se manter o texto e os números na forma como estavam na 1ª edição.

Adicionalmente, deve-se alertar o leitor para outra circunstância, qual seja: com exceção do Posfácio e do acréscimo feito ao final da Introdução – que faz um pequeno comentário sobre esse Posfácio –, ambos incorporados a esta 2ª edição, todas as demais partes deste livro foram escritas em 1999, quando da elaboração da 1ª edição. Portanto, a sua análise é datada, embora sua problemática mais geral e fundamental – referente à vulnerabilidade externa da economia brasileira e à fragilidade financeira do setor público – ainda permaneça extremamente relevante e atual em 2003. De todo modo, isso significa dizer que, a partir da crise cambial de 1999, algumas mudanças ocorridas na política econômica – bem como o seu impacto na economia –, que marcaram o segundo Governo FHC e o Governo Lula, tiveram a força de relativizar algumas afirmações feitas em 1999 e tornaram ultrapassados determinados fatos identificados e comentados no estudo.

Apesar disso, optou-se por manter o texto exatamente como estava na 1ª edição – até mesmo os tempos verbais empregados –, pois ele se refere, como já se disse, a uma conjuntura específica. Além disso, o Posfácio esclarece e analisa as mudanças ocorridas e as novas circunstâncias da dinâmica macroeconômica, levando também em consideração os novos fatos ocorridos na economia brasileira – que, contudo, não alteraram, no essencial, as suas dificuldades estruturais, identificadas nas partes anteriores do livro (1ª edição).

Nesta 2ª edição, mais uma vez fui beneficiado pelas discussões travadas no Núcleo de Estudos Conjunturais (NEC) com colegas professores e estudantes de graduação e pós-graduação. Fica aqui registrada minha gratidão especial aos professores Antonio Plínio Pires de Moura e Laumar Neves de Souza e ao estudante Vitor Araújo Filgueiras pelas críticas ao texto e, principalmente, ao estudante Eduardo Costa Pinto, que coletou com zelo e competência as informações quantitativas utilizadas, organizando-as na forma de tabelas e gráficos. Mais uma vez, meus agradecimentos à professora Graça Druck pela leitura e crítica do texto, em particular no que concerne aos seus aspectos políticos.

Por fim, espero que a atualização do livro venha a obter o mesmo êxito conseguido pela 1ª edição, trazendo à luz um ponto de vista crítico, que cobre o período mais recente da economia brasileira a partir de um recorte macroeconômico e das políticas econômicas adotadas pelos sucessivos Governos, desde 1980 até março de 2003.

Luiz Filgueiras
Salvador, abril de 2003

PREFÁCIO

O PRESENTE livro se constitui numa versão, ligeiramente modificada, da tese por mim defendida, e aprovada, no concurso para professor titular do Departamento de Economia Aplicada, da Faculdade de Ciências Econômicas da Universidade Federal da Bahia (UFBA), na disciplina "Economia Brasileira Contemporânea", em setembro de 1999.

O escopo e a elaboração deste trabalho já haviam sido pensados há pelo menos três anos, como forma de sistematizar o meu interesse pelos diversos planos de estabilização implementados no Brasil a partir da segunda metade dos anos 80. No entanto, diversos outros afazeres da vida acadêmica, que se tornaram mais urgentes, adiaram a sua consecução.

A realização do referido concurso, transcorridos mais de quarenta anos desde o último ocorrido na Faculdade de Ciências Econômicas da UFBA, acabou por estimular e abreviar a efetivação dessa tarefa, que me possibilitou reunir e sistematizar meus estudos e observações sobre a economia brasileira nas últimas duas décadas – em particular a natureza das políticas de estabilização colocadas em prática em nosso país; com destaque para o Plano Real.

Desse modo, embora pensado há mais tempo – inclusive com boa parte do material utilizado já sistematicamente consultado –, esse trabalho foi realizado tendo como referência o término das inscrições para o concurso, que ocorreria em janeiro de 1999. Por isso, inicialmente, toda a análise feita tinha como data limite o mês de dezembro de 1998. No entanto, posteriormente, com o adiamento do fim das inscrições para início de junho de 1999 e a mudança da política cambial em meados de janeiro, optei pela elaboração de mais um capítulo, na condição de pós-escrito, uma vez que havia dado como terminada minha tarefa – executada antes do desenlace da política de estabilização ancorada no câmbio.

Assim, na tese, resolvi manter o trabalho na forma e conteúdo originais, tal como havia sido pensado e escrito até o início de janeiro de 1999, apenas atualizando alguns dados para dezembro de 1998, que não haviam, à época, ainda sido publicados pelos institutos de pesquisa e instituições governamentais. O pós-escrito, exclusivamente dedicado à mudança da política cambial e à revisão do acordo com o FMI, e de seus impactos sobre a economia brasileira, correspondia, então, ao período de janeiro a março de 1999.

Agora, na forma de livro, além de atualizar alguns dados, resolvi transformar o pós-escrito em mais um capítulo, o sexto, estendendo a análise até o fim do primeiro semestre de 1999, quando o Real, a nova moeda, completou cinco anos de existência. Adicionalmente, por uma questão de forma e estilo, reescrevi algumas partes do texto, para que fatos e acontecimentos já transcorridos – mas que na época da elaboração da tese eram então considerados apenas como uma (grande) possibilidade, como, por exemplo, a crise cambial e a desvalorização do Real – pudessem ser referidos no passado, ao qual, de fato, eles pertencem.

Como decorrência da extensão do período analisado, acima mencionado, fui obrigado a reescrever também, parcialmente, as conclusões, atualizando-as de acordo com os acontecimentos ocorridos nos três meses incorporados, posteriormente, à análise – abril, maio e junho de 1999. Apesar dessas mudanças e adaptações de forma e de alguns acréscimos efetuados com o intuito de esclarecer melhor os argumentos apresentados, as ideias aqui expostas são, rigorosamente, as mesmas que foram defendidas na tese, na qual se afirmava que o Plano Real continha uma contradição congênita e que, por isso, a crise cambial, a fuga de capitais e a desvalorização do Real se constituiriam em desdobramentos necessários da sua própria lógica; tendendo, assim, a reproduzir situações similares já ocorridas em outros países que executaram políticas de estabilização de igual natureza.

Nesses esclarecimentos iniciais não poderia deixar de agradecer ao professor Oswaldo Guerra, irmão e colega de trabalho, pelos seus pertinentes comentários e sugestões, que ajudaram a enriquecer este livro, assumindo como meus, no entanto, todos os erros e omissões que por ventura se encontrem no texto. Também agradeço à professora Graça Druck pelos seus lúcidos comentários no que se refere aos elementos de natureza política contidos no trabalho.

Faço questão de registrar também a contribuição de Laumar Neves de Souza, estudante do Curso de Mestrado, na revisão final do texto, e o trabalho de coleta de dados e elaboração de tabelas e gráficos realizado pelos estudantes de graduação Leonardo Moura e Selma Cristina de Jesus, sem o qual este livro não poderia ser concretizado. Agradeço ainda à Banca Examinadora do concurso, pelas sugestões que permitiram deixar mais claro alguns pontos do trabalho, em especial ao professor Wilson Cano, pela sua disposição em fazer a apresentação deste livro. Por fim, um agradecimento especial ao Conselho Regional de Economia – Bahia e ao Mestrado de Economia da UFBA, que ajudaram a viabilizar a publicação do trabalho.

INTRODUÇÃO

Desde o fim da década de 1970, quando do segundo choque do petróleo e da elevação das taxas de juros americanas, a economia brasileira passa por um processo de grande instabilidade, expressa, do ponto de vista macroeconômico, em elevadas taxas de inflação e/ou em problemas de natureza cambial. A política econômica dos sucessivos governos elegeu como prioridade, explícita ou implicitamente, ora o enfrentamento da questão cambial, ora o combate à inflação.

Na primeira metade dos anos 1980, com a chamada "crise da dívida externa", as políticas decorrentes do "ajuste monetário do balanço de pagamentos" viabilizaram o equilíbrio das relações externas do país à custa da estagnação econômica, do agravamento do processo inflacionário, do endividamento público e da fragilização financeira do Estado. A partir de 1986, com o Cruzado, inaugurou-se a era dos planos de estabilização, com sucessivas trocas de moedas e distintos tratamentos (todos fracassados) para o problema inflacionário, que acabaram por se defrontar, com o estrangulamento cambial.

Nos anos 1990, inverteu-se a situação da década anterior, caracterizada por baixa liquidez no mercado financeiro internacional, que passou a disponibilizar recursos crescentes para os países da periferia do sistema capitalista, denominados "mercados emergentes", a partir da atuação dos chamados investidores institucionais, entre outros, os fundos de pensão e os fundos mútuos de investimento dos países desenvolvidos.

Entretanto, esses recursos já não são, fundamentalmente, de longo prazo, como aqueles disponíveis nos anos 1970; ao contrário, assumem a forma predominante de empréstimos e aplicações de curto prazo, em títulos de governos e nos mercados de ações, num ambiente caracterizado por uma grande instabilidade e volatilidade, decorrentes da extrema desregulação dos mercados financeiros, tal como concebida e implementada pelas políticas liberais. Por sua vez, o processo de reestruturação produtiva, com o desenvolvimento da telemática, criou os meios tecnológicos e operacionais necessários para o funcionamento desse "cassino global".

Nesse novo cenário de globalização financeira e hegemonia liberal, os "mercados emergentes" foram chamados a se integrar ao processo, através da abertura comercial e financeira de suas fronteiras. Ao contrário da década anterior, esses países aumentaram suas importações de produtos, financiando-as com a importação de capitais. Essa nova situação foi sintetizada por um dirigente da política econômica do Governo brasileiro, logo após a adoção do Real, com um *slogan* que inverteu o lema dos anos 1980, qual seja: nos anos 1990, "importar é o que importa".

Adicionalmente, esses mesmos países, no plano interno, tiveram de desregulamentar as atividades econômicas para permitir a ampliação da participação dos capitais privados nacionais e estrangeiros, privatizar suas empresas estatais e realizar reformas estruturais, de natureza também liberal: previdência social, administrativa e trabalhista. O objetivo fundamental foi o de criar novos espaços de acumulação e novas oportunidades de investimento para os capitais privados, considerados mais eficientes.

Essa agenda liberal, sistematizada de forma cabal pelo chamado Consenso de Washington – tratado no Capítulo III deste livro –, se completou com a adoção, por esses países, de planos de estabilização calcados numa estratégia de abertura da economia, de sobrevalorização de suas moedas – ancoradas direta ou indiretamente no dólar – e de acúmulo de reservas.

No Brasil, nessas duas décadas, foram arquitetados e postos em prática sete planos de estabilização – Cruzado I e II, Bresser, Verão, Collor I e II e, por fim, o Plano Real. Os quatro primeiros, baseados na concepção "inercialista" de inflação, foram implementados num momento de escassez de recursos financeiros nos mercados internacionais (década de 1980), e os três últimos, embora incorporando o conceito de inércia inflacionária, se constituíram numa outra família de planos de estabilização, inspirados no Consenso de Washington, com a incorporação clara do ideário liberal, e num momento de retorno da liquidez nos mercados financeiros internacionais (década de 1990).

Ao longo de todo esse período tive a oportunidade de acompanhar cada uma dessas experiências de estabilização, de forma mais atenta, em razão da responsabilidade docente de ministrar a disciplina Economia Brasileira Contemporânea, inicialmente no curso de graduação da Faculdade de Ciências Econômicas da UFBA – tanto para estudantes de Economia quanto de outros cursos – e, posteriormente, também na pós-graduação.

Além disso, também apreendi essas experiências através de discussões sistemáticas travadas no Núcleo de Estudos Conjunturais (NEC) dessa mesma Faculdade que, contando com a participação de diversos professores e estudantes de graduação e pós-graduação, têm me possibilitado acompanhar, nos últimos anos, a conjuntura econômico-política nacional e internacional.

Desse modo, as reflexões aqui desenvolvidas, e o próprio objeto de estudo tratado são frutos dessa experiência profissional necessariamente marcada pelos diversos tipos de questionamentos formulados pelos estudantes em salas de aula e em trabalhos de finalização de curso. Numa outra dimensão, também se constitui num esforço de sistematizar minha produção e meu pensamento acerca de algumas questões da economia brasileira, além de produzir material de consulta para estudantes dos cursos de Economia Brasileira Contemporânea.

1. *Objeto de estudo*

O objeto de estudo do presente livro é o plano de estabilização econômica implementado pelo Governo Itamar Franco a partir dos fins de 1993, denominado, inicialmente, como "Plano FHC" e, rebatizado, a partir de julho de 1994, como "Plano Real".[1]

---

[1] "No começo, o Plano chamava-se FHC, o que era menos uma homenagem ao então Ministro da Fazenda do que reflexo de uma percepção equivocada dos objetivos que se perseguiam: a de que o Plano tinha objetivos simplesmente eleitoreiros, e que sua vida seria tão curta quanto a duração da campanha eleitoral para a Presidência." (Cardoso, 1995: 9) De fato, o Plano tinha objetivos bem maiores do que a eleição do autor citado.

Diferentemente dos demais, que nunca chegaram a completar um ano de existência, esse Plano e sua política, após cinco anos ainda mantém a inflação em níveis baixíssimos, os mais baixos da economia brasileira no pós-guerra. Todavia, como em todos os demais planos, a questão cambial, por motivos diferentes dos da década de 1980, aparece de forma aguda e ameaça todo o esforço até aqui realizado no combate à inflação.[2]

O objetivo geral é o de explicitar, através da reconstituição de sua trajetória, as principais contradições internas, intrínsecas ao próprio plano e a sua execução, que colocam reiteradamente o problema cambial. Para isso, reconstroem-se os antecedentes históricos internos e externos, as circunstâncias político-econômicas e os fundamentos teóricos que permitiram a sua implementação e administração – com grandes dificuldades –, até o presente momento, e evidenciam-se os seus principais momentos, explicitando-se os seus limites.

Mais especificamente, o estudo procura evidenciar os impactos do Plano Real sobre a economia brasileira, levantando-se, adicionalmente, algumas possibilidades e perspectivas no que se refere ao desempenho da mesma, bem como em relação à continuidade da atual política de estabilização.

O ponto de vista aqui adotado é o de que o Plano Real se constitui, antes de tudo, num produto econômico, político e ideológico da confluência, em escala mundial, de três fenômenos que marcaram o desenvolvimento do capitalismo nas duas últimas décadas desse século; quais sejam: a hegemonia da doutrina e das políticas liberais, a difusão do processo de reestruturação produtiva a partir dos países capitalistas centrais e a reafirmação do capitalismo – com uma nova configuração, isto é, enquanto um sistema de produção mundializado ou globalizado.

No Brasil, em particular, esses fenômenos se apresentaram com força avassaladora, alimentando-se reciprocamente, a partir dos anos 1990. Nessa perspectiva, o Governo Collor deve ser

---

[2] O término da "âncora cambial" e a desvalorização do Real, em janeiro de 1999, juntamente com o regime "sujo" de câmbio flutuante, aliviou momentaneamente o problema cambial. No entanto, a questão de fundo permaneceu a mesma: extrema dependência de capitais internacionais, que decorre intrinsecamente do "modelo" liberal de abertura da economia e inserção subordinada dos países periféricos à nova (des)ordem internacional.

visto como um precursor das reformas liberais que viriam a ser aprofundadas e ampliadas pelo Governo Cardoso. Como desdobramento mais específico desse ponto de vista, constituindo-se em seu elemento qualificador, demonstra-se que:

a) Esse Plano não é, meramente, um programa de estabilização solitário, pois se articula a um projeto maior, de redefinição da economia brasileira e de sua inserção na nova (des)ordem internacional, conforme o ideário do Consenso de Washington. Portanto, a política de estabilização daí decorrente tem impactado, entre outras coisas, no redesenho da estrutura do Estado, na sua forma de atuação na economia e na formatação de suas políticas públicas e sociais; na reestruturação, concentração e desnacionalização de diversos setores econômicos; nas relações internacionais, comerciais e financeiras, do país e, cada vez mais, na redefinição das relações trabalhistas e no perfil do mercado de trabalho.

b) A estabilidade monetária até agora conseguida, assentada numa indiscriminada abertura comercial e financeira da economia e, até janeiro de 1999, na sobrevalorização do Real – conforme o ideário liberal e as novas circunstâncias do mercado financeiro mundializado –, ao exigir elevadas taxas de juros para sustentação da "âncora cambial", provoca uma permanente situação de instabilidade macroeconômica. Esta última tem se expressado na fragilização do balanço de pagamentos, na deterioração das finanças públicas, em taxas de crescimento diminutas – com flutuações reiteradas do nível de atividade econômica – e numa elevação inédita das taxas de desemprego.

As proposições que guiaram esse estudo, situadas tanto no âmbito teórico quanto na dimensão empírica do Plano Real, são as seguintes:

• O básico da concepção teórica do Plano e de seu "receituário" – reforma monetária, com desindexação e utilização de uma "âncora cambial", acompanhada de reformas estruturais de cunho liberal – já havia sido sistematizado, a partir da experiência de outros países, pelo Consenso de Washington e, anteriormente, tratado nos trabalhos elaborados desde a primeira metade da década de 1980, referentes à inflação inercial, em especial a proposta de uma "moeda indexada" (Resende, 1985a e 1985b), discutida e rejeitada quando da elaboração do

Plano Cruzado. O instrumento do Plano Real, de transição da velha para a nova moeda, intitulado Unidade de Referência do Valor (URV), foi claramente inspirado na mesma concepção que deu origem àquela proposta.[3] Adicionalmente, a experiência com relação aos planos anteriores, em particular o Cruzado, apontou o que "não deveria ser feito" do ponto de vista operacional.

• A situação internacional específica, configurada a partir dos fins dos anos 1980 e consolidada na década de 1990, se constituiu em um dos determinantes fundamentais do Plano Real, tal como foi elaborado e implementado, e explica, parcialmente, o seu sucesso no combate à inflação até o presente momento, bem como as suas dificuldades estruturais. Ao contrário de todos os planos de estabilização adotados na década de 1980 – caracterizada como um período de extrema dificuldade no que concerne ao financiamento externo da economia brasileira –, este se beneficiou do surgimento de um certo tipo de liquidez nos mercados financeiros internacionais.

• O Plano Real, tal como formulado e administrado, sobretudo até janeiro de 1999, é dinamicamente inconsistente nos seus próprios termos. A rota foi desde sempre conhecida: inicialmente, abertura comercial e financeira e valorização do câmbio, seguidos por uma queda da inflação, crescimento da produção e do emprego e entrada de capitais estrangeiros. Posteriormente, enormes déficits na balança comercial e na conta de transações correntes, seguidos de fugas cíclicas de capitais especulativos, elevação das taxas de juros, recessão, crise cambial e retorno das pressões inflacionárias. Apesar da mudança da política cambial, em janeiro de 1999, a referida inconsistência, embora abrandada, prosseguiu existindo e, ainda hoje (junho de 1999), mantém a mesma natureza.

---

[3]   As experiências inflacionárias da década de 1920 deste século na Áustria, Hungria, Polônia e, sobretudo, na Alemanha, deram origem a acirrados debates e a uma vasta literatura sobre as suas causas e o término desses processos. Em particular, motivaram uma polêmica acerca de qual foi o elemento fundamental que permitiu o fim abrupto desses acontecimentos hiperinflacionários: a mudança radical do regime fiscal ou a fixação da taxa de câmbio. A literatura contemporânea sobre inflação inercial, e a forma de combatê-la encontra nessas experiências uma referência fundamental.

• Os déficits, público e das transações correntes são, de fato, gêmeos, mas a relação de causalidade entre ambos vai do segundo para o primeiro; portanto, é oposta àquela defendida pelo Governo – que afirma que o desequilíbrio no balanço de pagamentos é fruto do desequilíbrio do setor público. Na verdade, o enorme e crescente déficit público é consequência do crescente déficit nas transações correntes e da política de juros altos daí decorrente, que têm como objetivo manter e atrair capitais estrangeiros. Assim, todo e qualquer ajuste fiscal, que não seja acompanhado de enfrentamento da questão externa – como é o caso do que foi acertado no acordo com o FMI em dezembro de 1998 e, posteriormente, diversas vezes revisado em razão do término da "âncora cambial" –, não poderia se constituir em solução para se evitar a crise cambial que, de fato, viria a ocorrer em janeiro de 1999. Essa impossibilidade, no que se refere a futuras crises cambiais, continua sendo verdadeira, mesmo após a maxidesvalorização ocorrida, uma vez que a dependência externa do país e os problemas cambias daí decorrentes têm raízes estruturais mais profundas, não se resumindo apenas à sobrevalorização do Real.

• Desse modo, a lógica que segura os preços é a mesma que ameaça a estabilidade monetária, pois aprofunda a dependência externa, acelera violentamente o endividamento do Estado e fragiliza as finanças públicas, eleva e muda de perfil o endividamento externo – com a diminuição dos prazos de empréstimos e uma maior participação do setor privado –, reiterando, permanentemente, limites estreitos para o crescimento da economia.

• A estratégia de combate à inflação, própria do Plano Real, exigiria, dinamicamente, um grau de competitividade da economia brasileira, ainda inexistente, que lhe permitisse conviver com o seu elevado grau de abertura e a evidente sobrevalorização do Real – até janeiro de 1999 –, que colocam problemas para o seu balanço de pagamentos. Em resumo, o país não tem capacidade competitiva para se inserir na globalização na forma como vem ocorrendo e que vem implicando uma grande dependência para com os capitais especulativos de curtíssimo prazo.

• Para além da discussão sobre se o Real estava ou não sobrevalorizado com relação ao dólar ou a uma determinada "cesta de moedas", ou de quanto era essa sobrevalorização, o fato é que a situação da balança comercial do país começou a se deteriorar a partir da implantação do Real, em função da queda abrupta e generalizada das tarifas de importação e da taxa de câmbio prevalecente a partir daquele momento. Após o Real, as importações cresceram muito em quantidade e valor, enquanto as exportações tiveram uma pequena elevação em termos de valor, em razão do aumento dos preços de algumas *commodities*.[4]

• A resposta imediata a essas dificuldades, enquanto se ganhava tempo para se elevar o grau de competitividade da economia brasileira, foi e continua sendo, além da manutenção de elevadas taxas de juros, as privatizações/internacionalização do patrimônio público, com o intuito de manter os fluxos de capitais externos para financiar o balanço de pagamentos e abater a dívida interna (Paulani, 1998; Haddad, 1998). Isto, contudo, se mostrou insuficiente para se evitar a crise cambial – mesmo com o acordo acertado com o FMI no final

---

4 A defesa da política cambial do "Real forte", por parte do Governo Cardoso, foi sempre reiterada – apesar das evidências empíricas indicarem uma crescente fragilidade do balanço de pagamentos do país –, de forma a buscar a desqualificação dos seus críticos, conforme, por exemplo, a seguinte afirmação: "... tem sido amplamente debatida a perspectiva de que a abertura e a nova política cambial pudesse levar a uma crise do balanço de pagamentos (...) Todavia, passados dois anos da mudança na política cambial, e frustradas todas as previsões catastróficas feitas a partir da nova política e, com especial intensidade a partir dos eventos mexicanos, as alegações de que existe 'defasagem cambial', ou que tal coisa tenha alguma importância, ou que o equilíbrio externo seja precário mesmo depois de termos resistido à crise mexicana de 1994, diminuíram consideravelmente. Mas não morreram. Seu ressurgimento parece exibir pulsação muito própria, menos relacionada com o balanço de pagamentos, ou mesmo com as flutuações da balança comercial, que com eventos do universo político cuja lógica não cabe aqui discutir" (Franco, 1998: 131). Ou, ainda, do mesmo autor, ao defender a primazia do mercado no estabelecimento da taxa de câmbio: "O fato de ter havido 'apreciação' significa necessariamente que se observe 'sobrevalorização' ou alguma forma de artificialismo? Ou o fato de os preços dos produtos da cesta básica terem caído por força das leis da oferta e da procura significa que estão 'abaixo do equilíbrio'? O fato de o preço da banana, por exemplo, cair em função de uma supersafra quer dizer necessariamente que há uma 'defasagem bananal'?" (op. cit.: 132). Contudo, até autores que concordam com o processo de abertura comercial, tal como vem sendo efetuado, chamam a atenção para os riscos "... tanto micro quanto macroeconômicos, de um processo simultâneo de liberalização comercial e apreciação cambial" (Moreira e Correa, 1997: 89).

de 1998 – e ineficaz para manter sob controle o endividamento do Estado. A insuficiência dessa estratégia, como caminho para evitar futuras crises cambiais, permanece a mesma, apesar do término da "âncora cambial".

• A elevação da competitividade da economia e a conse-quente solução mais permanente para o problema do setor exter-no, segundo os formuladores e implementadores do Plano, ad-viriam das próprias importações – que estariam possibilitando a renovação tecnológica da base produtiva do país –, da quebra dos monopólios estatais e das privatizações – que aumentariam a produtividade das empresas antes públicas – e das reformas administrativa, previdenciária, tributária e trabalhista – que reduziriam o denominado "custo Brasil".[5] Todavia, os resultados do balanço de pagamentos até aqui disponíveis não demonstram um crescimento suficiente dessa competitividade, na produção de bens e serviços que possibilitem a ampliação das exportações e a substituição de importações – no sentido de desarmar a "bomba--relógio" presente nas relações externas do país.[6]

• A queda da inflação e sua permanência em níveis baixís-simos explicitaram – tal como no Plano Cruzado – a fragilidade do sistema financeiro, estruturado, em boa medida, para obten-ção de lucros de curtíssimo prazo, através de receitas derivadas da inflação e do *float* bancário, ao tempo em que aprofundou as suas debilidades devido a uma política monetária calcada em elevadas taxas de juros. A consequência tem sido um pro-cesso de privatização, concentração e desnacionalização do setor financeiro, com a falência, transferência e incorporação

---

[5] Segundo essa visão, "... a economia brasileira está passando por um im-pressionante processo de reestruturação produtiva que, ao contrário do que se tem dito, a está levando a um 'círculo virtuoso' que, caso não seja interrompido por algum percalço decorrente da estabilização, garantirá seu dinamismo e o retorno a elevadas taxas de crescimento." (Barros e Goldenstein, 1997: 15). Na mesma direção, "... é de se esperar que, com a abertura e as transformações dela decorrentes, o país caminhe para níveis maiores de produtividade, ou seja, que o país mude progressivamente a natureza de sua competitividade. (Franco, op. cit.: 135). Por outro lado, a crítica à inexistência de uma política industrial por parte do governo pode ser encontrada em Erber e Cassiolato (1997).

[6] Sobre a trajetória explosiva e insustentável do déficit em transações cor-rentes, que acabou por levar à crise cambial, ver Almonacid (1998).

de várias instituições, algumas de grande peso no conjunto do sistema (Braga e Prates, 1998).

• Os setores da atividade econômica, em particular a indústria, bem como o comércio e os serviços posteriormente, vêm passando pelo mesmo processo de concentração e desnacionalização, claramente associados às políticas macroeconômicas que sustentam o Plano Real – que elevam o "custo Brasil" e fragilizam o poder competitivo das empresas.

• Num primeiro momento, o Plano Real aumentou o emprego e os rendimentos reais dos trabalhadores de menor poder aquisitivo, com a melhoria conjuntural do consumo das camadas da população de mais baixa renda. No entanto, num segundo momento, acarretou o aumento inédito de desemprego no país, iniciando-se uma reversão na evolução dos rendimentos.

2. *Uma leitura econômico-política do Plano Real*

Em virtude da natureza do objeto de estudo e da postura metodológica aqui assumida, além de outras razões que ficarão evidentes ao longo do texto, esse é um livro que possui múltiplas dimensões, tanto do ponto de vista da Economia Política quanto no que se refere ao relacionamento desta com as Ciências Humanas – em particular, a Sociologia e a Política.

O pressuposto é de que não se pode dar conta, adequadamente, de toda a complexidade que envolve fenômenos tão politizados, porque cercados por enorme disputa de interesses – como é o caso da inflação, do emprego e da distribuição de renda, bem como das políticas econômicas que os têm por objeto –, tratando-os exclusivamente do ponto de vista econômico; ou ainda, o que é pior, a partir de uma visão absolutamente economicista. Esta última, muito em moda atualmente, curiosamente, não a partir das velhas análises vulgarizadas do marxismo como no passado, mas sim do férreo determinismo propugnado pelos adeptos do "novo" liberalismo – que, de um lado, transforma o caráter histórico das leis econômicas que regem o capitalismo em leis naturais e eternas e, de outro, aponta para esse sistema de produção a possibilidade de apenas uma única via, a qual tudo e todos devem se adaptar ou, no limite, se submeter (Fukuyama, 1992).

Portanto, não se deve procurar nas formulações aqui feitas nenhum resquício ou possibilidade de exercício da chamada "neutralidade científica", atualmente ainda muito em voga e reivindicada nas Ciências Humanas – através de uma maior sofisticação do pensamento positivista –, sob o argumento ou a pretensão de se buscar a total objetividade na produção do conhecimento, supostamente aproximando as suas disciplinas das ciências naturais – afinal, segundo os seus adeptos, estamos vivendo o "fim das ideologias". Na verdade, o que se observa, sob a capa do distanciamento ideológico, é o exercício pleno da hegemonia de determinada ideologia, entendida aqui no seu sentido lato, isto é, como concepção de mundo, que guia e suporta a ação social e o pensamento dos indivíduos, inclusive a prática científica.[7]

As disputas de interesses econômicos e políticos em torno do Plano Real e da sua política de estabilização, expressas nos inesgotáveis debates acerca das suas consequências sociais, da política cambial e de juros, das reformas econômicas e das privatizações, apenas para citarmos as mais evidentes, explicitam a impossibilidade, por parte do pesquisador, de um tratamento imparcial ou neutro do objeto de estudo aqui tratado. A possibilidade de o pesquisador ler os fenômenos sociais de forma absolutamente isenta da "contaminação" dos interesses políticos e econômicos tem limites objetivos intransponíveis, que fogem à sua vontade.

Em suma, este é um livro essencialmente de economia, mas sob a ótica da Economia Política, isto é, que reivindica a necessidade de se ler os fenômenos econômicos tendo em vista o reconhecimento da existência de instituições e de classes e grupos sociais, caracterizados e identificados por interesses bem definidos, que sustentam e dão lógica ao intricado, e muitas vezes aparentemente caótico, conjunto de ações dos chamados agentes econômicos e do Estado – este último através das políticas públicas.

Por último, é importante observar que a dificuldade de tratamento do Plano Real também se deve ao fato de ele se

---

[7] "... existe uma diferença *qualitativa* quanto ao papel, a importância e a significação das visões de mundo nas ciências humanas e nas ciências naturais. O positivismo insiste em negar essa diferença, identificando as leis sociais e as leis da natureza e dissolvendo as ciências sociais e naturais no meio homogêneo de um só método científico e de um só e único modelo de objetividade" (Lowy, 1987: 193).

constituir em um objeto empírico da conjuntura imediata, portanto, em movimento, visível dia a dia, principalmente quando
se vive momentos agudos como aqueles desencadeados a partir
das crises do México, da Ásia, da Rússia e, por fim, do Brasil.
Desse modo, uma importante característica desse estudo foi a
exigência de um acompanhamento sistemático do desenrolar
da conjuntura econômico-política.

3. *Informações e dados*

Além da literatura sobre inflação e política de estabilização e
de estudos específicos sobre aspectos do Plano Real e de sua
política econômica, o trabalho se apoiou no acompanhamento
da conjuntura, a partir de um esforço coletivo materializado no
funcionamento, já citado, do Núcleo de Estudos Conjunturais
(NEC), da Faculdade de Ciências Econômicas da UFBA.

Todos os dados e informações, aqui utilizados, são de natureza secundária, coletados em órgãos oficiais e outros tipos
de instituições, trabalhos acadêmicos e periódicos – revistas
e jornais especializados ou não. Estes, mencionados ao longo
de todo o texto, estão tratados e apresentados na forma de tabelas e gráficos e se referem à evolução das taxas de inflação,
de desemprego e do PIB, ao desempenho das contas públicas
e do balanço de pagamentos e aos resultados do programa de
privatizações, entre outros.

O presente livro, além desta Introdução e da Conclusão,
estava organizado, originalmente, em seis capítulos. Nesta
segunda edição, está acrescido de um posfácio, que conforme
explicitado anteriormente, trata do segundo Governo FHC e
dos três primeiros meses do Governo Lula. Desse modo, o primeiro capítulo trata das grandes transformações estruturais
por que passou o capitalismo nas últimas décadas do século
passado – a "reestruturação produtiva" e o "processo de globalização" –, que têm sido acompanhadas pela hegemonia de
um certo tipo de política econômica em quase todo o mundo,
e também no Brasil a partir dos anos 1990. Esse novo cenário
se constitui no determinante mais geral do Plano Real.

O segundo capítulo reconstitui, sinteticamente, os antecedentes históricos do Plano, em particular as principais
características da chamada "década perdida" – com destaque
para a política econômica calcada no "enfoque monetário do

balanço de pagamentos" e o Plano Cruzado –, e da "era liberal" – com ênfase no Governo Collor, que anuncia os novos tempos marcados pelo liberalismo, e no período pré-eleitoral, que "coincide" com o anúncio e lançamento do Plano Real.

O terceiro capítulo trata dos fundamentos teóricos do Plano Real e de sua implementação. Na sua primeira parte aborda o significado do chamado "Consenso de Washington" e a sua relação com o Plano Real. A seguir trata da proposta da "moeda indexada" feita na época do Plano Cruzado, bem como da importância da experiência deste último para a elaboração do Plano Real. Por fim, discute as três fases desse plano, até a implantação da nova moeda, e comenta-se o papel das chamadas reformas estruturais da economia e do Estado.

O capítulo quatro trata da evolução do Plano, a partir da consideração das diversas conjunturas econômicas, associadas diretamente às mudanças na situação internacional e, como decorrência, ao manuseio dos instrumentos de política econômica – que provoca flutuações da atividade econômica.

O quinto capítulo sistematiza o impacto do Plano Real sobre o comportamento das principais variáveis macroeconômicas, através do acompanhamento de suas respectivas evoluções no período compreendido entre julho de 1994 e dezembro de 1998.

O capítulo seis, único a ser escrito após a crise cambial de janeiro de 1999, trata da desvalorização do Real, da revisão do acordo com o FMI e dos impactos do término da "âncora cambial" sobre a economia brasileira, analisando a evolução das principais variáveis macroeconômicas no primeiro semestre de 1999.

Na Conclusão, considera-se um antigo dilema da economia brasileira, reiterado pelo Plano Real, que opõe crescimento e estabilidade de preços ou, de um outro ponto de vista, equilíbrio externo e controle da inflação. Em particular, indica a importância do aumento da competitividade para a superação desse dilema – o que pressupõe uma outra forma de inserção da economia brasileira na nova ordem internacional, que vem sendo delineada a partir da falência do Acordo de Bretton Woods. Isto, por sua vez, exige a implementação de uma outra política macroeconômica e, sobretudo, a recuperação da capacidade do Estado de implementar políticas econômico-sociais ativas – industrial, agrícola, tecnológica e de comércio exterior, além daquelas dirigidas a uma maior estruturação do mercado de trabalho e à garantia de subsistência de uma significativa parcela da população, impossibilitada, pelas mais diversas razões, de prover o seu próprio sustento.

Por fim, no Posfácio, além de analisar o segundo Governo FHC, achei também importante tratar do início do Governo Lula – os primeiros cem dias – mesmo que de forma preliminar e arriscando alguns comentários polêmicos. A impressão que vai se consolidando, transcorrido o primeiro trimestre, é de que a transição para um novo modelo econômico, se é que ela vai ocorrer, não vai ser nem um pouco trivial. E isto não se deve apenas à herança deixada pelos Governos FHC e ao poder econômico-político do capital financeiro que, cada vez mais, opõe, objetivamente, capitalismo e democracia. Há, claramente, pelo menos dois outros tipos de dificuldades, quais sejam:

1 – A maioria das forças de esquerda parece não acreditar mais nas suas próprias formulações econômico-políticas que vinham sendo construídas há mais de vinte anos, e passaram a falar da necessidada da construção de uma "teoria da transição"; descobriram, no governo, que o poder real está cada vez mais fora das instituições tradicionais da democracia formal.

2 – A impressionante força ideológica dos argumentos liberais e ortodoxos, que tem na figura do economista profissional e na grande mídia os seus avalistas e difusores principais, os quais lhe colocam o selo de científico e uma autoridade quase mística. Com grande rapidez, e de forma até dramática, está se assistindo, em nome da "correlação de forças políticas" desfavorável, a conversão de parte significativa da esquerda ao ideário do capital financeiro – consciente ou inconscientemente.

Enfim, a situação é extremamente complexa e difícil, mas não se conseguirá sair dela trilhando os mesmos caminhos que os governos anteriores e, muito menos, repetindo e reproduzindo os chavões e as mesmices do ideário liberal transmutados em ciência e verdade universal.

Capítulo I
O PANORAMA INTERNACIONAL

NESSE FINAL do século XX, vem-se assistindo a um complexo processo de rápidas e profundas transformações econômicas, sociais e políticas, que está colocando em questão as formas de organização das sociedades contemporâneas. Isso vem ocorrendo tanto nos países capitalistas avançados, quanto nos da periferia do sistema, bem como naqueles em que se estabeleceu e pereceu o chamado Socialismo Real.

Esse processo pode ser sintetizado na caracterização e análise de três fenômenos, de dimensão mundial, que se entrelaçam e se complementam enquanto elementos determinantes desse novo momento do capitalismo em escala planetária. Embora distintos quanto aos seus significados e momentos históricos que lhes deram origem, estão profundamente articulados no processo de transformações pelo qual vem passando esse sistema de produção e organização social, desde o final dos anos 60, a partir da crise do fordismo e, posteriormente, do desmoronamento do acordo de Bretton Woods no início da década de 1970.

Esses fenômenos, já largamente conhecidos e, com muitas divergências, tratados na literatura das mais diversas disciplinas, são:

1 – o neoliberalismo, aqui entendido em sua dupla dimensão, isto é, enquanto uma ideologia – reivindicada por intelectuais e governantes, e com forte influência no comportamento de indivíduos e de vários grupos sociais – e enquanto

um conjunto de políticas econômico-sociais, adotadas por boa parte dos governos hoje no poder;

2 – a reestruturação produtiva, associada às novas tecnologias e às novas formas e métodos de gestão e organização do trabalho, compreendida como uma resposta do capital à queda/estagnação da produtividade e à diminuição dos lucros; e

3 – a globalização, vista em sua essência, num plano mais geral, como um processo de aprofundamento das tendências mais imanentes do sistema capitalista, apesar de apontar também para o surgimento de novas situações e novos problemas.

Em comum a esses três fenômenos, há o fato de não serem eles eventos "naturais", apesar de haver uma tendência a tratá-los com uma grande dose de determinismo e inexorabilidade. Esta postura, além de servir de justificativa ideológica para as forças sociais que comandam esse processo, diluindo e confundindo os seus interesses materiais particulares com os interesses gerais, expressa, entre outras coisas, o sentimento de impotência vivido pelos indivíduos no que se refere às transformações daí decorrentes e que afetam direta ou indiretamente suas vidas. Na realidade, entretanto, pode-se perfeitamente identificar os seus principais sujeitos e agentes impulsionadores, quais sejam: as grandes corporações transnacionais (produtivas e financeiras), algumas instituições comerciais e financeiras multilaterais – FMI, BIRD, BID e OMC – e os governos dos países capitalistas mais importantes – EUA, Japão e Alemanha (Fiori, 1997a).

Por outro lado, a confluência da reestruturação produtiva, do neoliberalismo e da globalização aponta para o agravamento da exclusão social em todo mundo, principalmente em países como o Brasil, mas também nos países desenvolvidos, e assim faz crer, equivocadamente, para muitos, que não existem caminhos alternativos ao processo de mudanças na forma como este vem ocorrendo.

1. O "novo" liberalismo

O fenômeno político/ideológico denominado de neoliberalismo, disseminado mundo afora a partir dos fins dos anos 70 de forma fulminante, tornou-se, em apenas duas décadas, um guia teórico e prático para partidos e governos de quase todos os países ocidentais. Aclamado de forma dominante nas academias e demais centros de produção de conhecimento, foi vulgarizado para o grande público, com apoio e influência decisivos da mídia. Os seus princípios passaram a ser aceitos, consciente ou inconscientemente, pela maior parte da população, evidenciando-se, assim, a constituição de uma hegemonia na forma de se pensar a vida em sociedade, com influência crucial nas ações cotidianas dos indivíduos. Em suma, o neoliberalismo assumiu a condição de hegemonia cultural, no sentido mais abrangente que este conceito possa ter.

No entanto, a construção deste pensamento remonta a muito antes da década de 1970, quando começou, de fato, a sua ascensão e aceitação generalizada. Por isso, a sua compreensão mais rigorosa demanda um esclarecimento de suas origens históricas, que possibilite, em particular, evidenciar em que medida se constitui numa continuação/inovação com relação ao "liberalismo" dos séculos XVIII e XIX, tendo em vista a existência de diferenças fundamentais nas circunstâncias históricas particulares, econômico-sociais, a partir das quais floresceram esses dois fenômenos. Adicionalmente, isso permitirá também qualificar a aparente contradição existente entre o discurso e a ação política definidos ou autointitulados como neoliberais, que levam muitos, equivocadamente, a afirmarem que na realidade concreta não existe, de fato, nenhum governo que possa ser definido como tendo uma natureza neoliberal.

Assim, o liberalismo surgiu e ganhou influência na sociedade europeia com o desenvolvimento do capitalismo e a consolidação da ordem burguesa, contrapondo-se claramente e de forma direta ao Estado Absolutista. Esse tipo de Estado, que fora, nos primórdios desse modo de produção, uma alavanca decisiva para a Revolução Comercial e a chamada acumulação primitiva, passou a se constituir em um entrave à "liberdade do capital". No momento de destruição da produção artesanal, surgimento da manufatura e, posteriormente, da grande indústria, num processo que culminou com a constituição das forças produtivas especificamente capitalistas, a regulamentação existente e a interferência do Estado na vida econômica, na forma e conteúdo como vinha sendo feita, dificultavam a "livre mobilidade do capital" e a "liberdade contratual" (Marx, 1983/4).

Todavia, o ataque às restrições impostas pelo absolutismo assume, no liberalismo, a feição de um ataque à intervenção do Estado em geral, que se expressa na sua tese principal, qual seja, a de que o indivíduo se caracteriza por ser a célula elementar de constituição da sociedade, cuja iniciativa e ação não podem ser contrariadas pelo Estado, tendo aquele, portanto, direito à total liberdade econômica e política. Na primeira instância, o mercado (a "mão invisível") se incumbiria de compatibilizar e harmonizar as ações e os comportamentos individuais, alicerçados no egoísmo e no interesse particular, a partir da "livre concorrência" entre todos, tendo como resultado final a preservação do interesse geral. Na segunda instância, o pensamento liberal se expressa nas revoluções burguesas, com a retirada do poder absoluto das mãos do "Príncipe", através da criação do Parlamento e do Judiciário (o princípio da "separação dos poderes"), com a instituição do direito à livre associação e com o acesso à livre informação.

Em síntese, há uma clara tensão/oposição entre o indivíduo e o Estado, com o primeiro só podendo realizar-se plenamente se o segundo dirigir as suas ações apenas no sentido de garantir os "direitos naturais", em especial o direito de propriedade, de livre contratação, de livre comércio e de livre produção. No plano internacional, essa ideologia deu origem à doutrina das "vantagens comparativas", que fundamentava a necessidade de total liberdade comercial entre as nações, de acordo com os interesses econômicos hegemônicos da Inglaterra.[1]

Por fim, apesar desse discurso "anti-Estado", a "nova ordem", que foi aos poucos se constituindo em todo o Ocidente, não significou evidentemente o fim da intervenção econômica do Estado, nem tampouco uma posição neutra deste em relação à disputa de interesses dos mais diversos segmentos sociais, mas apenas o fim de uma determinada forma de intervenção, consubstanciada no chamado Estado Absolutista. As guerras napoleônicas fizeram muito mais para a difusão da "ordem

---

[1] A teoria das "Vantagens Absolutas", criada por Smith (1983), e, posteriormente, a teoria das "Vantagens Comparativas" formulada por Ricardo (1982), defendiam, como corolário, a divisão internacional do trabalho que então se delineava no início do século XIX, na qual a Inglaterra detinha posição hegemônica, enquanto principal nação que se industrializava no mundo.

liberal" do que o "livre mercado" e a "livre concorrência" (Marx, op. cit.).

O neoliberalismo, por sua vez, surgiu no pós-Segunda Guerra Mundial, como uma reação teórica e política ao "Estado Intervencionista/keynesiano", presente na Europa e nos EUA. As suas críticas se voltam, mais uma vez, contra qualquer limite, por parte do Estado, ao funcionamento dos "mecanismos" do mercado; o "mercado livre" é a garantia da liberdade econômica e política, esta última também ameaçada pelo intervencionismo. Portanto, neste caso, também, é uma doutrina que se constrói em oposição a uma certa forma de intervenção do Estado, isto é, o chamado Estado de Bem-Estar Social europeu ou *o New Deal* norte-americano,[2] e tendo por princípio mais geral que a desigualdade é um valor positivo e imprescindível na constituição de uma sociedade democrática, pois é a base da liberdade e da vitalidade da concorrência (Anderson, op. cit.).

A decorrência dessa visão se expressa, do ponto de vista econômico, na recusa em aceitar o exercício de políticas ativas por parte do Estado; quer sejam macroeconômicas, no sentido de estimular em geral a atividade produtiva e o emprego, quer sejam políticas setoriais (industrial, por exemplo) e regionais. Em ambos os casos, segundo o neoliberalismo, o resultado final seria um desastre; porque a tentativa de impulsionar a economia, através de políticas monetárias e fiscais, terminaria apenas com mais inflação sem contudo reduzir o patamar de desemprego, enquanto o apoio a regiões e setores específicos implicaria ineficiências e desperdícios, em virtude da distorção que provocaria no "livre" funcionamento do mercado.

Por isso, o objetivo maior, e quase que único, da política econômica deve ser o de defender a moeda, assegurando a estabilidade dos preços, e garantir o cumprimento dos contratos e da "livre concorrência". Esta última deve ser viabilizada através da desregulamentação, em geral, e do mercado de trabalho, em particular, com destaque para a flexibilização das relações trabalhistas. No plano internacional, se materializa na

---

2 Os partidários mais destacados dessa doutrina criaram a Sociedade de Mont Pèlerin (Suíça) em 1947, para combater as ideias associadas ao "solidarismo". Entre outros, podem ser mencionados Friedrich Hayek, Milton Friedman, Karl Popper, Lionel Robbins, Ludwig von Mises etc. (Anderson, 1995).

livre mobilidade de capitais e mercadorias, com a derrubada de
restrições ao comércio e a livre circulação do capital financeiro.
Do ponto de vista social, também não deve haver políticas ativas que procurem diminuir as desigualdades entre os
indivíduos, pois isto acomoda seus beneficiários e arrefece a
competição, motor maior da economia e da liberdade na sociedade capitalista. Mesmo quando seus adeptos reconhecem,
contrariadamente, a necessidade inevitável de alguma ação
neste campo, ela deve passar pelo mercado e o foco se dirige
exclusivamente para o indivíduo, como, por exemplo, a proposta de imposto de renda negativo (Friedman, 1984), isto é,
há uma aversão atávica por qualquer solução de compromisso
ou benefício de natureza coletiva, próprios das políticas de
"bem-estar social" do pós-guerra.

Do ponto de vista político, o neoliberalismo ressalta,
também, a democracia representativa, o Estado de Direito e
os direitos individuais,[3] mas procura descaracterizar qualquer
tipo de ação coletiva, em particular as de natureza sindical,
que são sempre vistas como "corporativistas" e contrárias ao
"interesse geral". Em resumo, em todas as instâncias – econômica, social e política –, o pensamento neoliberal tem como
referência maior os indivíduos, sendo a própria sociedade
concebida como um mero somatório destes.[4]

Finalmente, da mesma forma que o "velho" liberalismo, o
"novo" liberalismo, do ponto de vista da ação política, também
não implicou o fim da intervenção do Estado na economia, mas
apenas no redirecionamento dessa intervenção. Esta é uma questão crucial, para se compreender, para além das aparências, o por-
quê da contradição, muitas vezes manifestada, entre a doutrina
neoliberal e a ação política declaradamente intervencionista dos
governos que nela se inspiram, admitidamente ou não.

Os extraordinários gastos militares do Estado americano
durante o Governo Reagan, reconhecidamente neoliberal, e o

---

[3]   O que não impede de seus mais ferrenhos defensores aceitarem ou, no mí-
      nimo, se omitirem com relação à realização das ditas reformas neoliberais
      sob um regime ditatorial, como foi o caso do Chile e, mais recentemente,
      do Peru, só para ficarmos em dois exemplos.

[4]   Esta concepção foi explicitada de forma clara por Margareth Thatcher,
      ao afirmar que "isso que chamam de sociedade é algo que não existe"
      (Ormerod, 1996: 23).

"socorro" dado aos bancos no Brasil pelo Governo FHC (nem tanto assumido), através do Programa de Reestruturação Bancária (Proer), evidenciam que, na realidade, essa contradição – entre um discurso liberal e uma prática intervencionista – explicita o que é essencial e o que o discurso formal tenta esconder: a doutrina neoliberal, de supremacia do mercado e de total liberdade econômica, isto é, de defesa do "darwinismo econômico/social", é objetivamente coerente e funcional e se ajusta perfeitamente à sustentação e legitimação de todas as políticas que favorecem e fortalecem o capital na sua correlação de forças com o trabalho, tanto no interior do espaço fabril quanto no conjunto da sociedade. Assim, toda intervenção econômica explícita, por parte do Estado, que vai nessa direção, é sempre justificada como passageira, uma exceção necessária à preservação e defesa do "livre mercado". Na verdade,

> "... o livre mercado é uma criação do poder do Estado e existe apenas enquanto o Estado for capaz de impedir que a necessidade humana de segurança e de controle dos riscos econômicos ganhe expressão política. Na ausência de um Estado forte voltado para a execução de um programa econômico liberal, o mercado será inevitavelmente sufocado por uma miríade de restrições e regulamentos" (Gray, 1999: 28).

Desse modo, o cotejamento das duas versões da mesma ideologia/doutrina indica alguns pontos comuns essenciais. Antes de tudo, a convicção de que o capitalismo é a própria "ordem natural", começo e fim da história, de acordo com uma concepção que enxerga a sociedade governada por "leis naturais" imutáveis, que existem "desde quando o mundo é mundo", semelhantes à lei da gravidade, isto é, leis que sempre existiram, existem e sempre existirão. Nessa medida, nesse processo de "naturalização" das relações sociais, o capitalismo e a sociedade burguesa, no limite, significam a própria realização da natureza humana. Em suma, essa *démarche* de eternização do modo de produção capitalista e de aceitação do caráter "antidiluviano" de suas relações sociais e de propriedade exige nada menos que a supressão da própria História.[5]

---

[5] Isto é explicitado, sem rodeios, por Fukuyama (op. cit.), ao considerar a democracia liberal americana como o limite máximo da evolução político-ideológica da humanidade.

Adicionalmente, os três outros elementos comuns a essas duas versões da mesma doutrina são: o individualismo político e social; o princípio de que o mercado deve ser o único regulador da economia; e a afirmação da democracia representativa como valor inquestionável, apesar de que, neste último caso, mais uma vez, nem sempre os autointitulados (neo)liberais apresentem coerência com suas respectivas práticas políticas.[6]

Por fim, apesar dessa identidade, praticamente total, entre o liberalismo e o neoliberalismo, há uma diferença essencial entre ambos, determinada pelas circunstâncias históricas em que surgiram e floresceram. O liberalismo expressou, no plano das ideias, um momento de expansão do modo de produção capitalista, de superação de uma ordem social regressiva, de caráter religioso e estamental; apesar de ser, antes de tudo, uma doutrina apropriada para os interesses da burguesia, era o anúncio da "modernidade", de um tempo em que os interesses econômicos de classe e os conflitos sociais passariam a ser explicitados de forma clara, sem subterfúgios criados pela política, os costumes, a religião ou qualquer outra instância de ação dos homens.

O neoliberalismo, por sua vez, nasceu como uma reação à forma assumida pelo capitalismo depois da Segunda Guerra Mundial, caracterizada pela presença decisiva do Estado na esfera econômica, enquanto expressão do pacto social-democrata. Pacto este no qual os trabalhadores e suas organizações sindicais e partidárias participavam como sujeitos fundamentais, o que resultou na inclusão econômico-social das grandes massas trabalhadoras, a partir da distribuição dos ganhos de produtividade. Portanto, o neoliberalismo surgiu como uma doutrina que postulava um retorno ao passado, pré-crise de 1929, no qual a regulação econômica era feita, essencialmente, através do mercado e a exclusão social da maior parte da população era a marca registrada. Em suma, o neoliberalismo se constitui numa doutrina antiga e regressiva, sob qualquer ótica que se queira enxergá-la – econômica, política e social.

---

[6] A afirmação do ex-ministro e do ex-deputado Roberto Campos, sabidamente ardoroso defensor do liberalismo, ilustra claramente essa circunstância, ao afirmar que o erro dos militares no Brasil foi o de terem realizado a "abertura política" antes da "abertura econômica" (*Folha de S.Paulo*).

Todavia, nos anos 70, quando da crise econômica nos países capitalistas centrais, com o esgotamento do fordismo, o neoliberalismo saiu do ostracismo político que o caracterizou durante todo o período dos "anos de ouro" do desenvolvimento capitalista, apresentando-se como uma doutrina atual. Posteriormente, após a derrocada do "socialismo real" no leste da Europa, se autointitulou o porta-voz dos novos tempos, da "modernidade" ou da "pós-modernidade" e da vitória definitiva do capitalismo na sua forma mais "pura"; período agora marcado pela absoluta hegemonia do mercado e da competição, em oposição às "velhas ideias intervencionistas".

2. A reestruturação produtiva

No início dos anos 70, após um período de mais de 25 anos de crescimento, iniciou-se uma profunda crise nas economias dos países capitalistas centrais, que se expressou, sobretudo, na aceleração das taxas de inflação, na redução da produtividade e dos níveis de crescimento, na elevação dos déficits públicos e no aumento do desemprego. Era o esgotamento de um padrão de desenvolvimento capitalista, que surgiu na indústria automobilística nos EUA e se expandiu, no pós-guerra, para a Europa, qual seja: o fordismo.

Esse "modelo de desenvolvimento", apoiando-se na base técnica da Segunda Revolução Industrial do fim do século XIX (construída a partir de inovações nos campos da eletricidade, da química e da manufatura de precisão) e nos métodos de organização do trabalho tayloristas (padronização das tarefas, separação entre planejamento e execução e grande especialização do trabalho), introduzindo a esteira rolante automatizada na linha de produção e produzindo em larga escala produtos padronizados (em série), implicou o aumento extraordinário da produtividade do trabalho e a redução dos custos unitários de produção.[7]

---

[7] "Não se trata apenas de expansão do *taylorismo*, como pretendido por Braverman, mas de uma outra forma de organização do trabalho agora articulada com a produção em massa de produtos de consumo estandardizados. O fordismo, enquanto estratégia de organização e racionalização da produção, orientou-se para a produção em massa de produtos tecnologicamente complexos, utilizando-se de economias de escala e inovações no produto e técnicas de montagem" (Mattoso, 1995: 35).

No entanto, essa produção em massa exigia, necessariamente, como contrapartida, o consumo em massa, sob pena de ser inviabilizada pelo lado da demanda, conforme evidenciou a crise de 1929. Isso, por sua vez, implicava a necessidade de o capital dividir, com os trabalhadores, os ganhos de produtividade alcançados, através do aumento real dos salários. Desse modo, a inclusão social da grande massa de trabalhadores, ampliando significativamente o mercado consumidor existente, se constituiu numa exigência objetiva do desenvolvimento do capitalismo, tornando-se um traço marcante e distintivo do novo padrão de acumulação, quando se tem em vista o padrão predominante, nos países desenvolvidos, até antes da Segunda Guerra Mundial.

No plano político-social, essas novas circunstâncias se expressaram através de um pacto social entre capital e trabalho, dirigido pelos partidos social-democratas de base operária, que resultou na criação do *Welfare State*. Este pacto, impulsionado, decisivamente, pelo crescimento do movimento operário e pela existência da Guerra Fria e a ameaça do comunismo, implicou, pelo lado dos capitalistas, o reconhecimento dos sindicatos como legítimos representantes da classe trabalhadora e elemento essencial do processo de barganha salarial, inclusive com o direito à utilização da greve econômica. Pelo lado dos trabalhadores, o pacto exigiu um movimento sindical/trabalhista tendo por limite a ordem capitalista, através do reconhecimento e legitimidade dos capitalistas como detentores dos meios de produção e organizadores do processo produtivo.

Assim, durante pelo menos 25 anos, os sucessivos governos construíram um capitalismo "organizado", tendo por base as políticas macroeconômicas de cunho neokeynesiano, de natureza anticíclica, que levavam o Estado a manipular tais políticas – aumentando ou diminuindo as taxas de juros e/ou os seus gastos de acordo com o momento do ciclo econômico. O seguro-desemprego e a rede de benefícios sociais construída ao longo de todo esse tempo foram sustentados por uma forte e progressiva taxação do capital e dos rendimentos mais elevados, viabilizada pelo elevado crescimento econômico do período. Este último definido por alguns economistas como produto de um "círculo virtuoso" (Ferreira, 1993), no qual o crescimento da produtividade, a distribuição dos ganhos daí decorrentes, a contínua expansão da demanda e a estabilidade dos mercados consumidores eram os elementos fundamentais.

Em síntese, o fordismo não se constituiu apenas enquanto um modo de organização do processo de trabalho, mas significou, sobretudo, uma forma de organização da sociedade capitalista que implicou a inclusão social de grandes parcelas da população, até então marginalizadas do consumo e dos direitos de cidadania. E, mais do que isso, o fordismo deve ser entendido, num sentido mais amplo, como um "novo modo de vida", que extrapola os limites da fábrica, implicando a construção de um "novo homem", adaptado às exigências e à disciplina do sistema fabril organizado na forma de grande indústria.[8]

Desse modo, a crise do fordismo, a partir dos anos 70, não se resume apenas à crise de um padrão de acumulação de capital, nem muito menos à crise de um padrão de organização da produção. Ela anuncia, com todas as consequências daí advindas, a crise de um determinado "modo de vida", a quebra de um pacto social, caracterizado pela busca do "pleno emprego", por uma certa estabilidade no trabalho e por amplas garantias sociais. É justamente a destruição desse "modo seguro de se viver", construído entre a Segunda Guerra Mundial e o início dos anos 70, que dá origem ao profundo "mal-estar" específico deste final de século.

Essa crise, que no plano político levou à derrocada dos governos e partidos social-democratas, bem como da ideologia na qual se apoiavam, se evidencia, no âmbito microeconômico, pelo lento crescimento, ou mesmo queda, da produtividade do trabalho. Esta última decorrente do envelhecimento do paradigma tecnológico dominante e da crescente insatisfação dos trabalhadores com o padrão de gestão fordista, manifestada na elevação do grau de absenteísmo ao trabalho, na alta rotatividade da mão de obra nos empregos, no desinteresse generalizado pelo processo de trabalho, no crescimento do número de greves e na difusão de muitas outras formas silenciosas de protesto.

Nessas novas circunstâncias, a disputa distributiva entre lucros/salários tendeu a se agravar, manifestando-se, no plano

---

[8] Para um detalhamento dessa questão, ver "Americanismo e fordismo" de Gramsci (1976).

macroeconômico, na elevação da inflação, uma vez que o capital, já não mais aceitando a elevação do salário real, começou a repassar aos preços dos produtos todo aumento de custo daí derivado. Além disso, a desaceleração do crescimento dos mercados consumidores, motivada pelo esgotamento do processo de difusão do padrão de consumo americano, também se constituiu em uma das causas essenciais da crise, uma vez que levou à redução dos níveis de investimento.

Do ponto de vista fiscal e do financiamento do Estado, a situação também se agravou, uma vez que a desaceleração do ritmo de crescimento econômico, por um lado, reduziu a capacidade de tributação do Estado, comprometendo, assim, as suas receitas; e, por outro, aumentou os seus gastos, em razão do crescimento do desemprego. O resultado final se expressou em crescentes déficits públicos, que acabaram pressionando pela elevação dos preços e colocando em xeque as bases de sustentação do *Welfare State*.

Concomitantemente, no plano internacional, assistiu-se, no início dos anos 70, ao desmoronamento da ordem internacional construída no pós-guerra, a partir do acordo de Bretton Woods. Era o fim da conversibilidade do dólar e do sistema de taxas de câmbio fixas, com a propagação da instabilidade, que se estende dos mercados de câmbio para os mercados financeiros e de produtos, em especial os de *commodities* (Belluzzo e Tavares, 1986); era o questionamento da hegemonia econômica americana, com a presença cada vez mais marcante no comércio mundial da Alemanha e, sobretudo, do Japão; era o crescimento assustador do déficit comercial americano, tendo como contrapartida crescentes superávits no Japão; enfim, era o acirramento da competição internacional, num momento de dificuldades internas nos diversos países do centro do capitalismo.

Para agravar ainda mais essa situação, reforçando as pressões endógenas para a elevação dos preços, já existentes em cada país, ocorreram mais dois fatos fundamentais. Em 1973 e novamente em 1979, assistiu-se a uma grande majoração dos preços do petróleo – matéria-prima essencial da matriz energética e do padrão de industrialização desses países; e, também em 1979, à elevação das taxas de juros americanas, que viria a se constituir, nos anos 80, numa das razões essenciais da chamada "crise da dívida externa" dos países da periferia do capitalismo.[9] Desse modo, a crise do fordismo originou-se e desenvolveu-se tanto por razões internas quanto externas a cada país, tanto no nível microeconômico quanto no macro, tanto na esfera produtiva quanto na órbita comercial e financeira das economias. A queda dos níveis de investimento, da atividade produtiva e do emprego, a crise fiscal do Estado e a aceleração da inflação se entrelaçaram, expressando as várias dimensões do problema.

Os processos de reestruturação produtiva (iniciado nos anos 70) e de globalização (mais evidente a partir dos anos 80), sob inspiração e hegemonia do grande capital transnacional, de instituições multilaterais e dos governos das grandes potências, se constituíram numa resposta à crise do fordismo. A doutrina neoliberal, por sua vez, ressurgindo do ostracismo e chegando ao poder em 1979 e 1980, respectivamente, na Inglaterra e nos Estados Unidos, se apresentou como a ideologia mais adequada de sustentação e estímulo político desses dois movimentos estruturais do capitalismo contemporâneo, originados nos países desenvolvidos.

A reestruturação produtiva, fenômeno que se desenrola tanto na órbita microeconômica quanto no conjunto do ambiente econômico, diz respeito às transformações estruturais no âmbito da produção e do trabalho e pode ser vista sob dois aspectos. No primeiro, a partir de uma ótica setorial, ela se expressa na reorganização e reconversão de setores industriais, que se caracterizam pela realização de grandes investimentos nos setores de ponta (informática, química fina, novos materiais, biotecnologia, telecomunicações), pela modernização de setores dinâmicos (automobilístico, máquinas e equipamentos, petroquímica) e pelo declínio de setores tradicionais – como o siderúrgico e o têxtil (Mattoso e Oliveira, 1990). E no segundo, tendo por referência o processo de trabalho, ela se concretiza na adoção de um novo paradigma tecnológico e organizacional, com a introdução, por um lado, de novas tecnologias de base microeletrônica (automação informatizada) e, por outro, de novos padrões de gestão/organização do trabalho (o "modelo japonês"), acompanhados por um processo de individualiza-

---

[9] No caso do Brasil, essa crise é tratada na literatura *regulacionista* como uma crise do "fordismo periférico".

ção das relações estabelecidas entre capital/trabalho, com o consequente enfraquecimento dos sindicatos.

A característica essencial desse novo paradigma tecnológico/organizacional pode ser resumida em uma palavra: flexibilidade (Harvey, 1992). É a busca permanente para libertar os processos produtivos/comerciais/financeiros, sob o comando do capital, de todas as formas de rigidez próprias do fordismo. Do ponto de vista tecnológico, é a substituição da automação rígida (não programável) de base eletromecânica, pela automação flexível (programável através da informação) de base microeletrônica, que permite rápidas mudanças no processo produtivo – quantitativas (volume produzido) e qualitativas (diferenciação do produto) –, através da reorientação das máquinas e equipamentos conforme as flutuações da demanda e a instabilidade dos mercados, próprias desse novo momento do capitalismo.[10]

No que se refere aos novos métodos de gestão, o princípio da flexibilidade se apoia na noção de *just-in-time*, compreendido não simplesmente como a reorientação do fluxo produtivo no sentido jusante à montante (da demanda para a produção), produção na quantidade e momento exatos conforme a demanda e, como consequência, a inexistência de estoques (Coriat, 1993). Mais do que isso, o *just-in-time* significa a economia de todos os elementos da produção e a eliminação de todos os desperdícios, de todas as "sobras" e de todos os tempos mortos no interior da jornada de trabalho; portanto, significa a busca permanente de eficiência e diminuição de custos, através da racionalização do processo de trabalho. Isto implica colocar a empresa e os trabalhadores sob tensão permanente, num processo interminável de aperfeiçoamentos e melhorias contínuas (*Kaizen*).[11]

---

[10] Adicionalmente, "... o movimento mais flexível do capital acentua o novo, o fugidio, o efêmero, o fugaz e o contingente da vida moderna, em vez dos valores mais sólidos implantados na vigência do fordismo. Na medida em que a ação coletiva se tornou, em consequência disso, mais difícil (...) o individualismo exacerbado se encaixa no quadro geral como condição necessária, embora não suficiente, da transição do fordismo para a acumulação flexível" (Harvey, op. cit., 161).

[11] Segundo Wood (1993), o *just-in-time* não é simplesmente um método de administração de estoques, mas, sobretudo, um método de administração da mão de obra, através da administração dos estoques. A prática do *Kaizen*, por sua vez, implica introduzir no processo produtivo um ritmo de trabalho estressante, já diagnosticado inclusive através de pesquisa com trabalhadores da Toyota (Rifkin, 1996).

Do ponto de vista do capital, essa nova concepção de empresa implica a necessidade de uma força de trabalho também flexível (polivalente), mais qualificada, que deve ter várias preocupações e realizar diversos tipos de tarefas, como operar as máquinas, fazer a manutenção, difundir informações, realizar o controle de qualidade etc. O resultado é um tipo de trabalhador com maior iniciativa e maior capacitação do que o trabalhador fordista, em particular aqueles pertencentes ao núcleo central da mão de obra da empresa,[12] que torna dispensável algumas das funções de gerência e controle exercidas pelos níveis hierárquicos intermediários, anteriormente existentes. No entanto, para que tudo isso ocorra, é necessário uma maior participação e envolvimento dos trabalhadores, no sentido da total identificação de seus objetivos e interesses com os da empresa. Nesse sentido, a ideologia da qualidade e os programas de qualidade total, juntamente com o alto nível de desemprego, se destacam enquanto instrumentos de convencimento e cooptação dos trabalhadores utilizados pelas empresas.

No âmbito do mercado de trabalho, por sua vez, a busca da flexibilidade exige a "livre contratação" entre capital e trabalho, sem nenhum tipo de restrição; exige a "livre negociação" sem intervenção e regulamentação por parte do Estado. O objetivo é flexibilizar a jornada de trabalho, a remuneração e os direitos sociais existentes (Pastore, 1995). Na mesma direção, merecem ser destacados os novos tipos de relacionamento entre as empresas, através das diversas formas de subcontratação, em especial a terceirização; todas com o objetivo de diminuir custos e de reduzir o efetivo de mão de obra ao mínimo possível, com as empresas maiores, detentoras de maior poder, transferindo responsabilidades e riscos para as menores (Druck, 1995).

No Brasil, o processo de reestruturação produtiva iniciou-se timidamente já na segunda metade da década de 1980, acelerando-se rapidamente a partir dos anos 90, quando da abertura econômica implementada pelo Governo Collor. Cen-

---

12 Na verdade, há uma tendência de segmentação da força de trabalho, tanto do ponto de vista da qualificação quanto do tipo de contrato estabelecido, constituindo os chamados trabalhadores nucleares contratados da empresa e os periféricos – subcontratados. Essa segmentação se expressa também na formalidade e na informalidade do mercado de trabalho.

trado principalmente na adoção de novas formas de gestão/ organização da produção, esse processo se aprofundou, mais recentemente, com a política de estabilização consubstanciada no Plano Real, com a subvalorização do dólar e uma grande facilidade para importação, que exigiu das empresas transformações em ritmo acelerado e associações com capitais estrangeiros, para poderem sobreviver.

Por fim, no plano do conjunto do sistema econômico, o processo de reestruturação produtiva se constitui num dos elementos determinantes do processo de globalização, uma vez que o crescimento da produtividade exige a ampliação/ articulação dos mercados, ao mesmo tempo em que se difunde com a globalização, ao determinar, através da competição, transformações nas estruturas produtivas das mais diversas regiões do mundo. Adicionalmente, a reestruturação produtiva desenvolve, do ponto de vista tecnológico (telemática), os meios materiais que permitem o aprofundamento do processo de globalização e, assim, a sua própria generalização.

3. *Avanço e implementação das políticas neoliberais*[13]

A crise do capitalismo, com o esgotamento do fordismo no início dos anos 70, criou as condições objetivas para a doutrina neoliberal se expandir e assumir importância política cada vez maior, chegando ao poder no final dos anos 70, com os governos de Thatcher na Inglaterra e Reagan nos Estados Unidos.

As raízes da crise, segundo o neoliberalismo, estariam no poder excessivo e nefasto dos sindicatos e do movimento operário, que pressionavam pelo aumento dos salários e dos gastos sociais do Estado, inviabilizando os lucros, corroendo as bases da acumulação das empresas e acelerando a inflação. Como decorrência desse diagnóstico, que enxerga a economia unicamente a partir da ótica do capital, as propostas e as ações políticas neoliberais vão todas na direção de desmontar o "pacto social-democrata" e construir um outro tipo de Estado.

Para isso, antes de mais nada, devia-se romper o poder dos sindicatos, desqualificá-los enquanto representação dos trabalhadores, restaurando-se, por este caminho, a taxa "natural de desemprego", que, por sua vez, disciplinaria os movi-

---

[13] Esta parte do texto apoia-se, exclusivamente, em Anderson (op. cit.).

mentos trabalhistas e arrefeceria suas reivindicações salariais. Do ponto de vista do Estado, devia-se reduzir os gastos sociais do governo e realizar uma reforma fiscal, cujo ponto essencial deveria ser a diminuição dos impostos sobre as rendas e os rendimentos mais altos, dando-se assim maiores incentivos ao capital para realizar novos investimentos. A meta fundamental de todos os governos deveria ser a estabilidade monetária, adotando-se uma rígida disciplina orçamentária e buscando-se permanentemente o equilíbrio fiscal. Em suma, o objetivo a ser alcançado pode ser resumido num conceito: "desregulação", isto é, substituir o Estado pela "livre concorrência" no que se refere ao funcionamento dos diversos mercados, em particular os mercados financeiros e o de trabalho.

Apesar dessas propostas terem sido implementadas primeiramente no Chile, quando da derrubada, em 1973, do governo socialista de Allende, foi a partir do governo conservador de Thatcher, na Inglaterra, e do governo republicano de Reagan, nos Estados Unidos, que se difundiu a onda neoliberal que inundou o mundo nos anos 80. Foi o início da construção da hegemonia dessa doutrina em escala planetária, que viria a ser reforçada e ampliada, nos anos 90, com o desmoronamento do chamado "Socialismo Real" no leste europeu.

Na Inglaterra, os principais pontos da política implementada, conforme a doutrina neoliberal, foram: contração da emissão monetária e elevação das taxas de juro, diminuição dos impostos sobre os rendimentos altos e abolição dos controles sobre os fluxos financeiros, aceleração do crescimento do desemprego, repressão às greves, instituição de uma legislação antissindical e corte dos gastos sociais; tudo isso acompanhado por um amplo programa de privatização, que viria a se tornar, principalmente nos países periféricos na ordem capitalista internacional, o "carro-chefe" das políticas neoliberais. Nos Estados Unidos, por exemplo, a receita se repetiu, com a exceção do fato, relevante, de que foi o governo em que mais cresceu o déficit público (gastos militares) na história americana, em razão de uma nova escalada da Guerra Fria no início dos anos 80.

Os resultados da aplicação dessas políticas nos países desenvolvidos, assumindo formas mais ou menos híbridas, foram a queda da inflação; a recuperação dos lucros, com a derrota do movimento sindical, expressa na queda do número de greves e na contenção dos salários; o crescimento das taxas de desemprego, com o aumento no grau de desigualdade; alta especulação financeira e taxas de crescimento diminutas, com baixo investimento produtivo. Paradoxalmente, no entanto, o peso do Estado de Bem-Estar não diminuiu muito, em virtude dos gastos com desempregados e aposentados, e a dívida pública cresceu em quase todos os países nos anos 90, com o advento de uma nova recessão.

Na periferia do sistema, as políticas neoliberais foram consolidadas pelo Consenso de Washington, cuja agenda pode ser resumida pelos seguintes pontos: combate à inflação através de planos de estabilização alicerçados na valorização das moedas nacionais frente ao dólar e na entrada de capitais especulativos; abertura da economia, com a desregulamentação dos mercados de produtos e financeiros; e, adicionalmente, as chamadas reformas estruturais do Estado – com destaque para a privatização – e da economia, com a quebra dos monopólios estatais.

No Brasil, em particular, a força dos movimentos sociais e trabalhistas, numa rota de ascensão durante toda a década de 1980, impediram a implementação da agenda neoliberal, que só começou a ser efetivada, de fato, a partir do Governo Collor. Paralisada momentaneamente pela crise do *impeachment,* foi retomada, lentamente durante o frágil governo de Itamar Franco e terminou por se consolidar a partir do Governo Cardoso, em especial a abertura comercial e financeira da economia, as privatizações e a tarefa de deslegitimação dos sindicatos e de desmoralização dos movimentos sociais.

4. *O processo de globalização*

Embora criada e difundida pela ideologia neoliberal neste final de século, a palavra globalização pode ajudar na compreensão das grandes transformações por que vem passando o capitalismo nas últimas décadas, da mesma forma que a palavra imperialismo, no início deste século, contribuiu para a análise do desenvolvimento desse modo de produção. Assim,

> "... é bom lembrar com Hobsbawm, na sua *Era dos Impérios*, que na segunda metade do século XIX, a palavra 'imperialismo' também tinha uma conotação extremamente vaga e positiva quando foi introduzida no cenário político europeu pela linguagem jor-

nalística. E foi assim que ela também transformou-se em lugar--comum, vulgarizando-se de tal maneira durante a década de 1890 que 'por volta de 1900, quando os intelectuais começaram a escrever livros sobre o imperialismo ele já estava na boca de todo mundo' (Hobsbawm, 1988, p. 92). Mas ninguém desconhece que, se a palavra 'imperialismo' pertenceu, no começo, ao jargão político e jornalístico, depois da obra clássica de John Hobson, ela acabou se transformando numa peça teórica essencial da economia política do século XX. E se nos primeiros tempos significava coisas positivas, acabou adquirindo uma conotação política cada vez mais negativa com o passar do século" (Fiori e Tavares, 1998: 7).

Desse modo, a partir da crítica do significado (positivo) mais vulgarizado e difundido da palavra globalização, o processo ao qual ela se refere pode ser entendido, numa primeira aproximação, como um aprofundamento, nos anos 80, da internacionalização das relações capitalistas de produção e distribuição, impulsionada pelo processo de reestruturação produtiva iniciado na década anterior nos países capitalistas centrais (Coutinho, 1992). Um movimento econômico/social/político de "desmonte/diluição dos espaços nacionais", que tem levado, entre outras consequências, à constituição de três grandes áreas de influência, com as respectivas hegemonias dos Estados Unidos (nafta), Alemanha (CEE) e Japão (sudeste asiático) e de outras áreas de menor porte, como é o caso do Mercosul.

Para alguns, este processo não apresenta nada de novo, sendo apenas a continuidade de um movimento que já estava presente desde os primórdios do modo de produção capitalista, qual seja, sua permanente tendência à expansão e, nessa medida, à mundialização (Gorender, 1996). Para outros, ao contrário, seria algo totalmente novo, de tal sorte que estaria se constituindo uma nova sociedade "global", pós-capitalista, uma realidade, portanto, que estaria, no limite, superando as relações sociais capitalistas de propriedade, produção e distribuição fundadas no trabalho assalariado (Offe, 1989). Em suma, continuidade para alguns e ruptura para outros.

A posição aqui defendida não se situa em nenhum desses extremos. De um lado, acredita-se que de um ponto de vista mais geral, e no interior de uma análise com um elevado grau de abstração, evidencia-se, por certo, um movimento de continuação e expansão do modo de produção capitalista, naquilo que ele tem de essencial. Nesse processo, podem ser identificados a radicalização e o aprofundamento de todas as suas características constitutivas, a começar pelo direito de propriedade que lhe é próprio, bem como o acirramento de todas as suas tendências imanentes.

Assim, pode se observar que a competição intercapitalista, tendo por arma as inovações de todos os tipos, torna-se cada vez mais feroz e de fato mundializa-se, quase que sem limites impostos pelas barreiras nacionais; que se acelera fantasticamente o desenvolvimento das forças produtivas e cresce o volume e o valor dos meios de produção por trabalhador; que se intensifica a concentração e a centralização de capitais, com o domínio mundial de poucas empresas gigantescas em cada ramo de produção; que a esfera financeira assume um papel preponderante no conjunto do funcionamento do sistema, com um superdimensionamento da acumulação "fictícia", num ambiente cada vez mais instável e com crescimento da incerteza e do risco; e, por fim, que potencializa-se a possibilidade da crise e os seus efeitos destrutivos em escala planetária.

Todas essas características e tendências estruturais do capitalismo, já identificadas por Marx (op. cit.)[14] no século passado, não são negadas pelo processo de globalização; antes, pelo contrário, ele, juntamente com os outros dois fenômenos tratados anteriormente, libera o capital, em seu movimento de acumulação, de todas as amarras e restrições, permitindo-lhe uma flexibilidade quase que total no seu afã e necessidade de valorização.

No entanto, de um ponto de vista mais concreto, a forma e a amplitude, como as características e tendências acima mencionadas vêm se realizando com o processo de globalização, evidenciam a existência de novos elementos e novas circunstâncias, tanto no plano das relações de concorrência intercapitalistas, quanto da própria relação capital/trabalho que funda e define esse modo de produção.

Antes de mais nada, a concorrência centra-se cada vez mais no domínio do conhecimento e da informação; com isto,

---

[14] Todas as leis de movimento do capital são deduzidas por Marx, n*O Capital*, diretamente da sua lei do valor, explicitada como a principal lei de funcionamento do modo de produção capitalista (Filgueiras, 1993).

as vantagens competitivas naturais tendem a desaparecer, deixando de ser relevantes para definir uma inserção melhor ou pior de qualquer região na nova ordem econômica internacional. A relação centro/periferia torna-se mais complexa e mais instável; ao mesmo tempo em que há transferências de capitais especulativos e atividades produtivas, algumas vezes com alto conteúdo tecnológico, de países centrais para países da periferia, cresce a subordinação destes últimos e, portanto, os riscos de interrupção abrupta dos elementos impulsionadores do processo de desenvolvimento. Pelo mesmo motivo, fragiliza-se o poder da maioria dos Estados Nacionais e estreita-se a capacidade de se fazer políticas macroeconômicas, à medida que se fortalece o poderio das maiores potências,[15] tendo por instrumentos as instituições financeiras multilaterais, como o FMI, o BIRD, o BID etc.

A globalização da produção e dos mercados de produtos, bem como a formação de um mercado financeiro mundial, têm levado a interpenetração patrimonial das multinacionais, implicando, num certo sentido, a desterritorialização da grande burguesia dos países mais poderosos. Além disso, também têm determinado a constituição de modelos e práticas culturais mundiais (supranacionais), usufruídos por minorias que possuem rendas mais elevadas, inclusive aquelas situadas na periferia, e construídos a partir das várias formas de comunicação e informação, desenvolvidas recentemente. Nessa medida, o mundo vem se tornando cada vez mais semelhante, tanto no uso de altas tecnologias e nos padrões de consumo sofisticados, quanto nas desigualdades econômicas e na exclusão social, apesar das barreiras nacionais, políticas e culturais, quase intransponíveis, para a globalização dos mercados de trabalho.

Por fim, no plano das relações capital/trabalho, as redefinições são profundas, alterando crucialmente a correlação de forças entre as partes, com o reaparecimento de velhas formas de consumo da força de trabalho e o surgimento de novas formas de exploração, que vêm afetando especialmente o "modo de ser" da classe trabalhadora (Antunes, 1995).

---

[15] Batista Jr. (1998) enfatiza que o poder dos bancos centrais, em particular dos países desenvolvidos, ainda exerce uma grande influência sobre a trajetória das taxas de câmbio, apesar da globalização financeira.

4.1. A globalização financeira

O principal aspecto do processo de globalização é, sem dúvida, a sua dimensão financeira, em especial se a considerarmos do ponto de vista de sua influência decisiva sobre a estratégia de estabilização adotada pelo Plano Real – altamente dependente dos fluxos internacionais de capitais de curto prazo.

Essa dimensão financeira se caracteriza pela

"... instauração de um mercado unificado de dinheiro em âmbito planetário. Isso significa que as empresas multinacionais industriais e financeiras podem contratar empréstimos ou aplicar fundos sem limites onde e quando queiram, recorrendo a todos os instrumentos financeiros existentes" (Plihon, 1995: 61).

A globalização financeira decorreu de três processos, estreitamente relacionados entre si, quais sejam: a desregulamentação ou liberalização monetária e financeira, a desintermediação e a abertura dos mercados financeiros nacionais.

Esses processos dizem respeito à extinção de dois tipos de fronteiras; de um lado, aquelas que separavam os diversos segmentos dos mercados financeiros nacionais, segundo o exercício de distintas funções financeiras e, de outro, as que delimitavam os mercados monetários e financeiros nacionais, bem como os apartava dos mercados mundializados. A partir disso, criou-se uma grande interdependência entre todos os segmentos dos mercados e entre as esferas nacional e internacional (Chesnais, 1996).

O desmonte do Sistema Monetário Internacional no início dos anos 70, que havia sido construído a partir do Acordo de Bretton Woods, pode ser identificado como a origem mais remota do processo de desregulamentação que contribuiu, de forma decisiva, para a globalização financeira.

O término da conversibilidade entre o dólar e o ouro implicou não apenas a inexistência de qualquer outro tipo de âncora internacional para as moedas, mas, também, o entrelaçamento dos mercados de câmbio e financeiro. Como decorrência, desenvolveu-se, crescentemente, uma grande instabilidade nas transações econômicas internacionais, afetando tanto as relações produtivas/comerciais quanto as monetárias/financeiras – em particular, determinando em todo mundo uma crescente volatilidade das taxas de juros e do câmbio, que abriu espaço para uma crescente desintermediação financeira.

Esta última, entendida como a busca de financiamento à margem dos fornecedores usuais, foi estimulada também pelo aumento dos custos administrativos e pelo crescente diferencial entre as taxas de captação e de empréstimo das instituições bancárias tradicionais, o que deu origem a novos investidores institucionais e aumentou a importância daqueles já existentes – companhias de seguro, fundos de pensão e fundos mútuos de investimento (Chesnais, op. cit.).

Na década seguinte, dando sequência ao processo, assistiu-se à desregulação dos mercados financeiros nos Estados Unidos e na Inglaterra, impulsionada, sobretudo, pela necessidade de os Estados Unidos financiar seu enorme déficit comercial. Assim, facilitou-se aos diversos agentes financeiros, em especial bancos e investidores institucionais, a atuação nos mais diversos segmentos dos mercados, em especial o de ações e o da dívida pública. Com isso, aumentou-se a liquidez e a mobilidade entre os diversos mercados, bem como estimulou-se a criação de todo um conjunto de inovações e produtos financeiros, que facilitaram o trânsito dos recursos entre os mercados e responderam à demanda por segurança dos aplicadores num ambiente de extrema incerteza.

Por fim, a queda das barreiras que separavam os mercados nacionais dos mercados internacionais, com a incorporação dos "mercados emergentes" a partir dos anos 90, completou o processo de globalização financeira, mundializando de vez os circuitos financeiros da acumulação. Entre 1991 e 1997, as transferências líquidas de capitais, a favor dos "países emergentes", somaram US$ 1,2 trilhão, uma média anual 17 vezes maior do que a do período 1983/1990.

Essa nova realidade, que permitiu aos países periféricos montarem suas estratégias de estabilização apoiadas, precariamente, nos fluxos internacionais de capitais de curto prazo, também enfraqueceu a capacidade de seus governos em fazer políticas macroeconômicas – em particular, a quase impossibilidade de os seus Bancos Centrais fazerem política monetária, evidente no caso da Argentina, com a adoção do sistema cambial de *currency board*, e no Brasil, pela manutenção permanente de elevadíssimas taxas de juros.

5. *A convergência dos três movimentos*

Conforme visto até aqui, o neoliberalismo, a reestruturação produtiva e a globalização, embora se constituam em fenômenos distintos, estão profundamente articulados no processo de transformações por que vem passando o capitalismo nesse fim de século. O denominador comum aos três fenômenos pode ser sintetizado no ideal da "acumulação flexível", isto é, o capital, em seu movimento de valorização, deve estar livre de empecilhos e restrições de qualquer natureza.

Essa flexibilidade deve ser alcançada em todas as esferas e dimensões da acumulação: flexibilidade espacial, com a derrubada das restrições de entrada e saída, de capitais e mercadorias, nos diversos países e regiões; flexibilidade temporal, com a criação de novos e impressionantes meios de comunicação e de produção de informações; flexibilidade produtiva, das máquinas, equipamentos e da mão de obra, de acordo com as flutuações quantitativas e qualitativas da demanda; flexibilidade financeira e de comercialização, com a desregulamentação dos mercados; flexibilidade no uso e na contratação e dispensa da mão de obra, com a total desregulamentação do mercado de trabalho, de acordo também com as variações da demanda; e flexibilidade da jornada de trabalho e da remuneração dos trabalhadores. Em síntese, para o capital, total liberdade de movimento, contratação e exploração da força de trabalho.

Nessa medida, o neoliberalismo, enquanto ideologia e como política econômica, se constitui na doutrina mais adequada para o capitalismo, nessa nova fase do seu desenvolvimento. Essa adequação ocorre tanto na órbita microeconômica, com a defesa da individualização das relações entre o capital e o trabalho, da livre negociação sem quaisquer parâmetros ou restrições (sobretudo, de remuneração e tempo de trabalho) e do sindicato por empresa, quanto no nível macroeconômico, através da proposição da derrubada de todas as barreiras que impedem a livre mobilidade do capital em qualquer uma de suas formas, bem como a reorientação da intervenção do Estado no sentido de viabilizar todas as formas de flexibilidade acima mencionadas.

Nesse sentido, a doutrina neoliberal serve tanto à reestruturação produtiva quanto ao processo de globalização, na forma como eles vêm ocorrendo. Esses dois outros fenômenos, por sua vez, se estimulam e se realimentam reciprocamente, acelerando o desenvolvimento das forças produtivas e ampliando o circuito da acumulação. Em particular, o novo paradigma tecnológico, viabilizando a associação da informática às telecomunicações, foi determinante para a criação de um mercado financeiro globalizado.

Do ponto de vista das relações entre capital e trabalho, o processo de mudanças, ora vivenciado, impacta profundamente. Em especial, para amplas parcelas das populações, esse processo, ao provocar o surgimento do desemprego estrutural e das mais variadas formas de precarização do trabalho, atinge o elemento fundamental que estrutura a vida das pessoas, qual seja, o próprio trabalho. E isso se dá sem a ocorrência ou mesmo a possibilidade de ser ele substituído, na sua função estruturante, por qualquer outra dimensão da vida dos indivíduos, apesar do anúncio, por parte de alguns, sobre a eminência do surgimento da "sociedade do não trabalho" ou da "sociedade do lazer" (Gorz, 1993).

A natureza das inovações tecnológicas e organizacionais, juntamente com o reduzido crescimento econômico – próprio de uma fase do capitalismo caracterizada pela mais absoluta hegemonia do capital financeiro e, por decorrência, de sua lógica de funcionamento – determinam a existência de elevadas taxas de desemprego e/ou a ampla disseminação de um processo de precarização do trabalho. No limite, está-se criando uma grande massa de indivíduos dispensáveis, não exploráveis pelo capital, indivíduos cuja força de trabalho não possui valor de troca no mercado e cujo trabalho, de forma autônoma, não consegue nem mesmo se materializar em mercadorias vendáveis.

O desemprego estrutural se expressa na persistência das elevadas taxas, apesar de algum crescimento econômico, e na ampliação do tempo médio no qual os indivíduos ficam sem ocupação produtiva. Ele atinge os diversos grupos sociais e étnicos de forma diferenciada, sendo maior entre os jovens, as mulheres, os negros e os imigrantes. Essa mesma discriminação ocorre com o fenômeno do subemprego; o trabalho em tempo parcial, temporário ou sub-remunerado e sem a mínima garantia de direitos sociais, é exercido, principalmente, por esses mesmos segmentos sociais.

A precarização do trabalho também ocorre para os que conseguem ter ocupação e se expressa na maior extensão e intensificação da jornada de trabalho, traduzida no aumento das horas extras e no crescimento do estresse, e numa menor remuneração. Algumas formas pretéritas de trabalho, próprias dos momentos iniciais da produção capitalista, retornam com força, como é o caso do "trabalho a domicílio" e do trabalho infantil. E isso ocorre tanto nos países atrasados quanto naqueles desenvolvidos, tanto em setores tradicionais (têxtil e calçados) quantos nos ditos modernos (microeletrônica).

Essa precarização também atinge a própria identidade e representação dos trabalhadores, através do processo de destruição, desfiguração e segmentação dos "coletivos de trabalho" promovido pelas práticas de subcontratação e de terceirização, que desvinculam parcelas crescentes dos trabalhadores das grandes empresas e agravam a crise dos sindicatos (Druck, op. cit.). Estes, atingidos pelo crescente desemprego, com a consequente diminuição das categorias as quais representam e pela maior heterogeneidade dos que estão ocupados, têm dificuldade de organizar e comandar os trabalhadores em ações coletivas. Além disso, o desemprego se revela, mais uma vez, como o instrumento fundamental da disciplina do capital sobre o trabalho, tanto com relação aos níveis de remuneração quanto no que concerne às condições de trabalho no interior das empresas.

No âmbito da sociedade como um todo, o resultado desse processo é o retorno, neste final de século XX, de dificuldades e problemas próprios dos séculos XVIII e XIX, com a ampliação da exclusão social, de países e regiões inteiras do planeta e de grupos sociais e étnicos, mesmo dentro dos países desenvolvidos. O crescimento da pobreza absoluta, com todas as suas mazelas (doenças físicas e mentais, alcoolismo, violência, criminalidade etc.), é uma realidade gritante mesmo na sociedade americana, cuja economia, mais do que nunca, é a mais poderosa do globo.[16] O ataque aos benefícios sociais, próprios do Estado de Bem-Estar Social, só agrava o quadro e acirra a incerteza e desconfiança dos indivíduos com relação ao futuro.

No plano político, a queda do Socialismo Real no final dos anos 80, além de fortalecer o capital na sua relação com

---

[16] Para um relato elucidativo das consequências econômico-sociais do novo paradigma tecnológico na sociedade americana, ver Rifkin (op. cit.).

o trabalho, facilitando o aprofundamento da reestruturação produtiva e da globalização, abriu as portas para o aparecimento de velhas ideologias, que ressurgem com virulência renovada, apoiando e justificando movimentos e ações políticas violentas. Dentre outras, pode-se mencionar, claramente, o nacionalismo, o xenofobismo (contra os imigrantes) e o fascismo, que colocam em questão a própria democracia representativa existente no Ocidente. A crise de representação dos partidos políticos e do sistema político liberal mostra toda a sua dimensão no profundo descrédito, da maioria da população, com relação à prática política, aos políticos, aos partidos e ao jogo eleitoral, enquanto instâncias e meios de resolução de seus problemas e aflições.

Em suma, num momento de hegemonia, em escala mundial, das relações e dos valores capitalistas, em sua forma mais acabada, assiste-se a um processo de homogeneização e diferenciação das sociedades também em âmbito planetário (Borges e Druck, 1993). Ao tempo em que parcelas minoritárias abastadas das diversas sociedades se identificam entre si, por cima mesmo das barreiras e valores culturais nacionais, amplos contingentes populacionais são jogados à margem do processo de criação e consumo da riqueza, enquanto uma terceira parcela, majoritária, vivencia um permanente estado de incerteza e ansiedade com relação ao seu destino, ameaçada de ir fazer companhia aos que já foram dispensados pelo sistema capitalista de produção e distribuição de mercadorias.

Desse modo, homogeneíza-se econômica, política e socialmente parte significativa do planeta, mas, ao mesmo tempo, aprofunda-se a diferenciação no interior de cada espaço nacional, mesmo nos países mais desenvolvidos. Nessa medida, globaliza-se o desemprego e a exclusão social, a instabilidade e as incertezas, enfim, globaliza-se o "mal-estar", inclusive entre as parcelas privilegiadas das sociedades, de se estar destruindo um "modo de vida" sem, contudo, se ter ainda a clareza do que se está colocando em seu lugar.

Conforme se verá a seguir, esse ambiente econômico, social e político, marcado pelos processos de reestruturação produtiva e de globalização, conduzidos sob hegemonia da doutrina e das políticas liberais, influenciou, de forma decisiva, as formulações do Consenso de Washington e do Plano Real.

Capítulo II
O PANORAMA INTERNO

A EVOLUÇÃO recente da economia brasileira evidenciou, como não poderia deixar de ser, uma forte sensibilidade com relação às mudanças nas conjunturas internacionais. No entanto, os "ventos de fora" acabaram chegando com uma defasagem temporal até certo ponto surpreendente, principalmente quando se observa o comportamento de outras economias da América Latina, que se "adaptaram" muito mais rapidamente a essas mudanças.

Nos anos 70, enquanto os países desenvolvidos passaram por um período de estagflação e ajustes estruturais, decorrentes da crise do fordismo – agravada pela suspensão da conversibilidade do dólar e pelo choque do petróleo –, o Brasil estendeu o seu ciclo econômico, iniciado com o "milagre" e que começou a se esgotar em 1973, até o fim da década, tendo por instrumento essencial o II PND elaborado em 1974.

A crise do Modelo de Substituição de Importações só se explicitou na década de 1980, na esteira da crise da dívida externa que alcançou todos os países da periferia; enquanto nos países desenvolvidos difundia-se o processo de reestruturação produtiva, a globalização dava os seus primeiros sinais mais explícitos e o neoliberalismo espalhava-se a ponto de tornar-se hegemônico, no Brasil convivia-se com a crise do fordismo periférico.

Do ponto de vista político, foi uma "década ganha", marcada pelo fim do regime militar, a reconstituição do Estado de Direito, com a volta das eleições diretas para Presidência da República, e a ascensão do sindicalismo e dos movimentos sociais. Nessas circunstâncias, compreende-se por que o neoliberalismo e suas políticas tiveram tantas dificuldades, não encontradas em outros países da América Latina, para se implantar no Brasil.

Posteriormente, na década de 1990, quando os países desenvolvidos já haviam se reestruturado e a globalização se tornou avassaladora, o país adotou o liberalismo e as teses do Consenso de Washington – de forma acelerada, para poder recuperar o "tempo perdido" –, assumindo uma inserção totalmente subordinada no interior da nova ordem internacional, em que pese a criação do Mercosul. Por fim, quando o liberalismo começou a dar seus primeiros sinais de esgotamento no interior dos espaços nacionais dos países desenvolvidos, no Brasil ele se tornou hegemônico, de forma incontrastável, a partir do Plano Real.

Alguns críticos do Governo, entretanto, se recusam a chamar o modelo de estabilização e integração internacional, derivado do Consenso de Washington, de neoliberal, porque ele

"... não foi aplicado de forma geral na América Latina, ainda que diversos de seus elementos estejam presentes nas políticas de todos os países da região. Evita-se, por isso, a designação neoliberal para caracterizar as experiências discutidas nesse trabalho [México, Argentina e Brasil]. Por ser excessivamente genérica, tal designação oculta importantes diferenças de abordagem e desempenho entre as economias da região" (Batista Jr., 1996: 133).

No entanto, a perspectiva aqui adotada é de que é exatamente os pontos comuns entre as várias experiências que possibilitam qualificar e identificar um projeto global para a América Latina, de caráter neoliberal, sem prejuízo de se considerar as especificidades dos diversos países na condução dos seus respectivos planos de estabilização.

Desse modo, reconstrói-se, a seguir, alguns momentos cruciais dessa trajetória, que influenciaram a construção desse plano de estabilização e do projeto maior do Governo Cardoso, do qual o primeiro é parte integrante essencial.

1. Antecedentes históricos: a "década perdida"

Nos anos 70, quando as economias dos países desenvolvidos se encontravam em crise e, em alguns casos, já em processo de reestruturação produtiva, o Brasil passava pela experiência do "milagre" (68/73) e, posteriormente, pela implementação do II PND (74/76), que deu uma sobrevida ao ciclo expansivo até o final da década, à custa da aceleração do endividamento externo (Castro e Souza, 1985).

No fim dessa década, com o segundo choque do petróleo e a elevação da taxa de juros americana, e, na década seguinte, com a crise do México em 1982, a situação internacional se modificou completamente, e para pior, no que se refere à oferta de recursos financeiros aos países "em desenvolvimento". De uma situação de excesso de liquidez nos mercados financeiros, passou-se à outra de extrema escassez, inaugurando-se para esses países um período de estagnação do crescimento, aceleração inflacionária e exportação de capitais.

1.1. A crise da dívida e o ajuste monetário do balanço de pagamentos

No início dos anos 80, mais precisamente a partir da crise cambial do México em 1982, explicitou-se a fragilidade dos balanços de pagamentos de praticamente todos os países da periferia do sistema capitalista: estava começando a "crise da dívida externa", que atravessaria toda a década e adentraria os anos 90.

De fato, na década anterior (anos 70), esses países haviam se endividado rapidamente, tomando empréstimos com taxas de juros muito baixas naquele momento, em virtude da grande liquidez existente no mercado financeiro internacional. No entanto, após o segundo choque do petróleo e a elevação da taxa de juros americana a partir de 1979 – que chegou atingir 19% ao ano em 1983 –, esses países passaram a sofrer pressões cambiais insustentáveis. Além dos elevados déficits comerciais já existentes, cresceu o montante de juros a ser pago pelos empréstimos internacionais já realizados. Para piorar a situação, ainda mais, desapareceram os recursos financeiros disponíveis, até então, no mercado internacional, inviabilizando a prática usual de renovação dos empréstimos (rolagem das dívidas).

Assim, de uma década com grande facilidade na obtenção de recursos financeiros, passou-se a uma outra caracterizada por uma escassez dramática. No novo cenário, as instituições bancárias dos países desenvolvidos – com carteiras carregadas com títulos das dívidas externas dos países periféricos –, bem como os seus governos, adotaram uma posição defensiva na concessão de novos créditos, inviabilizando, na prática, o aporte de novos recursos para os países em dificuldades cambiais. Adicionalmente, fez parte dessa nova estratégia o recebimento dos juros devidos, bem como a liquidação das dívidas vincendas.

Naquela conjuntura, o FMI, que havia sido estruturado no pós-guerra para enfrentar crises cambiais localizadas, de curto prazo – dando socorro financeiro temporário ao país que estivesse necessitado –, se defrontou com uma crise geral e abrangente, que se abateu, por um longo tempo, sobre toda a periferia do sistema capitalista, afetando, inclusive, alguns países do então bloco socialista. Todavia, a sua capacidade de enfrentamento do problema, tal como agora, era diminuta, em virtude da amplitude das dificuldades e das limitações de seus recursos financeiros (Bacha, 1983).

Nessa nova circunstância, o FMI passou a desempenhar um novo papel, de defesa explícita e intransigente dos interesses do capital financeiro internacional, através da imposição aos países periféricos de acordos político-econômicos extremamente rígidos, que possibilitassem o reembolso dos empréstimos realizados. Essa foi a condição indispensável para que esses países periféricos pudessem se candidatar aos exíguos recursos da instituição e às linhas de crédito dos bancos privados para o financiamento de importações e exportações (Belluzzo e Mello, 1983).

Em suma, a responsabilidade da crise foi jogada exclusivamente sobre os países periféricos, com o FMI e o capital financeiro internacional desconsiderando completamente as complexas circunstâncias que levaram a isso, reduzindo-as tão somente a erros de avaliação e de política econômica dos gestores desses países e à irresponsabilidade dos seus governantes.

Desse modo, desresponsabilizaram os Estados Unidos, que elevou a sua taxa de juros para poder financiar seus déficits fiscal e comercial. Essa atitude, de interesse específico do governo americano, além de enxugar os recursos financeiros disponíveis no mercado internacional, determinou também a redução do nível de atividade de sua economia e, em decorrência, de todas as demais. Como consequência, provocou uma recessão mundial que afetou enormemente a capacidade de exportação dos países periféricos e deteriorou, ainda mais, as suas balanças comerciais e seus balanços de pagamentos (Bacha, op. cit.).

Além disso, desconsideraram também a responsabilidade dos emprestadores, os bancos privados dos países desenvolvidos, que também tinham a obrigação, tal como os dirigentes dos países periféricos – muitos deles governados por ditaduras militares ou familiares –, de avaliarem corretamente a evolução da conjuntura mundial e os riscos nela envolvidos. É evidente que todo e qualquer processo de endividamento, inclusive aqueles que dão origem, posteriormente, ao surgimento de uma inadimplência generalizada por parte dos agentes econômicos, possui, no mínimo, dois sujeitos responsáveis: o emprestador e o que toma emprestado. Esse fato é ainda mais verdadeiro quando se trata de empréstimos internacionais, que necessariamente envolvem os governos, sejam estes os tomadores dos empréstimos ou não.

Assim, os acordos firmados entre o FMI e os países devedores implicaram uma série de condicionalidades duríssimas para estes últimos, expressas nas famosas cartas de intenções e que foram materializadas em um conjunto de metas referentes às taxas de inflação, déficit público, exportações e importações, taxas de juros e de câmbio etc. Tudo isso, obviamente, devidamente monitorado por funcionários do FMI, num processo de subordinação e adequação das políticas econômicas desses países aos parâmetros estabelecidos pelos acordos.

Do ponto de vista técnico-econômico, a argumentação do FMI para explicar a crise era no mínimo curiosa, qual seja: os países periféricos estavam em dificuldades porque consumiam além de suas capacidades produtivas, o que os obrigava a importar a diferença entre consumo e produção; isto, por sua vez, implicava grandes déficits na conta de transações correntes e, por consequência, no endividamento externo, como forma de equilibrar os seus balanços de pagamentos.

Desse modo, a receita recomendada e imposta para solucionar o problema, e que ficou conhecida como o "ajuste monetário do balanço de pagamentos", era baseada, essencialmente, na redução da demanda interna, principalmente os gastos dos governos, possibilitando, assim, em decorrência da queda da atividade econômica, uma diminuição das importações. Isso era feito através do controle das necessidades de financiamento do setor público e da elevação das taxas de juros. Em paralelo, estimulava-se as exportações, através de uma política cambial de desvalorizações das moedas desses países, que sustentava, juntamente com o arrocho salarial e os subsídios creditícios e fiscais, uma espécie de competitividade espúria dos seus produtos (Bacha, op. cit.). Essa concepção se apoiava no seguinte raciocínio:

a) há uma relação estável entre demanda por bens e de manda por moeda;

b) quando o crédito doméstico está sob controle, a base monetária só se expandirá quando ocorrer aumento das reservas internacionais;

c) o instrumento mais eficaz para controlar a demanda interna, de forma consistente com o balanço de pagamentos, é o crédito doméstico líquido das autoridades monetárias; e

d) para garantir que as metas do crédito interno líquido sejam satisfeitas, é necessário controlar rigidamente o crédito destinado ao setor público.

Tal compreensão, do ponto de vista dos objetivos dos programas de estabilização, explicitados nas cartas de intenções, implicava, em primeiro lugar, a determinação das variáveis externas e só depois, em função delas, ajustavam-se as variáveis internas. Assim, determinava-se o montante máximo, aceitável, do déficit em conta corrente e, de forma compatível com esse déficit, o saldo a ser alcançado na balança comercial. A partir daí estabeleciam-se os limites da demanda interna, o valor do crédito doméstico líquido e as necessidades de financiamento do setor público (NFSP) – que resultava em cortes no investimento do Governo e numa menor encomenda às indústrias domésticas produtoras de bens de capital – que despediam trabalhadores e reduziam seus pedidos de matérias-primas e produtos intermediários, configurando-se uma trajetória recessiva que se propagava para o resto da economia.

O objetivo final de toda essa política era a geração de superávits crescentes nas balanças comerciais dos países periféricos, que possibilitassem compensar os déficits históricos e estruturais das suas balanças de serviços e, assim, dispensar a entrada de novos recursos, ou mesmo pagar parte do princi-

pal de suas dívidas. Em resumo, os países devedores deveriam
passar da condição de importadores de capitais para a de
exportadores de capitais, garantindo, assim, uma travessia da
crise mais tranquila para o sistema financeiro internacional –
sobrecarregado com créditos duvidosos das dívidas dos países
do terceiro mundo.

O resultado desse processo, para o Brasil em particular,
foi um período de estagnação que durou quase toda a primeira
metade da década de 1980 – com quedas de 4,3% do PIB, em
1981, e de 2,9%, em 1983, e redução das taxas de investimento,
principalmente entre 1981 e 1985 (Tabela 1) –, porque, na verdade, a realidade do país era bem diferente daquela descrita
pelo FMI. De fato, a sua capacidade produtiva utilizada já
estava muito aquém do seu potencial pleno quando se iniciou
a "crise da dívida", portanto, a redução da demanda interna
preconizada pelo FMI, e adotada pelo Governo brasileiro como
recurso para diminuição das importações, teve efeito avassalador sobre a atividade econômica, o emprego e a renda.

Tabela 1

**Inflação, PIB e taxa de investimento
nos governos Figueiredo e Sarney**

Ano	Inflação	Taxa de Crescimento do PIB (em %)	Investimento Interno Bruto	Governo
1980	100,2	9,3	22,9	
1981	109,9	-4,3	24,3	
1982	95,4	0,8	23,0	Figueiredo
1983	154,5	-2,9	19,9	
1984	220,6	5,4	18,9	
1985	225,5	7,8	18,0	
1986	142,3	7,5	20,0	
1987	224,8	3,5	23,2	Sarney
1988	684,5	-0,1	24,3	
1989	1320,0	3,2	26,9	

Fonte: *Conjuntura Econômica* – FGV (abril/99)

Mais especificamente, foi uma época de grandes superávits na balança comercial (Tabela 2), principalmente a partir
de 1983, com a queda das importações e a elevação das exportações, e de grandes remessas de capitais para fora do país.

Tabela 2
Balança comercial – 1980-1989

Ano	Exportação	Importação	Saldo	Governo
1980	20,1	23,0	-2,9	
1981	23,3	22,1	1,2	
1982	20,2	19,4	0,8	Figueiredo
1983	21,9	15,4	6,5	
1984	27,0	13,9	13,1	
1985	25,6	13,2	12,4	
1986	22,3	14,0	8,3	
1987	26,2	15,1	11,1	Sarney
1988	33,8	14,6	19,2	
1989	34,4	18,3	16,1	

Fonte: SECEX

Adicionalmente, assistiu-se ao aumento das taxas de desemprego e ao arrocho salarial (Rocha, 1997), ao corte de crédito para a produção agrícola e à ampliação do atraso tecnológico do setor industrial, ao crescimento da dívida interna e à fragilização financeira do setor público e, o que é de extrema relevância, às elevações sucessivas e dramáticas da taxa de inflação – que saiu de 100% em 1980 para 1320% em 1989 (Tabela 1). Essa explosão dos preços não estava prevista formalmente nos acordos com o FMI – muito pelo contrário –, mas decorreu, forçosamente, da própria lógica da política econômica adotada. O PIB, por sua vez, cresceu a uma taxa média de apenas 2,9% ao ano, contrastando com os altos índices de crescimento da década de 1970 (Tabela 1).

As desvalorizações cambiais, além de elevarem os preços internos em razão do encarecimento das importações, também estimularam a espiral inflacionária – através da indução de um comportamento defensivo por parte de todos os agentes econômicos, que buscaram indexar o seu rendimento, direta ou indiretamente, ao dólar, de acordo com o seu respectivo poder de mercado e de negociação.

A dívida pública, por seu turno, também cresceu em função da política de obtenção de grandes superávits comerciais; os sucessivos governos compravam os dólares dos exportadores, em última instância, com a emissão de títulos do Tesouro Nacional ou do Banco Central, com taxas de juros elevadas e prazos de resgate cada vez menores, ampliando, dramaticamente, a famosa "ciranda financeira" que desestruturou as finanças públicas (Oliveira, 1990a).

Os impactos negativos dessa política, que se fizeram sentir durante todo o resto dos anos 80 e chegou até os nossos dias, deram origem aos diversos planos de estabilização conhecidos, a começar pelo Cruzado em 1986. Não por outra razão, na história econômica brasileira, os anos 80 ficaram conhecidos como a "década perdida", um período de estagnação econômica – sem, praticamente, nenhum crescimento do PIB *per capita* – e instabilidade inflacionária. A busca do equilíbrio do balanço de pagamentos e do pagamento da dívida externa – que nos perseguem até hoje – se fez à custa da desestruturação do Estado, do descontrole inflacionário e da elevação do desemprego.

1.2. A inflação inercial e o Plano Cruzado

Na segunda metade da década de 1980, o esgotamento político e econômico do regime militar deu origem à chamada "Nova República", fruto de uma transição pactuada entre as elites, que se expressou de forma evidente na composição do Governo Sarney – caracterizado pela participação de personalidades e forças políticas claramente associadas aos governos anteriores.

Em particular, essa situação de ausência de ruptura inequívoca com o passado foi mais óbvia na área econômica, onde o Ministério da Fazenda, sob a direção de Francisco Dornelles, continuou a implementar, no fundamental, a mesma política econômica anterior. Todavia, as novas circunstâncias, caracterizadas por uma outra correlação de forças políticas no interior da sociedade brasileira, que não admitia mais o combate à inflação associado à recessão – tipicamente identificado com a ortodoxia do FMI –, pressionaram por uma mudança na política econômica. Até porque a inflação e a estagnação econômica persistiam, difundindo-se um sentimento de desânimo e grande frustração com a nova ordem democrática que estava sendo construída.

A mudança de concepção acerca das causas da inflação brasileira e da forma como combatê-la começaria a ocorrer com a saída de Dornelles e a nomeação de Dilson Funaro, em agosto de 1985, sendo efetivada, de fato, com o anúncio e implementação do Plano Cruzado, em fevereiro de 1986.

Por essa época, o debate sobre a inflação brasileira contabilizava, pelo menos, três grupos de economistas (Paulani,

1986). De forma resumida, o primeiro, identificado com o diagnóstico ortodoxo-monetarista, associava a inflação à existência de pressões incontroláveis por parte da demanda, em particular, aquelas provenientes do déficit público e da indexação da economia, que alimentava a disputa lucros/salários. A solução seria a aplicação de choques ortodoxos, caracterizados por severa austeridade monetária e cortes nos gastos públicos, que levariam a economia a se desindexar, a partir do aprofundamento da recessão e do desemprego e do acirramento da concorrência. Essa visão, entretanto, encontrava-se já extremamente desgastada em função da sua incapacidade (1980-1984) de resolver os principais problemas que acometiam a economia brasileira.

O segundo grupo de economistas, ligados à PUC do Rio de Janeiro, defendia a concepção inercialista no tratamento do fenômeno inflacionário. A ideia era de que, na ausência de choques de demanda e de oferta (causas primárias), a inflação poderia persistir em função de um processo generalizado de indexação, formal ou mesmo informal. Portanto, nessas condições, a "memória do passado" (indexação) se constituiria na causa da inflação, isto é, a inflação corrente seria determinada pela inflação passada, independentemente do estado das expectativas, uma vez que os formadores de preços não levariam em conta a avaliação sobre o futuro – o que implicava a hipótese crucial de os *mark-ups* médios serem estáveis. Como solução, recomendava-se a aplicação de choques heterodoxos, que apagasse essa memória, de tal forma que se mudasse o comportamento dos agentes econômicos no processo de formação de preços, eliminando-se a inflação inercial (Resende, op. cit.; Arida e Resende, 1985).

O último grupo, baseado no Instituto de Economia da Unicamp, tinha um diagnóstico que pode ser definido como estruturalista/pós-keynesiano. Pelo lado pós-keynesiano, o argumento partia da constatação de que a ruptura do padrão monetário internacional, com o término da conversibilidade do dólar no início dos anos 70, provocou uma grande instabilidade nos mercados financeiro e de câmbio, que se difundiu aos mercados de bens e serviços, em especial aos mercados de *commodities*. A instabilidade dos contratos de produção e de dívidas no período de produção, daí decorrente, levou a alterações nas condições de formação dos preços. Com isso, uma margem de lucro fixa já não garantia mais uma taxa "normal" de rentabilidade, o que implicou um comportamento defensivo por parte dos oligopólios. Desse modo, as margens de lucro desejadas tornaram-se flexíveis para cima, levando à aceleração da inflação.

Nessa última concepção, portanto, o motor da inflação brasileira não era a "memória do passado", como queriam os inercialistas, mas sim o "medo do futuro". Do ponto de vista estrutural, as dívidas externa e interna fragilizavam financeiramente o Estado e multiplicavam as pressões inflacionárias, particularmente numa economia já bastante oligopolizada. Por fim, as políticas de ajuste do FMI, no período, reforçavam os desequilíbrios estruturais, através do aumento das taxas de juros e do crescimento da capacidade ociosa da economia (Belluzo e Tavares, op. cit.).

Na equipe econômica, do novo ocupante do Ministério da Fazenda, estavam representadas as duas últimas posições; no entanto, o anúncio e a implementação do Plano Cruzado evidenciariam que, na busca por uma alternativa ao tratamento ortodoxo da inflação, a posição inercialista acabou prevalecendo na disputa interna do Governo. Mais especificamente, no campo dos inercialistas, saiu vitoriosa a posição de Lopes (1985), que propunha a implementação de um "choque heterodoxo", em oposição à proposta de Resende (op. cit.) e Arida e Resende (op. cit.), que defendiam a ideia de uma "moeda indexada" – questão tratada no próximo capítulo, para se evidenciar a sua similitude com a URV, o instrumento de combate à inflação inercial utilizado no Plano Real.

Decidida a forma de atacar a inflação, o Governo Sarney anunciou, através do Decreto-lei nº 2.284, de 28 de fevereiro de 1986, o Plano Cruzado – na forma de um choque heterodoxo (Lopes, op. cit.) –, assumindo o seguinte diagnóstico sobre a situação, de então, da economia brasileira:

a) o Governo já havia alcançado o equilíbrio fiscal;
b) os preços relativos dos bens e serviços estavam "alinhados";
c) os preços públicos estavam em níveis adequados;
d) a safra agrícola tinha sido um sucesso;
e) o câmbio não estava subvalorizado;

f) havia um bom desempenho das exportações;
g) o nível de reservas era considerado bom e
h) a disputa lucro/salário estava estabilizada.

Assim, de acordo com essa avaliação, não havia pressões de demanda e nem de oferta sobre os preços, apesar da presença de uma elevada inflação, o que evidenciava a inexistência de qualquer tipo de fonte inflacionária autônoma. Portanto, segundo os autores do Plano Cruzado, a inflação brasileira constituía-se, tipicamente, em uma inflação inercial, justificando-se, desse modo, a natureza do plano proposto. Com essa leitura, da realidade econômica do país, também concluía-se que aquele era um bom momento para se dar início a um programa de estabilização.

Os principais pontos da reforma monetária proposta foram a criação de uma nova moeda, o Cruzado (com conversibilidade definida de Cr$ 1.000,00 = Cz$ 1,00), a decretação do congelamento total de preços e rendimentos e a desindexação geral da economia. Os preços – inclusive a taxa de câmbio – foram convertidos de cruzeiro para cruzado conforme os valores, à vista, praticados no dia anterior (27/2/86) ao anúncio do Plano e os rendimentos conforme o valor médio da remuneração real dos últimos seis meses, acrescidos de 8% (no caso do salário mínimo, o adicional foi de 15%).

Os impactos gerais do programa se fez sentir, de imediato, com a queda da inflação (Gráfico 1), o crescimento da demanda e o aumento da produção e do emprego. Tal como observado no período imediatamente após a adoção do Real, ocorreu uma remonetização da economia bastante rápida – influenciada pela chamada "ilusão monetária" e por taxas de juros reais baixas, que levaram à fuga dos pequenos poupadores da caderneta de poupança.

Com o término do imposto inflacionário e da "ciranda financeira", as camadas da população de mais baixa renda foram diretamente beneficiadas, observando-se uma melhora, momentânea, na distribuição da renda. Adicionalmente, isso provocou uma valorização dos ativos reais e a necessidade de os bancos se ajustarem, uma vez que já não poderiam mais viver, essencialmente, dos rendimentos das aplicações financeiras alimentadas pela inflação.

Gráfico 1

Plano Cruzado

Evolução da taxa de inflação (%)

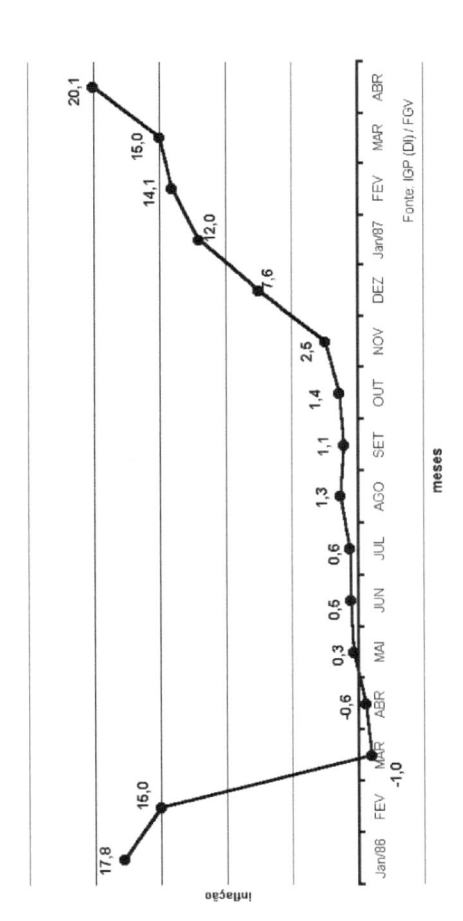

Todavia, inúmeros fatores conspiraram contra o sucesso do Plano Cruzado, a começar pelo diagnóstico da economia brasileira acima descrito. Na verdade, o déficit público não estava sob controle e os preços não estavam alinhados na velha moeda, o que é totalmente impossível de ocorrer, por definição, numa economia com altas taxas de inflação e, portanto, o congelamento – a passagem abrupta da velha para a nova moeda – apenas cristalizou essa mesma situação na nova moeda. Isso, somado ao crescimento da demanda – que implicou, em muitos setores, o esgotamento da capacidade produtiva instalada –, levou ao desabastecimento, à fuga do congelamento e ao surgimento do "ágio" nos preços (Simonsen, 1986a e 1986b).

Os problemas desse programa de estabilização decorreram tanto de equívocos teóricos quanto práticos; os primeiros associados ao diagnóstico do caráter da inflação brasileira e os segundos relacionados à sua administração cotidiana – como, por exemplo, o aumento imediato do salário real, que provocou incompatibilidades entre as estruturas de demanda e de oferta da economia, e uma política monetária passiva, com taxas de juros subestimadas, que possibilitou a especulação com os ativos reais, implicando a manipulação de estoques e desabastecimento, que deram origem à prática do "ágio".

Entretanto, a questão fundamental, que fulminou o Plano Cruzado, foi a situação internacional desfavorável, cujos mercados financeiros permaneciam com baixa liquidez, em particular no que se refere ao acesso de países como o Brasil a novos empréstimos. A queda das exportações, decorrente do crescimento da demanda interna e da sobrevalorização do câmbio, com a consequente ampliação do déficit na conta de transações correntes do balanço de pagamentos, implicou a queda drástica das reservas e levou o país à beira de uma crise cambial, desembocando na decretação de uma moratória no início de 1987. Com a desvalorização cambial efetuada, e com ela a retomada da aceleração dos preços, extinguiu-se formalmente o Plano.

Antes disso, ainda em 1986, tentou-se, sem sucesso, remendar o Plano por duas vezes. A primeira, em julho, através da edição de um pacote fiscal com o objetivo de desaquecer o consumo e manter a inflação baixa até às eleições em novembro, ficou conhecida como o "Cruzadinho" e a segunda, logo após as eleições, através do reajuste de preços públicos e aumento dos impostos indiretos, tomou o nome de Cruzado II.

Dessa forma, a primeira experiência heterodoxa no Brasil, que tentou combater a inflação sem recessão, conciliando a estabilização de preços com aumento do consumo no curto prazo, fracassou. Além de todos os problemas referentes ao desalinhamento dos preços, o congelamento, para se manter, exigiria a existência de volumosos estoques de produtos e/ou a abertura da economia apoiada num elevado nível de reservas externas (Simonsen, op. cit.).

Nos anos seguintes, mais duas tentativas de combate à inflação, de caráter heterodoxo, foram feitas – o Plano Bresser (1987) e o Plano Verão (1989) –, mas tiveram o mesmo fim do Plano Cruzado e levaram ao total descrédito qualquer nova tentativa heterodoxa da mesma natureza, em particular o combate à inflação através do congelamento de preços.

Apesar disso, a ideia de inflação inercial, embora desconsiderando, na prática – tal como foi aplicada no Brasil desse período –, a existência de pressões sobre os preços associadas a fatores primários, se constituiu, sem dúvida, numa importante contribuição para o entendimento dos processos de inflação crônica na América Latina. As lições tiradas dessa experiência, bem como uma conjuntura dos mercados financeiros internacionais com grande liquidez, foram decisivas na elaboração e condução do Plano Real.

De qualquer forma, ao final dos anos 80, tanto as políticas de cunho ortodoxo quanto as de caráter heterodoxo demonstraram-se ineficazes no combate à inflação em razão de uma série de fatores objetivos e subjetivos, com especial destaque para as condições internacionais extremamente adversas. Foi nesse ambiente de desânimo e descrença, de persistência da estagnação econômica e beirando-se a hiperinflação que, no final da década, as ideias neoliberais e suas políticas encontraram campo para se desenvolver e, com as eleições de 1989, alcançarem o poder no Brasil.

2. *Antecedentes históricos: a era liberal*

Nos anos 90, o liberalismo, que já havia adentrado na maior parte da América Latina, implanta-se no Brasil com toda força, a partir do Governo Collor. O discurso liberal radical, combinado com a abertura da economia e o processo de privatizações inaugura o que poderíamos chamar da "era liberal" no Brasil.

Até então, apesar da existência de algumas iniciativas nesse sentido, durante o Governo Sarney, e de uma já forte massificação e propaganda dessa doutrina nos meios de comunicação de massa, havia uma forte resistência a ela, calcada, principalmente, na ascensão política, durante toda a década de 1980, dos movimentos sociais e do movimento sindical. A Constituição de 1988, apesar de seus vários equívocos, foi a expressão maior dessa repulsa da sociedade brasileira; por isso mesmo, ela foi o alvo principal tanto do Governo Collor quanto do Governo Cardoso, que recolocou, mais tarde, o projeto liberal nos trilhos.

2.1. Governo Collor: o início das políticas liberais

Com o Governo Collor e o seu plano econômico, assistiu-se a uma ruptura econômico-política que marcou definitivamente a trajetória do desenvolvimento do Brasil na década de 1990. Pela primeira vez, para além de uma política de estabilização, surgiu a proposta de um projeto de longo prazo, que articulava o combate à inflação com a implementação de reformas estruturais na economia, no Estado e na relação do país com o resto do mundo, com características nitidamente liberais. No entanto, esse projeto, conduzido politicamente de maneira bastante inábil, acabou por se inviabilizar naquele momento.

Ainda na condição de candidato, Collor criou as condições políticas para, posteriormente, no Governo, assumir uma espécie de postura "bonapartista"[1] que marcou boa parte de

---

[1] O Bonapartismo, a partir de sua manifestação clássica na França, foi definido por Marx (1974) como uma forma de governo própria de um momento de grave crise social, no qual a ordem capitalista está colocada em xeque. Em momentos desse tipo, a burguesia, e seus representantes políticos, cedem o poder político a um ditador carismático, como último recurso para restaurar a disciplina dos de "baixo". O ditador, por sua vez, se comporta como representante de toda a nação, árbitro imparcial dos conflitos e o guardião das instituições e da ordem pública, assumindo uma autonomia considerável, com relação às forças políticas dominantes, na condução dos negócios do Governo. Entretanto, essa autonomia não entra em conflito com um elemento crucial, qual seja: o governo continua sendo subordinado à lógica mais geral do capital, embora não conte com a participação direta dos distintos capitais particulares.

seu breve mandato. Tipicamente, Oliveira (1990b) retrata de forma precisa aquele momento:

"Em todos os momentos de grande crise burguesa, personagens como Collor têm a sua vez. Bonaparte ou o Lorde Protetor entrando a cavalo no parlamento inglês, ou Bismarck, num registro mais favorável. Nessas crises, o Estado sofre um movimento espasmódico de altíssima intensidade, infarto do miocárdio. Ele concentra-se e parece resumir-se ao seu mandatário, um vero 'buraco negro'. Este assume, como o presidente Collor, 'todas as responsabilidades'" (Oliveira, 1990b: 139).

Para isso, desde logo, e aproveitando-se do aprofundamento da crise econômico-social, Collor apresentou-se como um *outsider* do empresariado, das associações sindicais, da política e dos partidos políticos. Em contrapartida, dizia-se comprometido com o povo em geral (os "descamisados"), considerando-se um guardião e juiz da sociedade, acima dos interesses particulares e corporativos dos diversos grupos sociais.

Uma vez no governo, Collor, sob o argumento de que havia sido eleito democraticamente, radicalizou sua postura de intransigência, avessa a qualquer tipo de entendimento que não fosse no interior de seu projeto. Decretou e conduziu um plano de estabilização de forma extremamente autoritária, sem qualquer tipo de negociação com os setores organizados da população, com os quais entrou em conflito desde a campanha eleitoral. Coerente com sua postura "bonapartista", governou, fundamentalmente, através de Medidas Provisórias e desqualificou, sistematicamente, os poderes Legislativo e Judiciário.

A condição essencial que permitiu tal postura foi a *gravidade da crise econômica*, com o país à beira da hiperinflação e a população esgotada com as sucessivas experiências heterodoxas, bem como, nas eleições de 1989, o *confronto radicalizado de dois projetos políticos*, para o país, diametralmente opostos. Nessas circunstâncias, o total e incondicional apoio das elites a Collor, a partir do segundo turno das eleições, permaneceu firme durante uma boa parte de seu governo.

No entanto, a partir do momento que ficou claro o fracasso de seu Plano de combate à inflação, a reação dos diversos setores da sociedade começou a se fazer sentir, implicando uma mudança progressiva de sua postura intransigente, que se expressou na redefinição da atuação do Ministério da Justiça, com a substituição de seu titular; na apresentação do "Projeto de Reconstrução Nacional", supostamente para debate com a sociedade; e, por fim, com o fracasso do Plano Collor II, na substituição da titular do Ministério da Economia (NEC, 1991). Essa guinada, todavia, se deu tarde demais, quando a crise econômica já se aprofundava de novo, com o retorno das taxas de inflação elevadas e da recessão. O Plano Collor II (2/1991) e, posteriormente, a política econômica "feijão com arroz" do novo ministro da Economia não conseguiram reverter a situação, que agravada por uma série de outros elementos, sabidamente conhecidos, levou ao *impeachment* e destituição de Collor.

Para além das questões morais que apareceram em primeira instância, do insucesso do Plano e do retorno das altas taxas de inflação, o fracasso do Governo Collor e de seu bonapartismo decorreu de causas políticas e interesses materiais mais profundos.

Primeiramente, naquele momento, o discurso e a prática neoliberais dividiam as elites e, em particular, o empresariado – ainda bastante marcado pela cultura prevalecente no "modelo de substituição de importações". Não havia se formado, ainda, o consenso que se verificaria mais tarde na eleição e no Governo de Fernando Henrique Cardoso; nessa medida, houve um adiamento momentâneo do projeto, que seria retomado posteriormente. Em segundo lugar, o país já possuía, apesar de tudo, uma ordem democrática formal, com instituições do Estado de Direito funcionando, que se constituíram em instrumentos fundamentais de canalização das insatisfações e questionamento do autoritarismo. E, por fim, a suposta base social de Collor, os "descamisados", era totalmente frágil e inorgânica, não se verificando, assim, qualquer tipo de apoio popular mais significativo durante o processo de sua destituição.

O Plano Collor (Medida Provisória nº 168, de 16/3/1998), como já destacado, se caracterizou por ser um programa de estabilização articulado com um projeto de mudanças estruturais, de mais longo prazo. No seu conjunto, constituiu-se de uma reforma monetária, um ajuste fiscal e uma política de rendas associados a medidas de liberalização do comércio exterior e a uma nova política cambial.

A reforma monetária, mais uma vez, se fez pela substituição da velha moeda (Cruzado Novo) pela nova (Cruzeiro), com preços e salários convertidos ao par, e por uma política de controle rigoroso da liquidez da economia. Aqui se tomou uma medida inédita, até então, na política econômica. A totalidade dos ativos financeiros do país foi atingida por um confisco – que reduziu a liquidez da economia de 25% para 10% do PIB – que seguiu a seguinte regra: dos depósitos à vista e da poupança, os titulares das contas puderam sacar um limite máximo de Cr$ 50 mil e, das demais aplicações, um limite máximo de Cr$ 25 mil ou 20% do total – prevalecendo o que fosse maior. Esses recursos foram bloqueados em conta no Banco Central por 18 meses, rendendo correção monetária e mais 6% ao ano, sendo liberados, a partir de 16 de setembro de 1991, em 12 parcelas mensais. Durante 180 dias foi permitida a transferência de valores entre contas (devedores/credores) para pagamentos e o cumprimento de contratos.

Além disso, estavam previstos, e foram realizados, "leilões de remonetização", como um instrumento de gerenciamento da liquidez da economia que, segundo os seus criadores, deveriam evitar tanto a recessão quanto a volta da inflação. Esses leilões consistiam na devolução, aos seus donos, dos cruzados retidos no Banco Central a partir da sua troca por cruzeiros com um determinado deságio cujo valor dependeria do grau de confiança depositado no Plano, manifestado na maior ou menor demanda dos agentes econômicos pelos cruzados retidos.

O ajuste fiscal tinha como objetivo fundamental a obtenção de um superávit operacional de 2% do PIB, através de um esforço fiscal que corresponderia a 10% do PIB. Ele consistiu de medidas tributárias (indexação e redução dos prazos de recolhimento dos impostos, ampliação da tributação, aumento das alíquotas, suspensão dos incentivos regionais – exceto os da Zona Franca de Manaus – e cobrança do IOF em operações da bolsa, caderneta de poupança e títulos em geral); de uma Reforma Patrimonial (venda de ativos da União e privatização das empresas estatais) e de uma reforma administrativa (reorganização do Estado e corte de gastos da máquina governamental).

As privatizações – tratadas mais especificamente em outra parte deste livro – se constituíram, desde o início, num elemento central de todo o projeto, contando, de saída, com a emissão, por parte do Governo, dos chamados "Certificados de Privatização" (CPs), que foram adquiridos compulsoriamente pelos bancos. Era um papel inegociável, que só poderia ser utilizado na aquisição das estatais e que renderia correção monetária mais 6% ao ano, até o primeiro leilão de privatização feito pelo BNDES; a partir daí, sofreria deságio de 1% ao mês, até atingir uma desvalorização máxima de 60%, 40 meses depois.

A política de renda constou, essencialmente, da tentativa de desindexação da economia, através da prefixação de preços e salários, além do realinhamento das tarifas e dos preços públicos e administrados. Segundo os formuladores do Plano, essa política teria por objetivo último administrar o conflito distributivo e evitar a recessão.

A política industrial e de comércio exterior, que se apoiou na liberalização das importações, expondo repentinamente a indústria brasileira à competição internacional, constituiu-se, entre outras, das seguintes iniciativas: eliminação de todas as isenções, término do sistema de anuência prévia para importações, fim do anexo "C" da Cacex, suspensão da exigência de programação anual para importar e extinção das Zonas de Processamento de Exportação (ZPEs).

Finalmente, a política cambial definiu que a taxa de câmbio não seria mais fixada pelo Governo, através do Banco Central, e sim pelo mercado, através de agentes econômicos autorizados a operarem com moeda estrangeira.

Os resultados do Plano Collor, de imediato, como todos os seus antecessores, de natureza heterodoxa, foi a queda abrupta da inflação (Gráfico 2), porém à custa de uma enorme recessão – queda do PIB de 4% em 1990 –, do crescimento do desemprego e da redução da renda. Posteriormente, com a remonetização da economia, ela voltou, iniciando-se o processo de instabilidade institucional bastante conhecido.

2.2. As eleições de 1994

O *impeachment* de Collor e sua substituição por Itamar Franco colocaram em risco, seriamente, a continuação do projeto liberal no Brasil. Embora destituído formalmente por questões éticas e morais, Collor e seu governo ficaram associados a uma política econômica que levou o país à maior recessão de sua história – com graves implicações sobre o emprego e a renda da população (Borges e Filgueiras, 1996).

Gráfico 2

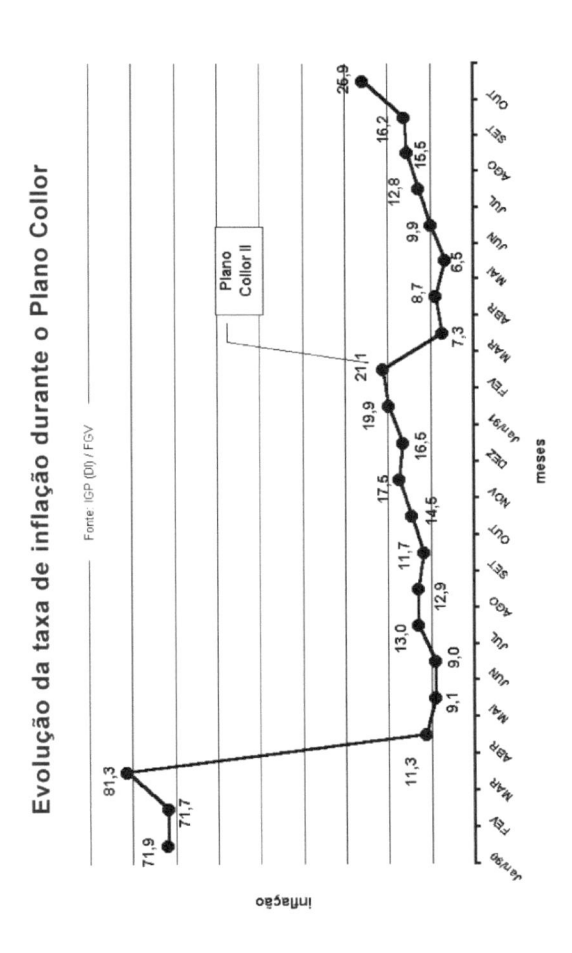

Evolução da taxa de inflação durante o Plano Collor

Além disso, o perfil político do novo presidente, de viés antiliberal, juntamente com a natureza frágil do equilíbrio das forças políticas que lhe dava sustentação, reduziu o ímpeto das reformas previstas pelo Governo anterior, em que pese ter aumentado o ritmo das privatizações – que sofreu modificações em algumas de suas regras.

O cenário desfavorável ao projeto liberal se expressava, inequivocamente, na ascensão política das forças de esquerda, cuja expressão maior era o favoritismo, disparado, de seu candidato à Presidência da República – Lula da Silva – captado em todas as pesquisas de opinião. A perspectiva, então, era de uma disputa extremamente polarizada, que colocaria, de um lado, as forças conservadoras e seu candidato – ambos identificados com o Governo Collor – e, de outro, um projeto ainda não testado, que despertava expectativas positivas.

Assim, até o terceiro trimestre de 1993, quando a disputa entre as diversas forças político-sociais pelo poder central do país se explicitou, o dilema do grande empresariado e das forças políticas conservadoras no Brasil se constituía na busca de uma "terceira via" para a sucessão presidencial, uma vez que os dois candidatos em mais evidência, e com maiores chances de ganhar, não lhes eram convenientes. Lula, por motivos óbvios, e Maluf, por ser considerado incapaz de garantir um consenso entre os diversos segmentos do empresariado e, o que era mais importante, por não ser capaz, provavelmente, de sobrepujar o primeiro, uma vez que a polarização das posições que daí adviria explicitaria de forma clara e evidente a natureza dos dois campos em disputa, com grandes possibilidades de favorecer desta feita, ao contrário de 1989, as forças de esquerda já no primeiro turno.

A solução desse dilema, para as forças conservadoras, começou a se desenhar com a nomeação, no mês de maio de 1994, do senador Fernando Henrique Cardoso para Ministro da Fazenda, consolidando-se, de forma definitiva, com o anúncio e a implementação do plano "econômico" (Filgueiras, 1994) e, posteriormente, com a sua candidatura à Presidência da República.

Cardoso já havia optado pelo projeto de modernização neoliberal, a partir de uma coalização de forças políticas conservadoras e de centro-direita, desde 1991, ainda no desenrolar do Governo Collor – assumindo, e aceitando, como fato consumado as relações de poder e dependência internacionais próprias da globalização financeira (Fiori, 1997c). Desse modo, naquela conjuntura, o ator era perfeito para o papel a ser representado, em razão de ser um intelectual respeitado, conhecido internacionalmente – apesar de ter solicitado ao empresariado que esquecesse tudo o que havia escrito antes de assumir o Ministério da Fazenda[2] –, militante histórico contra a ditadura, desde os tempos do antigo MDB, e apresentava, tal como o candidato das esquerdas, um elemento fundamental naquela conjuntura: a esperança de algo novo e a posse de um currículo político inatacável, do ponto de vista ético e moral.

Todavia, embora com as características mencionadas acima, o nome do ministro não possuía, evidentemente, a mesma repercussão popular do nome de Lula, entre outros motivos, por não estar associado, para a grande massa da população, a qualquer fato ou evento específico marcante. Por isso, o cargo no Ministério da Fazenda – na função quase de primeiro-ministro –, com exposição diária nos meios de comunicação do país, e, principalmente, a responsabilidade pela adoção de um Plano Econômico que acabou com a inflação – considerada, já há alguns anos, como o principal mal da nação – tiveram uma importância crucial para a estratégia eleitoral conservadora, constituindo-se nos instrumentos fundamentais que viabilizaram a chamada "terceira via".

Apesar da existência de outras candidaturas, em especial a de Orestes Quércia, em pouco tempo Cardoso passou a ser o candidato preferencial do grande capital e das forças político-sociais conservadoras do país, que nele enxergaram a única possibilidade de derrotar Lula. Isso se expressou, partidariamente, na aliança político-eleitoral do PSDB com o PFL.

Com a adoção da nova moeda, a partir de 1º de julho de 1994, a candidatura do ex-ministro decolou de forma avassaladora, chegando às eleições de 3 de outubro na seguinte circunstância: a inflação em Real próxima a zero, a atividade econômica em crescimento, o poder aquisitivo dos salários mantidos desde a introdução da URV e os segmentos de baixa renda livres do imposto inflacionário e comprando à prestação.

Pesquisas eleitorais feitas após o transcurso de 15 dias desde a implantação da nova moeda apontavam para uma diferença, entre os dois candidatos, de apenas 9 pontos percen-

---

[2] Afirmação veementemente negada, posteriormente.

tuais – indicando, no mínimo, a possibilidade de uma acirrada disputa no segundo turno das eleições. Alguns dias depois, já apontavam para um empate técnico entre os dois candidatos e, a partir do segundo mês após a adoção da nova moeda, a virada eleitoral foi fulminante, levando Cardoso a ganhar logo no primeiro turno.

Desse modo, pode-se identificar, claramente, que o tempo econômico do Plano Real, desde o seu início, foi subordinado, de forma extremamente competente, ao tempo político-eleitoral, em função da eleição presidencial. Assim, desde o seu anúncio, no último trimestre de 93, até o início e o término de cada uma de suas sucessivas etapas, a lógica política foi o seu guia. A consequência disso foi a inflação ter pulado de 27% para 43%, entre o momento de entrada e o de saída de Cardoso do Ministério da Fazenda, para em seguida, no momento certo – três meses antes das eleições – ser abatida de forma abrupta.

Posteriormente, já à frente do Governo, a manutenção da inflação em níveis muito baixos e decrescentes se constituiu no elemento essencial que deu capacidade de ação política e governabilidade a Cardoso, possibilitando-lhe comandar, durante 4 anos, um leque de alianças políticas até mais amplo do que aquele que sustentou a sua candidatura. Este fato, além da notória incapacidade das oposições em construir um projeto político alternativo[3] – que se expressou claramente numa intervenção política confusa e muitas vezes contraditória –, foram os elementos fundamentais que explicam a rapidez com que o Governo FHC conseguiu, no primeiro ano de mandato, aprovar as reformas constitucionais da ordem econômica – a quebra dos monopólios estatais, a igualdade de tratamento entre as empresas nacionais e estrangeiras e a desregulamentação de algumas atividades consideradas, até então, estratégicas.

Em resumo, o Plano Real se constituiu numa complexa arquitetura político-econômico-eleitoral, que possibilitou a derrota, mais uma vez, das forças de esquerda, recolocando na ordem do dia o projeto liberal urdido desde os tempos do Governo Collor.

---

[3] Entendido não simplesmente como a enumeração de um conjunto de propostas, mas, sobretudo, como a capacidade de aglutinar forças político-sociais suficientemente amplas e fortes para contrapor-se ao projeto neoliberal.

Capítulo III
OS FUNDAMENTOS TEÓRICOS E A IMPLEMENTAÇÃO DO PLANO

A MATRIZ básica de elaboração do Plano Real se constituiu de, pelo menos, duas vertentes. A primeira foi, sem dúvida, o chamado "Consenso de Washington", que expressou para a América Latina os novos caminhos – segundo ele, da estabilização e do desenvolvimento – que deveriam ser trilhados por suas sociedades e economias, a partir das transformações mundiais impulsionadas pelos três fenômenos abordados anteriormente: o Liberalismo, a Reestruturação Produtiva e a Globalização.

Ao contrário da crise cambial dos anos 80 – caracterizada como uma *crise internacional de liquidez*, provocada, entre outras razões, pela valorização excessiva do dólar –, assistiu-se, a partir do início da década de 1990, a uma *crise internacional de excesso de liquidez*, que vem implicando desvalorizações sucessivas do dólar, frente ao marco e ao iene. Nesta nova "ordem", os países da periferia foram obrigados a inverter suas políticas cambiais e passaram a absorver recursos externos de curto prazo: de exportadores líquidos de capitais, passam a importadores de "poupança externa", independentemente de suas respectivas necessidades e situações internas. Foi sob esta lógica que caminhou o processo generalizado de abertura comercial e de desregulamentação financeira e cambial, em toda a América Latina (Tavares e Fiori, 1993).

Como se sabe, todos os planos de estabilização adotados nos últimos anos na América Latina são da mesma família do Consenso de Washington; na realidade, "um plano único de ajustamento das economias periféricas, chancelado, hoje, pelo FMI e pelo BIRD em mais de sessenta países de todo o mundo" (Fiori, 1997c: 12).

Em todos os lugares onde foram adotados, esses planos seguiram, sempre, o mesmo roteiro: combate à inflação, através da dolarização da economia e valorização das moedas nacionais, associado a uma grande ênfase na necessidade do "ajuste fiscal". Acompanharam a realização de reformas do Estado – sobretudo privatizações e mudanças na seguridade social –, desregulamentação dos mercados e liberalização (internacionalização) comercial e financeira.

Por fim, após todas essas medidas, os países esperaram o retorno dos capitais produtivos estrangeiros e a retomada do crescimento autossustentado, que não ocorreu.

Nessa perspectiva, o Consenso de Washington também pode ser visto como resultado do processo de globalização financeira, que acelerou o movimento dos capitais especulativos, com a formação de um mercado financeiro mundial, e levou a um acentuado crescimento da incerteza e do risco.

Atualmente, calcula-se um movimento diário, no "cassino financeiro", da ordem de US$ 1 trilhão e um montante de fluxo global, incluindo os chamados mercados derivativos, da ordem de US$ 30 trilhões. Em particular, os mercados de câmbio se tornaram altamente especulativos a partir das políticas de desregulação financeira, implementadas por Reagan e Thatcher nos anos 80. Uma das consequências mais daninhas desse fenômeno se expressa no fato de que os bancos centrais, principalmente dos países periféricos, tornaram-se impotentes para controlarem ataques especulativos contra as suas respectivas moedas nacionais, o que implicou o aumento dos riscos sistêmicos (Tavares e Fiori, op. cit.).

A segunda referência importante do Plano Real foi a experiência do Plano Cruzado, com todas as discussões que ocorreram em seu entorno, em particular no que se refere à natureza da "inflação inercial". Com destaque para o debate e a consequente disputa entre as propostas de uma "moeda indexada" *versus* a de um "choque heterodoxo" e a própria condução prática da política de estabilização do Cruzado, que indicou os procedimentos que *não* deveriam ser repetidos.

1. *O Consenso de Washington*

Em novembro de 1989, reuniram-se em Washington funcionários do governo dos EUA, FMI, BIRD, BID e economistas acadêmicos latino-americanos, em um encontro convocado pelo Instituto de Economia Internacional, com o seguinte tema: "Ajustamento latino-americano: o que tem ocorrido?".

De formato acadêmico e sem caráter deliberativo, o seu objetivo foi o de avaliar as reformas (de caráter liberal) já em andamento na região e criar a oportunidade de coordenação das ações por parte de entidades com papel importante nesse processo. Com relação aos seus resultados, não houve, fundamentalmente, novas formulações, mas sim a sistematização de elementos diversos de fontes distintas, como o FMI, o BIRD, o governo dos EUA etc. Como resultado dessa avaliação,

> "... a primeira feita em conjunto por funcionários das diversas entidades norte-americanas ou internacionais envolvidos com a América Latina, registrou-se um amplo consenso sobre a excelência das reformas iniciadas ou realizadas na região, exceção feita, até aquele momento, do Brasil e Peru" (Batista, 1995: 5).

Desse modo, suas principais conclusões, de natureza informal e batizadas como o nome de Consenso de Washington, ratificaram a excelência das reformas e das políticas macroeconômicas que vinham sendo adotadas.[1]

Do ponto de vista fiscal, o "Consenso" propugnou, enfaticamente, uma rigorosa disciplina orçamentária, através da contenção dos gastos públicos, que deveriam se restringir à manutenção de um "Estado Mínimo", e a realização de uma reforma tributária – que privilegiasse, sobretudo, a ampliação da base de incidência dos tributos e não o seu aumento e que tivesse menor progressividade do imposto de renda e maior contribuição dos impostos indiretos – sem maior consideração sobre a questão da evasão fiscal.

As políticas de estabilização deveriam adotar um regime cambial centrado na dolarização direta, ou indireta, da econo-

---

[1] Em que pese a descrença de Franco (1998), ao afirmar que "... devem ser evitados os clichês do debate doutrinário, ou uma discussão dessa misteriosa entidade denominada 'o modelo neo-liberal', ou o chamado 'Consenso de Washington', cuja função parece ser a de servir como um referencial negativo para imaginações nacionalistas mal-humoradas..." (p. 143).

mia, com sobrevalorização da moeda nacional, e uma política monetária passiva – "... independentemente do que isso possa significar em termos de perda de soberania monetária e também de competitividade" (Batista, op. cit., 39).

Adicionalmente, seria imprescindível a liberalização comercial e financeira, com a abertura unilateral e rápida dos mercados nacionais, que, segundo o "Consenso", atrairia capitais externos e possibilitaria a inserção competitiva dos países da América Latina na economia mundial. Coerente com essa concepção, considerou os subsídios às exportações e o protecionismo como práticas ineficientes para a alocação de recursos, que iam contra os interesses do "consumidor" nacional.

Os investimentos estrangeiros diretos foram considerados como instrumento de complementação da poupança nacional e de transferência de tecnologia, devendo, portanto, ter um tratamento, no mínimo, igual ao capital nacional. Nessa direção, eles deveriam ser permitidos em todas as áreas da economia, como, por exemplo, na exploração de recursos naturais. No entanto, os governos não deveriam atrair capitais estrangeiros para produção de manufaturas para exportação através de incentivos fiscais ou creditícios.

As privatizações e a desregulação das atividades econômicas, possibilitando a maior participação de capitais estrangeiros, foram defendidas para dar maior eficiência às empresas e maior competitividade ao setor privado dos países, além de ter a função fiscal, de curto prazo, de abater as dívidas dos governos.

Por fim, colocou com destaque a defesa da propriedade intelectual e a necessidade de um elevado nível de proteção à propriedade industrial, através da concessão de monopólio para os patenteados.

Assim, com base nessas proposições,

"o Consenso de Washington é hoje um conjunto, abrangente, de regras de condicionalidade aplicadas de forma cada vez mais padronizada aos diversos países e regiões do mundo, para obter o apoio político e econômico dos governos centrais e dos organismos internacionais. Trata-se também de políticas macroeconômicas de estabilização acompanhadas de reformas estruturais liberalizantes" (Tavares e Fiori, op. cit., 18).

Numa nova reunião, em 1993, os participantes do Consenso de Washington avaliavam, então, que os capitais internacionais estavam voltando à América Latina desde 1989 em virtude da existência de uma grande liquidez nos mercados financeiros. Por isso, os países desse continente deveriam, tão somente, ter a capacidade de atraí-los, como foi o caso do México e da Argentina, através da implementação de planos de estabilização que, além de efetivarem privatizações, abrissem os mercados financeiros e de produtos, bem como estabilizassem o câmbio. Dessa forma, ingressar-se-ia no melhor dos mundos, isto é, um ambiente de inflação baixa, crescimento e uma adequada inserção (competitiva) na economia mundial globalizada. Segundo essa receita, a abertura financeira somente provocaria problemas sistêmicos para os países periféricos se estes

"... abrissem suas economias aos fluxos financeiros externos previamente à obtenção da estabilidade monetária e da implementação das reformas liberais. Se a sequência correta de implementação das reformas fosse adotada, seriam eliminadas as distorções sobre o funcionamento dos mercados introduzidas pelo desenvolvimento anterior. Como nessa perspectiva, os mercados financeiros são eficientes, os capitais externos retornariam automaticamente para esses países, nos quais a taxa de retorno dos investimentos produtivos e financeiros é mais elevada devido à escassez de capital" (Prates, 1999: 69).

Nesse final dos anos 90, a sequência que se tem observado é a seguinte: abertura comercial e financeira e valorização do câmbio, seguidos inicialmente de queda da inflação, crescimento da produção e do emprego e entrada de capitais estrangeiros especulativos. Posteriormente, enormes déficits na balança comercial e na conta de transações correntes, seguidos de mais valorização da moeda nacional e elevação das taxas de juros. Finalmente, uma profunda recessão, precedida pela fuga de capitais especulativos, crise cambial e retorno da inflação.[2] Todavia,

"... a questão central não reside na existência de uma sequência adequada de reformas liberalizantes, que, se implementada, garantiria um padrão de inserção internacional virtuoso para as economias emergentes, mas na própria lógica atual de funcionamento do mercado financeiro internacional e nas características

---

[2] A trajetória explosiva, no que se refere às contas do balanço de pagamentos, dos planos de estabilização com a utilização de algum tipo de âncora cambial, está analisada em Paula e Alves Jr. (1999), a propósito da avaliação dos impactos do Plano Real sobre a fragilidade externa do país.

dos fluxos recentes de capitais, que são orientados, essencialmente, pela busca de ganhos financeiros de curto prazo. Com
isso, a abertura financeira pode gerar problemas sistêmicos nas
economias, independentemente da ordem de implementação das
reformas. Apesar de importante, a adoção de políticas macroeconômicas prudentes não garante a sustentabilidade dos fluxos
de capitais. Ademais, a natureza dos fluxos – investimentos
estrangeiros diretos ou de portfólio – e o tipo de investidor,
no caso desses últimos – fundos mútuos, fundo de pensão, se-
guradoras ou instituições bancárias – apenas afetam o grau de
volatilidade e permanência dos capitais internacionais, que são
determinados, em última instância, por uma dinâmica exógena
aos países periféricos" (Prates, op. cit., 69).

As dificuldades do "modelo" preconizado pelo Consenso de Washington, em promover o crescimento econômico,
explicitadas nas diversas experiências em andamento, têm
levado, mais recentemente, a propostas de sua reformulação
na direção de um Pós-Consenso de Washington – que ressalta,
sobretudo, a importância de os "países emergentes" terem um
sólido sistema financeiro, cuja criação e manutenção exigem
que o Estado participe ativamente (Stiglitz, 1999).

2. A moeda indexada

A proposta de uma nova moeda, com circulação concomitante
ao Cruzeiro, indexada à ORTN (Obrigação Reajustável do
Tesouro Nacional) e também ao dólar, pelo menos inicialmente, embora derrotada quando da adoção do Plano Cruzado,
influenciou claramente a criação da URV, quando da implementação do Plano Real mais de 8 anos depois (Pereira, 1994).

Sinteticamente, a ideia era de que, num ambiente de alta
inflação, a desindexação não poderia ser feita através do controle ou congelamento de preços em virtude da assincronia
dos seus reajustes. O congelamento, segundo essa concepção,
cristalizaria a distorção na estrutura dos preços relativos,
previamente existente, provocando, na nova moeda, ganhos e
perdas de renda real para os distintos agentes econômicos – o
que levaria a novas pressões inflacionárias:

> "Como congelar preços numa economia onde a cada momen-
> to alguns preços estão à véspera de ser reajustados, portanto
> muito baixos, e outros acabaram de ser reajustados, portan-
> to muito altos? A cada ponto do tempo a estrutura de preços

relativos está distorcida pela assincronia dos reajustes. A sua cristalização provocará ganhos e perdas de renda real insustentáveis" (Resende, op. cit., 130-131).

Na verdade, a "moeda indexada", que se chamaria Novo Cruzeiro, era o principal instrumento de uma proposta de desindexação gradual da economia. Ela teria paridade fixa com relação à ORTN e a taxa de conversão entre ambas seria atualizada diariamente, de acordo com a variação *pro rata*-dia da ORTN no mês imediatamente anterior. A taxa de câmbio entre a nova moeda e o dólar deveria ser fixa, em razão de seu efeito psicológico bastante favorável. Desse modo, o Cruzeiro Novo estaria protegido, duplamente, da desvalorização provocada pela inflação.

A partir da data de início do programa e da introdução da nova moeda, seria possível converter Cruzeiros em Cruzeiros Novos, de acordo com a taxa do dia, em qualquer agência bancária. A possibilidade de conversão sem limites, entre as duas moedas, seria fundamental para evitar a aceleração da inflação na velha moeda. A circulação paralela seria imprescindível para a credibilidade da nova moeda, uma vez que o público poderia observar a sua valorização diária em relação ao cruzeiro, bem como a estabilidade do nível geral de preços nessa nova moeda.

Em síntese, a "moeda indexada" diariamente seria o instrumento de indexação total e instantânea da economia, o que levaria à perda de sentido do Cruzeiro e da inflação medida nessa moeda. A sua extinção resolveria, de imediato, o problema da indexação e, por decorrência, da inércia inflacionária:

"A moeda indexada diariamente equivale à indexação total e instantânea da economia. Com isto não tem sentido o cruzeiro e a inflação medida em cruzeiros e desaparecem, portanto, os problemas de indexação e de inércia inflacionária. Desaparecem também falsos problemas, como a tentativa de eliminar o Déficit Nominal ou a Necessidade de Financiamento do Setor Público..." (Resende, op. cit., 133).

Constata-se, portanto, que, no fundamental, a função da URV no Plano Real foi a mesma da "moeda indexada" proposta na época do Plano Cruzado, isto é, a de resolver o problema da indexação e da inflação inercial, levando a indexação da economia, gradualmente, às últimas consequências e, num determinado momento, extinguindo-a de vez, de forma abrupta.

A diferença entre ambas é que a chamada proposta da "moeda indexada" preconizava a criação de uma nova moeda, que circularia paralelamente à moeda já existente, enquanto a URV se constituiu apenas num embrião de uma nova moeda, uma vez que não exerceu a função de meio de pagamento (Pereira, op. cit.), isto é, "... uma 'moeda de conta' que teria poder liberatório, ou seja, teria o atributo de servir como meio de pagamento, apenas depois de emitida, quando passaria a chamar-se Real" (Franco, 1995: 41). No item 4.2 do presente capítulo, dedicado às três fases do Plano Real, abordaremos com mais detalhes essa questão.

3. A experiência do Plano Cruzado

Acredito, também, que os formuladores do Plano Real levaram em consideração a experiência adquirida com o Plano Cruzado, uma vez que eles também foram os responsáveis pela elaboração deste último, conhecendo de perto a natureza dos problemas a serem enfrentados.

Entre outras questões, aprenderam que:

a) a inflação brasileira não era apenas inercial e a fragilidade financeira do Estado se constituía num dos seus componentes fundamentais;

b) a passagem abrupta de todos os preços e salários para a nova moeda num determinado dia "D" traz consigo as pressões inflacionárias já presentes na velha moeda – ao sancionar o desalinhamento de preços relativos previamente existente e detonar a retomada do conflito distributivo na nova moeda;

c) a remonetização da economia e o consumo se aceleram com a queda da inflação nos primeiros meses da nova moeda – implicando a necessidade de uma política monetária que estabeleça taxas de juros mais elevadas; e

d) o salário real médio do conjunto da economia, em relação àquele que prevalecia anteriormente, pode crescer e pressionar o consumo a curto prazo etc.

Adicionalmente, aprenderam a não menosprezar a importância de algumas circunstâncias favoráveis que devem fazer parte da conjuntura econômica, quando da implementação e administração de qualquer plano de estabilização. No Plano Real, uma dessas circunstâncias estava presente no momento da mudança para a nova moeda: a existência de uma grande liquidez nos mercados financeiros internacionais.

Além dessa, podem ser destacadas também outras circunstâncias presentes na época: as reservas em divisas (de posse do Banco Central) estavam em torno de US$ 40 bilhões permitindo neutralizar especulações contra a nova moeda; o país tinha elevados saldos na balança comercial e havia crescimento do fluxo de capitais estrangeiros – o que, em princípio, garantiria o elevado nível das reservas; a ampliação da abertura da economia às importações – a maior facilidade para realizá-las também se constituiria numa arma fundamental contra os aumentos de preços; e, por fim, uma safra agrícola de 76 milhões de toneladas de grãos, considerada muito boa.

4. *As três fases do Plano: a implantação da nova moeda*

O Plano FHC, entre o seu anúncio (7 de dezembro de 1993) e o surgimento da nova moeda (julho de 1994), se constituiu de três partes, que representaram três fases distintas, e sucessivas, ao longo do tempo: o ajuste fiscal, a criação da Unidade de Referência do Valor (URV) e a instituição de uma nova moeda (o Real). A compreensão da função econômica de cada uma dessas fases, bem como dos momentos de passagem de uma à outra, é fundamental para se entender a lógica interna do conjunto do Plano e como ele se articulou com o projeto político-eleitoral conservador.

Além disso, a chamada revisão constitucional, em andamento naquele período, tendo por objetivo, sobretudo, a efetivação de reformas de caráter liberal na organização do Estado – em particular, a quebra dos monopólios estatais –, se constituiria, segundo os autores do Plano, em elemento essencial para que o seu resultado final fosse positivo. No entanto, posteriormente, com o fracasso daquele processo revisor nessa direção, essas reformas passaram a fazer parte do discurso do candidato FHC, na qualidade de quarta etapa do plano.

4.1. O ajuste fiscal

Nessa primeira fase (de 7/12/93 a 28/2/94), o Governo Itamar Franco se preocupou em criar as condições fiscais mais adequadas para a posterior adoção da nova moeda, através da busca do equilíbrio orçamentário da União. Na verdade, tratava-se do aprofundamento e ampliação de algumas iniciativas tomadas em junho, quando do lançamento do Programa de Ação Imediata que

> "... previa um conjunto de medidas voltadas para a reorganização do setor público, incluindo: redução e maior eficiência de gastos; recuperação da receita tributária; fim da inadimplência de Estados e Municípios com a União; controle dos bancos estaduais; saneamento dos bancos federais; aperfeiçoamento e ampliação do programa de privatização" (Exposição de Motivos nº 395, de 7/12/1993, p. 3).

Nessa nova etapa, a invenção e aprovação do Fundo Social de Emergência (FSE) se revelou como principal iniciativa. Este instrumento permitiu ao Governo executar cortes em seu orçamento para o ano de 1994 e deu uma maior flexibilidade na utilização dos seus recursos, bem como um maior controle no seu fluxo de caixa.

Portanto, as iniciativas tomadas nesse período procuraram responder ao problema do desequilíbrio orçamentário do Estado, em particular a sua fragilidade de financiamento, considerado como um dos elementos cruciais da aceleração da inflação no Brasil. Segundo os autores do Plano, esse processo construiria um novo regime fiscal para o país.

As medidas tiveram por objetivo, por um lado, aumentar as receitas através da elevação das alíquotas dos impostos federais em 5% e da recriação do Imposto Provisório sobre Movimentação Financeira (IPMF), e, por outro, cortar 40% nas despesas correntes – correspondentes a 20% do montante total do orçamento –, com a diminuição das transferências constitucionais da União para os estados e municípios e a criação do Fundo Social de Emergência (FSE) já mencionado.

No discurso do Governo, este Fundo, aprovado através de emenda à Constituição, deveria ter como objetivo, tal como em outros países da América Latina que passaram por experiências de estabilização, minorar os custos sociais decorrentes da implementação do Plano. Conforme explicitado na Exposição de Motivos, já mencionada, o FSE

> "... tem como principal objetivo equacionar o financiamento dos principais programas sociais que na proposta orçamentária original, mesmo após os cortes feitos, teriam de ser financiados

por fontes inflacionárias. Também será utilizado, de forma complementar, no pagamento de despesas relacionadas com outros programas especiais de relevante interesse econômico e social..." (op. cit., 13).

Mais tarde, no entanto, com a destinação de suas verbas para outras finalidades, como, por exemplo, as que foram enviadas ao Ministério do Exército, às Polícias Rodoviária e Federal e ao DNOCS –, ficaria evidente que o Fundo se caracterizou, de fato, mais como um artifício para se aumentar a liberdade de manipulação dos gastos públicos no interior do orçamento, do que como um instrumento social propriamente dito, servindo, sobretudo, ao objetivo de se buscar o equilíbrio fiscal primário e ao uso eleitoral. O mesmo documento não deixa dúvida quanto a isso, quando avalia que

"a crise fiscal da União decorre também do aumento da rigidez das contas públicas. Este engessamento é o resultado da expansão gradual das transferências obrigatórias e vinculações constitucionais da despesa à receita, as quais não podem ser alteradas nos Orçamentos anuais" (op. cit., 7).

Por isso, posteriormente, quando da renovação de sua vigência, foi rebatizado, de forma, digamos, mais franca, como Fundo de Estabilização Fiscal (FEF).

Outras medidas foram a renegociação das dívidas dos estados e municípios com a União e a proibição de emissão de títulos públicos para criar dívida nova, permitindo-se, contudo, a criação de novos papéis para rolar a dívida até então existente.

Em suma, essa primeira parte do plano se propôs a construir a chamada "âncora fiscal" dos preços, isto é, procurou garantir aos diversos agentes econômicos que o Governo só gastaria o que arrecadasse, não havendo, portanto, possibilidade de emissão primária de títulos e moeda com o intuito de cobrir gastos correntes do Governo. Todavia,

"... o Governo Itamar Franco era um governo fraco, já em fim de mandato, sem base parlamentar estável e que não contava com a legitimidade associada à eleição pelo voto direto. Não havia condições políticas para construir um programa de estabilização com sólidos fundamentos fiscais e monetários" (Batista Jr., op. cit., 133).

Mais tarde, após a introdução da nova moeda, constatou--se que a "âncora fiscal", apoiada numa suposta mudança de regime fiscal, se constituiu, de fato, apenas num discurso de reversão das expectativas inflacionárias e de busca de credibilidade para a nova moeda que viria a ser criada. E mais, as diversas tentativas, posteriores, de realização do ajuste fiscal fracassaram em virtude das elevadas taxas de juros determinadas pela política monetária do Governo, principalmente quando das crises do México, da Ásia e da Rússia.

4.2. A URV: o embrião da nova moeda

A segunda fase do plano iniciou-se em 1º de março, com a criação da Unidade de Referência do Valor (URV) – de acordo com a Exposição de Motivos Interministerial de nº 047, de 27 de fevereiro de 1994 –, e terminou quando da criação do Real (1º de julho). A URV, numa primeira consideração, poderia ser vista, apenas, como mais um índice de inflação, na verdade um superindexador, cuja variação em cruzeiros reais era definida a partir de uma "banda" formada por três outros índices: o IGP-M da Fundação Getúlio Vargas, o IPCA do IBGE e o IPC da FIPE/USP. Inclusive, a expectativa inicial do Governo era de que ela viesse, paulatinamente, a substituir todos os outros indexadores existentes.

A escolha desses índices se deveu ao fato de que a evolução observada nessa média, no passado recente, se aproximava da evolução histórica do câmbio, ou seja, o objetivo era amarrar a URV ao dólar, preparando-se desde aquele momento a chamada "âncora cambial" da nova moeda, que se explicitaria integralmente na última fase do plano. Sem dúvida, esse "superindexador" cumpriu uma função econômico-política crucial para a lógica interna do plano e a sua articulação com o objetivo político-eleitoral.

Na verdade, contudo, a URV foi muito mais do que um "superindexador", ela foi o embrião da nova moeda, ou uma espécie de moeda incompleta, pois, embora não se constituísse, ainda, em meio de pagamento e reserva de valor, cumpriu uma das três funções de qualquer moeda, qual seja: a de ser unidade de conta.

Do ponto de vista operacional, a URV teve papel crucial na transição da velha para a nova moeda, retirando o caráter abrupto dessa passagem – como ocorreu em Planos anteriores, com a utilização do congelamento de preços e salários – e transformando-a num processo no qual a nova moeda, antes de existir como meio de pagamento, já existia como unidade de conta.

Assim, diferentemente da proposta de "moeda indexada" da época do Plano Cruzado, "a URV-Real seguiria um caminho fundamentalmente diverso, pois, em vez de se criarem duas moedas, apenas se buscou separar as duas funções da *mesma moeda*" (Franco, op. cit., 36).

Idealmente, o processo deveria possibilitar a passagem, paulatina, de todos os preços e salários de Cruzeiro Real para URV, de modo espontâneo e/ou induzido através da fixação imediata dos preços, tarifas e contratos públicos em URV. Quando quase toda a economia estivesse operando com base em URV, esta se transformaria na nova moeda, o Real. Neste momento, quase todos os preços relativos da economia estariam alinhados, isto é, não haveria pressão para qualquer modificação na posição relativa dos diversos agentes econômicos, garantindo-se, assim, que a inflação existente em Cruzeiro Real não viesse a contaminar a nova moeda.

Desse modo, a URV cumpriria a função de alinhar os preços relativos, inclusive os salários, de tal modo que, após a criação da nova moeda (Real), esta não fosse contaminada pela inflação passada, associada à velha moeda. Em outras palavras, seu papel essencial foi o de apagar a memória do passado, eliminando, desse modo, o componente inercial da inflação.

Em resumo: como todos os preços e salários estariam em URV, a sua subida em cruzeiro real não alteraria os seus valores relativos, ou seja, a inflação se caracterizaria, essencialmente, pelo seu componente inercial. Tomando por suposto que realmente o ajuste fiscal tivesse sido feito e que o conflito distributivo estivesse neutralizado, pelo menos momentaneamente, criar-se-ia a nova moeda sem o perigo de embutir pressões inflacionárias residuais originadas do cruzeiro real.

Na prática, o processo ocorreu com algumas diferenças que, no entanto, não alteraram o resultado principal esperado, isto é, a queda abrupta da inflação e a eliminação da inflação inercial.[3]

---

[3] "Alguns economistas, entre eles André Lara Resende, defenderam a ideia de que a URV teria cumprido a sua função com mais eficácia se o tempo de duração da segunda fase do Real tivesse sido mais longo. Motivos político-eleitorais talvez [com certeza] expliquem o curto espaço de tempo do experimento da URV" (Sicsú, 1996: 71).

Assim, inicialmente, fez-se a passagem compulsória dos salários, através do sistema já conhecido de outros planos, isto é, com base na média do salário real prevalecente no período imediatamente anterior, conforme a política salarial em vigor; no caso, considerando-se o salário real dos últimos quatro meses – a partir do cálculo da média dos salários reais pagos, respectivamente, nos meses de novembro e dezembro de 1993, e janeiro e fevereiro de 1994. O salário real de cada um desses meses, por sua vez, foi calculado dividindo-se o respectivo salário nominal pelo valor da URV do último dia do mês em questão.

Nos casos em que a média desses quatro salários, já transformados em URV, ficou abaixo do salário referente a fevereiro, também transformado em URV, prevaleceu este último como valor a partir do qual foram feitos os reajustes salariais em cruzeiros reais nos meses de março, abril, maio e junho. Portanto, ao contrário do Plano Cruzado, que concedeu um abono de 8% aos salários em geral e de 15% ao salário mínimo depois de feita a média, o Plano FHC manteve a mesma relação distributiva existente previamente, de acordo com a política salarial em vigor e o nível de inflação existente. Essa forma de passagem do salário de cruzeiro para URV deu origem, como em Planos anteriores, a uma grande discussão sobre a existência ou não de perdas para os trabalhadores (Filgueiras, 1994b).

O passo seguinte do processo foi a passagem de todos os preços e contratos do setor público e privado para a URV. Contudo, como essa passagem, no setor privado, não foi compulsória – pelo menos até a permanência da URV, isto é, antes da criação do Real –, os seus preços só foram para URV às vésperas da introdução da nova moeda. Desse modo, ao contrário do que se esperava, pelo discurso oficial, essa passagem não se deu de forma paulatina.

O resultado desse processo, durante todo o período de existência da URV, foi uma aceleração dos preços na moeda até então existente (o cruzeiro real) e, no seu final, pouco antes do surgimento da nova moeda, um comportamento defensivo por parte das empresas – que implicou preços em URV excessivamente elevados e desalinhados. No entanto, essa circunstância acabou por ser positiva para o sucesso do Plano, pois, nos três meses seguintes à introdução do Real, os preços se alinharam, a partir também de pressões para reduzi-los, e não apenas para aumentá-los, em razão dos exageros cometidos na passagem para URV – ao contrário das experiências que fizeram uso do congelamento de preços e salários, em que o desalinhamento dos preços relativos na nova moeda trouxe pressões para aumentá-los, sob pena do surgimento de desabastecimento.

De outro lado, do ponto de vista político-eleitoral, a URV manteve, durante a sua vigência, o poder aquisitivo dos salários relativamente constante. Apesar de os preços em cruzeiro real subirem, em ritmo até mais acelerado do que antes da criação da URV, os salários aumentaram no mesmo percentual da inflação do mês trabalhado. Portanto, o salário real do trabalhador, ao final de cada mês ou no início do mês subsequente, dependendo da data de recebimento de cada categoria, era sempre o mesmo, isto é, igual ao salário real referente a 1º de março –, data em que os salários foram convertidos em URV. Embora não se deva esquecer que a aceleração da inflação, durante o período de vigência da URV, implicou, ao longo de cada mês, a continuação de perda de poder aquisitivo por parte dos assalariados.

Apesar disso, se a conversão dos salários para URV não implicou, de fato, como acreditamos, novas perdas, quando comparada com a continuação da política salarial preexistente, ou mesmo, como no caso dos funcionários públicos, veio diminuir as perdas que estes trabalhadores teriam com a permanência da situação anterior; a função político-eleitoral da URV foi exercida de forma integral (Filgueiras, 1994b). Como bem explicitou um dos formuladores do Plano,

"... a ocorrência destas [perdas] dependeria da proteção que o novo sistema poderia oferecer ao salário no futuro, e nesse aspecto a defesa da nova proposta era muito mais fácil: os salários expressos em URV e pagos em cruzeiros reais tinham reajuste mensal pleno, como se fossem pagos em dólares, "conquista" inédita para o movimento sindical" (Franco, op. cit., 44).

Mas a grande inovação da URV, do ponto de vista operacional – e, nesse sentido, semelhante à proposta de "moeda indexada"[4] –, foi a seguinte:

---

[4] Conforme já visto, todo o debate sobre a inflação inercial, em especial a proposta da "moeda indexada" e a concepção da URV, tem por referência essencial as experiências de hiperinflação ocorridas nos anos 20 em países da Europa Central: Áustria, Hungria, Alemanha e Polônia (Simonsen, 1986c; Sargent, 1986; Bomberger e Makinen, 1986; Merkin, 1986).

"ela tornou desnecessário o congelamento, a pré-fixação, ou qualquer outro mecanismo coercitivo de intervenção nas decisões soberanas dos agentes econômicos. Ela ofereceu uma fecunda terceira via entre a heterodoxia e a ortodoxia" (Franco, op. cit., 49).

4.3. A nova moeda: o Real

A fase final do plano, ocorrida com a introdução da nova moeda a partir de 1º de julho, se constituiu na transformação da URV em Real, quando ela então valia CR$ 2.750,00, cuja conversão foi feita na proporção de 1 URV = R$ 1. Essa etapa trouxe consigo a explicitação da "âncora cambial", que estava subentendida no período anterior. A taxa de câmbio foi fixada, pelo Banco Central, em US$ 1 = R$ 1, com o apoio e a garantia das reservas em dólar acumuladas desde 1993, mas sem a instituição da conversão do Real em dólar.

Do ponto de vista da política monetária, a expectativa era de que o montante de real a ser emitido teria por base metas trimestrais que, segundo seus proponentes, dariam confiabilidade ao novo padrão monetário (R$ 9,5 bilhões até março de 1995, com possibilidades de um adicional de 20%). Esse montante deveria ter correspondência com o volume de dólares depositados no Banco Central, reafirmando-se, mais uma vez, que não seriam feitas emissões com o objetivo de cobrir rombos orçamentários do Governo.

Desse modo, ainda de acordo com os formuladores do Plano, estar-se-ia construindo um novo regime monetário. No entanto, as metas estipuladas não puderam ser respeitadas, em virtude da rápida remonetização da economia – fenômeno também ocorrido no Plano Cruzado, quando da queda abrupta da inflação. Isso ocorreu no Plano Real, apesar da implementação de uma política de elevadas taxas de juros.

Em síntese,

"a mudança nas regras de emissão limitar-se-ia à fixação de tetos para a base monetária, que tiveram importância apenas transitória, sendo revistos e depois abandonados em questão de poucos meses" (Batista Jr., op. cit., 134).

Nesta última fase do plano, evidenciou-se a natureza específica da "dolarização" proposta para a economia brasileira. Apesar de amarrar a nova moeda ao dólar, o Governo não garantiu, ao contrário do que ocorreu na Argentina, a conversibilidade entre as duas moedas. Nessa medida, se constituiu num regime mais flexível, conseguindo responder mais adequadamente às turbulências desencadeadas pela crise do México, por exemplo, do que o seu parceiro do Mercosul. A receita que compatibilizou, num primeiro momento, o combate à inflação com crescimento econômico e aumento do emprego, uma vez feita a passagem para a nova moeda, pode ser resumida nos seguintes pontos: abertura da economia às importações, com a queda das alíquotas do Imposto de Importação; quebra das barreiras para a entrada de capitais estrangeiros no mercado financeiro, atraindo-os com elevadas taxas de juros; e câmbio nominal e real em queda.

A sobrevalorização do real, em virtude de o Banco Central ter deixado de intervir no mercado de câmbio, implicou uma deflação dos preços dos bens e serviços associados ao dólar; essa

"... deflação no câmbio, bem como em diversos outros preços determinados em mercados competitivos, produziu um choque de expectativas que se revelou fundamental, nas primeiras semanas do Plano Real" (Franco, op. cit., 59).

Toda essa estratégia só foi possível porque apoiou-se numa política de juros altos, com a entrada no país de um grande fluxo de capitais de curto prazo, e num elevado nível de reservas cambiais, que correspondiam a 18 meses de importações – quando consideradas as médias mensais dos 12 meses anteriores a julho de 1994 – e que atingiam, em junho de 1994, US$ 40,5 bilhões no conceito de caixa, sendo que 70% desse montante foram acumulados durante a gestão de Cardoso no Ministério da Fazenda (Batista Jr., op. cit., 134-135).

5. *As reformas da economia e do Estado e as privatizações*

As reformas do Estado – tributária, administrativa e previdenciária – e da ordem econômica – quebra dos monopólios estatais, tratamento isonômico entre a empresa nacional e a empresa estrangeira e desregulamentação das atividades e mercados considerados, até então, estratégicos e/ou de segurança nacional –, juntamente com as privatizações, se constituíram, como em outros países, numa das dimensões cruciais do Plano Real. As outras duas foram o próprio programa de estabilização *stricto sensu* e a abertura comercial e financeira.

Assim, a realização dessas reformas e o aprofundamento das privatizações, além de serem considerados como um dos componentes essenciais de um novo modelo de desenvolvimento em gestação, foram alçados, desde o início do Plano Real, como condição de seu sucesso.

No pronunciamento de Cardoso, então Ministro da Fazenda, quando do lançamento do Plano, as reformas do Estado foram apresentadas da seguinte maneira:

> "... as grandes reformas que ajudarão o Brasil a crescer sem permitir a volta da inflação. Uma reforma tributária, com menos impostos e uma estrutura mais simples, com mecanismos mais eficientes de combate à sonegação e um sistema de arrecadação mais justo. Uma reforma administrativa que torne o Governo mais eficiente, mais racional, menos gastador e que descentralize a administração, com o fim, também, de alguns privilégios de funcionários públicos. Uma reforma da previdência que tire o sistema da falência, elimine as aposentadorias especiais, garantidas as atuais, e permita a convivência de um sistema público com o sistema privado" (Exposição de Motivos, op. cit., 38).

Como componentes do "novo modelo", elas garantiriam a racionalização do Estado, possibilitando o surgimento de um novo regime fiscal sustentável, aumentariam a competitividade da economia brasileira e atrairiam os investidores estrangeiros, criando as condições para um novo ciclo de desenvolvimento autossustentado. Como condição para o sucesso do Plano, possibilitariam, no primeiro momento, a sustentação da âncora cambial e, posteriormente, com as suas efetivações, o relaxamento dessa âncora – que implicaria o crescimento da dependência externa do país e a adoção de elevadas taxas de juros.

A ênfase na segunda função das reformas, que, de acordo com os formuladores do Plano, asseguraria a vitória definitiva da estabilização, permitindo a transição para o novo modelo e a inserção competitiva do Brasil na nova ordem internacional, variou muito ao longo do tempo. No primeiro ano do Governo Cardoso e nos momentos de crise – México, Ásia e Rússia –, o apelo à sua importância assumiu tons dramáticos, de salvação nacional; contudo, uma vez passada a turbulência, a ênfase diminuía. O Presidente da República, em certos momentos, chegou a afirmar que elas não eram essenciais para o êxito do programa de estabilização – em especial, quando sofreu críticas pelo seu esforço em aprovar a possibilidade de reeleição no Congresso Nacional, em detrimento de uma ação mais incisiva em favor das reformas do Estado.

As reformas da ordem econômica foram todas aprovadas logo no primeiro ano de mandato, com relativa facilidade no Congresso Nacional. Assim, foram extintos o monopólio estatal nas áreas da prospecção, exploração e refino do petróleo; nas telecomunicações e na geração e distribuição de energia. Além disso, mudou-se o conceito de "empresa nacional", para possibilitar igualdade de condições para as empresas estrangeiras, e desregulamentou-se a exploração do subsolo e a navegação costeira, permitindo-se, em ambas a atuação do capital estrangeiro.

Já com as reformas do Estado, as coisas foram mais complicadas. A reforma fiscal só começou a ser discutida no Congresso após a crise cambial de janeiro de 1999, uma vez que o Governo, anteriormente, nunca chegou a enviar um projeto nesse sentido. As reformas administrativa e previdenciária, depois de idas e vindas, derrotas e modificações importantes nas suas propostas originais, só deslancharam no final do primeiro Governo Cardoso.

Na reforma administrativa, a questão básica foi a separação dos diversos segmentos do Estado de acordo com as denominadas funções "próprias" de Estado e as "outras", abrindo, assim, a possibilidade da terceirização de uma série de atividades na área social para a atuação de empresas privadas. Isso está associado à questão da estabilidade do funcionalismo, identificada como o empecilho fundamental para ajustar as contas públicas, em especial dos estados e municípios. Assim, aprovou-se a possibilidade de demissão por excesso de quadros – quando os salários pagos ultrapassarem mais de 60% das receitas – e por ineficiência.

A Previdência Social, em particular a do serviço público, foi identificada como a razão principal do déficit público, explicitado claramente no Programa de Estabilização Fiscal de 1998. Aqui, os objetivos de sua reforma foram os seguintes: acabar, ou ao menos restringir bastante as chamadas aposentadorias especiais, redefinir a aposentadoria proporcional e por tempo de contribuição, aumentar a contribuição dos funcionários públicos da ativa e instituí-la para os inativos e estabelecer um teto máximo de benefícios para os trabalhadores do setor privado menor do que o existente, abrindo espaço para a atuação mais desenvolta dos fundos de pensão privados.

As privatizações, por sua vez, já tinham deslanchado desde o Governo Collor, com a criação do Programa Nacional de Desestatização (PND); portanto, o Governo Cardoso assumiu a tarefa de expandi-las e acelerá-las, ampliando os setores produtivos e as empresas onde elas poderiam ocorrer – incluindo no processo a Vale do Rio Doce e os setores de concessão de serviços públicos, como energia elétrica e telecomunicações. Nessa área, entretanto, a principal diferença desses dois governos, além da dimensão quantitativa, foram as justificativas apresentadas para implementar o programa.

Tomando como referência o debate acerca das privatizações, bem como as experiências de vários países com sua implementação, constata-se que são inúmeras as justificativas apresentadas, podendo ser agrupadas em dois tipos: aquelas de natureza estrutural e as de natureza conjuntural (Pereira, 1996: 60-73).

Entre as primeiras, destacam-se as seguintes razões:

a) ideológica (defesa da livre iniciativa);

b) eficiência (as empresas estatais não conseguem se guiar por parâmetros exclusivamente de mercado, pois têm as suas gestões extremamente politizadas);

c) mudança dos setores estratégicos (por um lado, não teria mais sentido o Estado permanecer em segmentos da economia que perderam o seu caráter de vanguarda do ponto de vista tecnológico e, por outro, novos setores, como o de telecomunicações, exigiriam um aporte de recursos e a adoção de novas tecnologias que o Estado não teria condições de arcar);

d) amadurecimento e fortalecimento do setor privado (as empresas estatais são de uma época em que as empresas privadas não demonstravam capacidade de investimento, por várias razões, em muitos segmentos da economia; a solução, para que o país não ficasse carente foi a presença do Estado, o que hoje já não é mais necessário); e, por fim,

e) evitar o efeito *crowding-out* (a presença do Estado e das empresas privadas nos mesmos setores pode resultar em desestímulo ao investimento destas últimas nesses setores).

As justificativas mais fortes para as privatizações, do tipo conjuntural, associam-se à *"credibilidade" política* (crucial para atrair capitais estrangeiros e obter o apoio das agências internacionais), à *crise fiscal* e à *estabilização monetária* (abater a dívida pública e obter orçamentos equilibrados), às *limitações do investimento público* (incapacidade de o Estado carrear os recursos necessários para as empresas estatais, no sentido de sua manutenção, atualização tecnológica e competitividade setorial; ao mesmo tempo em que não atende satisfatoriamente as áreas sociais), e aos *efeitos catalisadores e dinamizadores sobre a economia* (por exemplo, o fortalecimento do mercado de capitais).

Durante o Governo Collor, as principais razões apresentadas, além das motivações ideológicas, foram a obtenção de recursos para aplicação na área social, modernização do parque industrial com aumento de sua competitividade e o resgate da dívida pública através do uso das chamadas "moedas podres".[5]

No Governo Cardoso, a ênfase do argumento também foi o atendimento das áreas sociais, inicialmente, mas aos poucos a redução da dívida pública passou a ser apresentada como a questão central. Na realidade,

"... a venda de empresas estatais é especialmente eficaz quando implica desnacionalização e entrada de recursos novos em moeda de liquidez internacional. Nesse caso, ela contribui, ainda que transitoriamente, para equacionar os problemas financeiros internos do setor público e, ao mesmo tempo, para o financiamento do desequilíbrio do balanço de pagamentos em conta corrente" (Batista Jr., op. cit., 132).

Nessa mesma direção, pode-se concluir que

"... a verdadeira âncora do Plano Real tem sido o patrimônio público acumulado nos últimos 50 anos, os famosos Sauros... Esse é o lastro que mantém a credibilidade do programa de estabilização. As reservas cambiais suportariam pouco mais

---

[5] Além de cruzados novos e dos Certificados de Privatização(CPs), puderam ser utilizados títulos públicos, de acordo com os seus valores de face – que, geralmente, estavam muito acima dos seus valores de mercado. Entre outros, foram aceitos Títulos da Dívida Externa, Obrigações do Fundo Nacional de Desenvolvimento (FND), Títulos da Dívida Agrária (TDA) e debêntures da Siderbrás.

do que alguns meses de déficit em transações correntes, isso na hipótese de inexistência de uma onda especulativa contra a moeda nacional" (Haddad, op. cit., 64).

Em sentido contrário, também pode-se afirmar que o controle dos preços, ao dar estabilidade e apoio políticos ao Governo Cardoso, foi a condição fundamental que permitiu o aprofundamento e a aceleração das privatizações, bem como a aprovação das reformas liberais. Passados cinco anos de adoção da nova moeda, pode-se perceber, mais do que nunca, o relevante papel político cumprido pelo Plano Real para a implementação do projeto liberal no Brasil. É nessa medida que se deve reconhecer que ele não foi, e nem é, apenas um plano solitário de estabilização monetária.

De acordo com dados do BNDES (Tabela 3), foram privatizadas, a partir do PND, entre 1991 e julho de 1999, 64 empresas estatais, que renderam um total de US$ 28.861 milhões – sendo US$ 19.579 milhões (68%) com a receita das vendas e US$ 9.201 milhões (32%) de transferência de dívidas. Os principais setores envolvidos foram os seguintes: siderúrgico, petroquímico, de fertilizantes, elétrico, ferroviário, de mineração, portuário e financeiro.

Tabela 3

Resultados do Programa Nacional de Desestatização
1991-jul./99 - US$ milhões

Período	Nº de empresas	Receita de vendas	Dívidas transferidas	Total
1991	4	1.614	374	1.988
1992	14	2.401	982	3.383
1993	6	2.627	1.561	4.188
1994	9	1.966	349	2.315
1995	8	1.003	625	1.628
1996	11	4.080	669	4.749
1997	4	4.265	3.559	7.824
1998	7	1.574	1.082	2.737
até jul./99	1	49	-	49
Total	**64**	**19.579**	**9.201**	**28.861**

Fonte: BNDES

O resultado geral (Tabela 4) apresenta, além do PND, as privatizações do setor de telecomunicações e aquelas efetivadas pelos estados. Com as primeiras, o governo federal obteve US$ 29.103 milhões, resultado maior do que o conseguido com todo o PND – sendo US$ 26.978 milhões (93%) com a receita das vendas e US$ 2.125 milhões (7%) com a transferência de dívidas. Com as segundas, os governos estaduais conseguiram obter US$ 30.346 milhões – sendo US$ 24.553 milhões (81%) com as receitas das vendas e US$ 5.793 (19%) com a transferência das dívidas.

Tabela 4

Privatizações - Resultados gerais

Resultados acumulados - 1991 - jul./ - US$ milhões

Programa	Receitas de vendas	Dívidas tranferidas	Resultado Geral
Telecomunicações	26.978	2.125	29.103
PND	19.660	9.201	28.861
Privatizações Federais (PND + Telecomunicações)	46.638	11.326	57.964
Privatizações Estaduais	24.553	5.793	30.346
Total (Priv. Federais + Estaduais)	71.191	17.119	88.310

Fonte: BNDES

Em síntese, somando as privatizações federais (PND + telecomunicações = US$ 57.964 milhões) com as privatizações estaduais (US$ 30.346 milhões), as privatizações no Brasil, até julho de 1999, renderam aos cofres públicos US$ 88,3 bilhões.

No Governo Collor, foram vendidas 18 empresas, num total de US$ 4 bilhões, enquanto no Governo Itamar foram privatizadas 15 empresas, num montante de US$ 4,6 bilhões (Paulani, 1998). Como se pode observar, portanto, foi no Governo Cardoso que, de fato, as privatizações deslancharam, tornando-se, na prática, elemento essencial do novo projeto de desenvolvimento. Apenas com relação ao PND (US$ 28,9 bilhões), as privatizações no Governo Cardoso corresponderam a 70% do total; se incluirmos o setor de telecomunicações (mais US$ 29,1 bilhões), essa participação chega a 85% do valor arrecadado pela União.

Em 1999, o programa de privatizações deveria se concentrar no setor de serviços públicos que, em vários países, permanecem no domínio do Estado; no entanto, em razão da crise cambial, o cronograma foi alterado. As companhias a serem privatizadas compreendem a maioria das companhias estatais do setor energético – geração e distribuição de energia –, alguns bancos estaduais, como o Banespa, anteriormente pertencente ao estado de São Paulo e atualmente federalizado, o IRB (Instituto de Resseguros do Brasil) e algumas empresas de serviço público de água, gás e esgoto. Em junho de 1999, com uma dívida interna de R$ 400 bilhões, a expectativa do Governo Cardoso era de arrecadar, aproximadamente, R$ 20 bilhões com essas privatizações.

Do ponto de vista de suas consequências efetivas, isto é, para além dos seus objetivos explicitados nos discursos das autoridades econômicas, pode-se afirmar que,

"... considerando-se a privatização como elemento de um conjunto mais amplo e claramente direcionado de políticas, particularmente aquelas que facilitam e viabilizam operações de compra e venda de ativos produtivos intramuros do próprio setor privado, seu resultado objetivo é inequívoco: o fortalecimento de determinados grupos, a desnacionalização e o aumento do grau de concentração e, portanto, do poder de monopólio em quase todos os setores" (Paulani, op. cit., 45).

De outro lado, com relação ao seu papel no interior da política de estabilização, podemos constatar que, do ponto de vista da solução para o problema da dívida interna, as privatizações não conseguiram, nem de longe, impedir o seu impressionante crescimento. Mesmo no que concerne ao plano externo da economia, onde o objetivo com as privatizações era permitir a entrada de capitais estrangeiros na forma de investimentos diretos, dando um tempo maior para a política de estabilização substituir a "âncora cambial", o Governo não obteve sucesso. A situação se deteriorou rapidamente e a crise cambial se abateu sobre o país, apesar do enorme programa de privatizações executado pelo Governo Cardoso.

Mais recentemente, após a desvalorização do real, as condições estruturais precárias do país, de dependência externa e fragilização financeira do setor público – aprofundadas nos últimos anos com as políticas liberais –, permanecem as mesmas; em que pese uma situação conjuntural menos dramática do que aquela imaginada inicialmente, quando do início da crise cambial.

Capítulo IV
AS SUCESSIVAS CONJUNTURAS

EM RAZÃO da forte dependência do Plano Real para com os capitais internacionais de curto prazo, as diversas conjunturas econômicas, em cinco anos de existência da nova moeda, expressaram diretamente o impacto da ocorrência de crises cambiais em outros países – México, Ásia e Rússia –, que impuseram ao Governo ações de política econômica no sentido de conter a fuga desses capitais do país.

Nunca antes, a política econômica do Brasil havia sido tão reflexa, determinada de fora para dentro do país e de forma quase que imediata, como nesse "modelo econômico" que vem sendo construído a partir do Plano Real.[1] Com isso, terminou-se por se praticar uma política econômica de *stop and go*, que vem impondo taxas de crescimento medíocres para o país, cujo mercado de trabalho incorpora, todo ano, 1,5 milhão de novos entrantes.

A partir do surgimento da nova moeda (julho de 1994), até o primeiro semestre de 1999, pode-se detectar, de forma aproximada, quatro fases nas flutuações do nível de atividade da economia brasileira.

---

[1] O acordo do governo brasileiro com o FMI (dezembro/98) apenas substituiu a ditadura informal dos "mercados" – mais propriamente a ditadura do capital financeiro –, personalizando a dependência externa, conforme evidencia a seguinte notícia (na qual também é mencionada a recomendação do FMI para se elevar as taxas de juros do país): "Vai funcionar no prédio do Banco Central, em Brasília, a representação do FMI no Brasil. A abertura dessa representação foi outra exigência feita pela cúpula da instituição. O Governo resistia à ideia" (*Folha de S.Paulo*, 20/1/1999, 2º caderno, p. 10).

A primeira, expansiva, compreendeu o período de julho de 1994 a março de 1995; a segunda, recessivo-estagnacionista, que começou em abril de 1995 e foi até março do ano seguinte; a terceira, de retomada do crescimento, compreendida entre abril de 1996 e junho de 1997; e, por fim, a quarta fase, novamente recessivo-estagnacionista, que se iniciou no segundo semestre de 1997 e se prolongou até o final do período aqui considerado (junho de 1999).[2]

Como se pode notar, apesar de o PIB ter decrescido no segundo trimestre de 1995 (-2,19%), quando comparado ao trimestre anterior (Tabela 6), ele ainda era elevado quando comparado ao segundo trimestre de 1994 (imediatamente anterior à introdução da nova moeda), o que se expressa numa taxa de crescimento positiva de 5,86% (Tabela 5). No entanto, essa taxa já refletia uma desaceleração evidente das atividades econômicas, quando se tem em conta que o crescimento no primeiro trimestre de 1995 foi de 9,54% em comparação ao mesmo período do ano anterior. Assim, o fundamental, no caso, é ter em mente que a política econômica do Governo sofreu uma inflexão em março de 1995, que redirecionou a rota das atividades econômicas.

Da mesma forma, no último trimestre de 1995 e no primeiro de 1996, as taxas do PIB, em relação aos respectivos trimestres imediatamente anteriores (Tabela 6), tornam-se de novo positivas (1,96% e 0,98%, respectivamente); no entanto, quando essa comparação se refere aos mesmos trimestres dos anos imediatamente anteriores (último trimestre de 1994 e primeiro de 1995), as taxas são negativas, respectivamente, -1,30% e -2,02% (Tabela 5). Isso ocorre porque, embora o PIB tenha voltado a crescer, o seu nível ainda continuou abaixo do alcançado, nesses mesmos períodos, nos anos imediatamente anteriores. Daí termos considerado esses dois trimestres como pertencentes, ainda, à segunda fase (recessivo-estagnacionista).

---

[2] Neste Capítulo IV, a análise se estende até dezembro de 1998. O período correspondente ao primeiro semestre de 1999, pós-desvalorização do Real, está tratado individualmente no Capítulo VI.

Tabela 5

Produto Interno Bruto (percentual)
Taxa trimestral
Brasil / 1991-1998

Anos	Trimestres			
	1º	2º	3º	4º
1991	-6,05	7,92	2,12	1,04
1992	5,80	-2,22	-4,12	0,25
1993	2,97	5,10	4,93	4,65
1994	4,11	2,58	5,86	9,85
1995	9,54	5,86	0,32	-1,30
1996	-2,02	1,70	6,26	5,01
1997	4,73	4,91	2,82	1,84
1998	0,71	1,35	0,29	-2,14

Fonte: IBGE

Tabela 6

Produto Interno Bruto (percentual)
Taxa trimestral contra trimestre imediatamente anterior
Setor de atividade Total = PIB
Brasil / 1991-1998

Anos	Trimestres			
	1º	2º	3º	4º
1990	-	-6,63	7,2	-1,37
1991	-4,65	7,18	1,55	-2,72
1992	-0,45	-0,57	-0,35	1,49
1993	2,10	1,97	-0,29	0,58
1994	1,59	0,8	3,11	3,81
1995	1,25	-2,19	-2,41	1,96
1996	0,98	1,17	2,07	0,66
1997	0,85	1,17	0,05	-0,51
1998	-1,54	2,71	-0,92	-1,76

Fonte: IBGE

A distinção entre o fim da terceira fase e o início da quarta seguiu raciocínio análogo. No terceiro trimestre de 1997 (Tabela 6), o PIB praticamente não cresceu (0,05%), quando comparado ao trimestre imediatamente anterior; no entanto, quando comparado com o mesmo trimestre do ano anterior (Tabela 5), evidencia-se um crescimento de 2,82%. Acontece, porém, que esse crescimento já demonstrava uma trajetória de desaceleração evidente, tendo em vista o desempenho dos quatro trimestres anteriores, em torno de 5% e 6%. Eram os primeiros efeitos de uma nova inflexão da política econômica, em razão dos impactos da crise asiática, que levaria a mais uma fase recessivo-estagnacionista.

Assim, o divisor de águas entre cada uma dessas fases foi, sempre, a mudança de rumo da política econômica, no sentido de elevar ou reduzir as taxas de juros, cortar ou preservar os gastos públicos, e dificultar ou facilitar as compras a prazo, desestimulando ou estimulando o consumo, a produção e a geração de emprego.

1. O pós-Real e a euforia do consumo: julho de 1994 a março de 1995

Com a adoção da nova moeda (julho de 1994) e a queda da inflação, de 46,60%, em junho, para 3,34%, em agosto (Tabela 7), acelerou-se o ritmo de crescimento das atividades produtivas nos dois últimos trimestres de 1994 e no primeiro de 1995 (Tabelas 5 e 6), que já vinha se concretizando, embora lentamente, desde 1993.

Tabela 7
Variação mensal do Índice Geral de Preços
Disponibilidade Interna (IGP-DI)
1994-1998 (%)

Meses	Anos				
	1994	1995	1996	1997	1998
JAN	42,20	1,36	1,79	1,58	0,88
FEV	42,40	1,15	0,76	0,42	0,02
MAR	44,80	1,81	0,22	1,16	0,23
ABR	42,50	2,30	0,70	0,59	-0,13
MAI	41,00	0,40	1,68	0,30	0,23
JUN	46,60	2,62	1,22	0,70	0,28
JUL	24,70	2,24	1,09	0,09	-3,38
AGO	3,34	1,29	0,00	-0,04	-0,17
SET	1,55	-1,08	0,13	0,59	-0,02
OUT	2,55	0,23	0,22	0,34	-0,03
NOV	2,47	1,33	0,28	0,83	-0,18
DEZ	0,57	0,27	0,88	0,69	0,98

Fonte: *Conjuntura Econômica* - FGV

Estava-se entrando numa fase de rápido crescimento do consumo, da produção e do emprego, que durou até março de 1995. Com a introdução da nova moeda e o arrefecimento dos índices de inflação, elevou-se, de imediato, o poder aquisitivo das camadas da população de mais baixa renda, em razão do fim da existência do chamado "imposto inflacionário", que penalizava, sobretudo, os segmentos mais pobres da população, que não tinham como se proteger da elevação dos preços através de aplicações financeiras (fundos de investimento, caderneta de poupança etc.), ou seja, que não conseguiam ter acesso à moeda indexada.

Além disso, três outros fatos contribuíram para o crescimento do nível de atividade econômica. O primeiro deles foi o aumento das compras a prazo, possibilitado pela ampliação do número de prestações, apesar das elevadas taxas de juros, caracterizando-se um processo de endividamento que viria a se manifestar, posteriormente, de forma crítica. Isso ocorreu em virtude da elevada propensão marginal a consumir de grande parte da população brasileira – tendo em vista a sua enorme carência material –, o que implica que qualquer aumento da renda real é imediatamente canalizado para o consumo, independentemente dos níveis das taxas de juros. A lógica (correta) desse consumidor se apoia na avaliação do tamanho da prestação a ser paga, verificando se ela cabe no seu orçamento. Em caso afirmativo, o aumento do consumo é imediato; fenômeno que ocorreu também na época do Plano Cruzado.

O segundo fato foi a baixa remuneração nominal das aplicações financeiras, com a consequente retirada de recursos para o consumo; em razão da chamada "ilusão monetária" do pequeno poupador, que acaba levando em consideração, para sua decisão de consumir/poupar, o nível da taxa de juro nominal e não o da taxa de juro real.

E, por fim, a não desindexação imediata dos salários – prevista na medida provisória que criou o Real mas que não se efetivou –, uma vez que o Congresso Nacional criou o IPC-r, e a política salarial, que foi adotada até junho de 1995, implicou pelo menos um reajuste salarial para cada categoria em sua respectiva data-base.

Desse modo, empurrado por essas circunstâncias, o consumo "explodiu", o PIB cresceu 5,8%, em 1994, e elevou-se o rendimento médio das pessoas ocupadas nas diversas atividades econômicas. No último trimestre desse ano e no primeiro trimestre de 1995, o PIB cresceu, respectivamente, 9,85% e 9,54% quando se compara com os mesmos períodos dos anos imediatamente anteriores (Tabela 5). Na indústria paulista, de acordo com a FIESP, o nível de utilização da capacidade instalada subiu de 76,1%, em junho de 1994, para 81,8%, em maio de 1995, e a produção cresceu 17%, entre julho de 1994 e maio de 1995, quando comparada ao período de agosto de 1993 a junho de 1994. Isso também ocorreu com o nível de emprego, que cresceu 2,49%, sendo que, entre janeiro e maio de 1995, em relação ao mesmo período de 1994, o crescimento ficou em 1,01%; e o salário real, que cresceu 17,7%, no período compreendido entre junho de 1994 e maio de 1995.

Esse rápido aquecimento das atividades econômicas não impediu que a inflação sofresse uma queda; ao contrário, a rapidez com que isso se deu, através do ataque ao seu componente inercial, com a utilização da criativa invenção da URV, foi o que permitiu a aceleração quase que imediata do crescimento econômico. Assim, em nove meses de existência do Real (março de 1995), a inflação acumulada, medida pelo IPC-r/IBGE, atingiu apenas 27,17% e, em doze meses, 35,36% (Tabela 8) – marcas menores do que a inflação mensal pré-Real.

A taxa de inflação no primeiro mês pós-Real, ainda muito alta – 24,70%, em julho, medida pelo IGP-DI (Tabela 7), mas também captada por todos os demais índices de preços que mediam a inflação em cruzeiros reais –, nos remete, como nos planos de estabilização anteriores, ao problema metodológico de se mensurar a variação dos preços, entre dois meses, comparando-se moedas distintas (Franco, op. cit., 52-52). No entanto, mesmo pelo novo índice criado pelo Governo (IPC-r), as taxas nos dois primeiros meses (julho e agosto) ainda ficaram elevadas (6,08% e 5,46%, respectivamente), expressando uma busca de realinhamento dos preços relativos em razão dos excessivos aumentos ocorridos nos dias imediatamente anteriores à adoção do Real (Tabela 8).

Por seu turno, o crescimento do nível de atividade econômica, associado à liberalização das importações e a uma política cambial de sobrevalorização do Real frente ao dólar –

"entre fins de junho e fins de setembro, a taxa Real/dólar
sofreu redução de 15%, contrariando a expectativa mais comum de que o Governo fixaria a taxa nominal de câmbio a
partir de julho" (Batista Jr., op. cit., 141) –, levou a um rápido
aumento do volume e dos valores das importações, enquanto as exportações se mantiveram no mesmo patamar ou, no
máximo, tiveram um pequeno crescimento. Isto implicou,
sistematicamente, a partir de novembro de 1994, saldos negativos na balança comercial do país.

Tabela 8

**Índice de Preços ao Consumidor em Real
(IPC-r)**

(1) MESES	(2) VARIAÇÃO MESES (%)	(3) ACUMULADO MESES (%)
JUL	6,08	6,08
AGO	5,46	11,87
SET	1,56	13,62
OUT	1,86	15,73
NOV	3,27	19,51
DEZ	2,19	22,13
JAN/95	1,67	24,17
FEV	0,99	25,4
MAR	1,41	27,17
ABR	1,92	29,61
MAIO	2,57	32,94
JUN	1,82	35,36

Fonte: IBGE

Assim, como contrapartida dessa estratégia de estabilização, a balança comercial, desde novembro de 1994, passou
a registrar saldos negativos sucessivos – de novembro de
1994 até março de 1995, o déficit acumulado na balança
comercial atingiu US$ 3,55 bilhões. Entre janeiro e março
de 1995, esse mesmo déficit alcançou o montante de US$
2,33 bilhões, contra um superávit de US$ 2,83 bilhões no
mesmo período do ano anterior, resultado de um aumento
nas importações de 99,5%, enquanto as exportações cresceram apenas 9,6% (Tabela 9).

Tabela 9
Evolução mensal da balança comercial
brasileira
1994-1995

Meses	1994			1995		
	EXP	IMP	SALDO	EXP	IMP	SALDO
JAN	2.747	1.769	978	2.980	3.284	-304
FEV	2.778	2.030	748	2.952	4.013	-1.061
MAR	3.351	2.249	1.102	3.799	4.721	-922
ABR	3.635	2.152	1.483	3.394	3.864	-470
MAI	3.862	2.625	1.237	4.205	4.897	-692
JUN	3.728	2.499	1.229	4.119	4.897	-778
JUL	3.738	2.514	1.224	4.004	4.003	1
AGO	4.282	2.776	1.506	4.558	4.461	97
SET	4.162	2.641	1.521	4.167	3.687	480
OUT	3.842	3.186	656	4.405	4.071	334
NOV	3.706	4.115	-409	4.048	4.033	15
DEZ	3.714	4.523	-809	3.875	3.927	-52

Fonte: Banco Central

Inicialmente, esses saldos negativos foram compensados, em parte, pela entrada de capitais estrangeiros, direcionados para aplicações de curto prazo no mercado financeiro brasileiro, e pela diminuição das reservas em dólar, acumuladas no período imediatamente anterior à introdução do Real, graças então aos persistentes e significativos saldos positivos na balança comercial – em 1994, o superávit comercial foi de US$ 10,4 bilhões e, em 1993, de US$ 12,9 bilhões – e à adoção de uma política de elevadas taxas de juros.

No entanto,

"o déficit em conta corrente do primeiro semestre de 1995 correspondeu a 55% das exportações de mercadorias e a 4,2% do PIB... o desequilíbrio externo produzido nessa primeira fase do Plano Real também se aproximava perigosamente dos anos que antecederam a crise da dívida externa dos anos 80. Entre 1978 e 1982, o déficit em conta corrente do balanço de pagamentos do Brasil correspondera a 62,4% das exportações e a 4,7% do PIB, em média" (Batista Jr., op. cit., 151).

A remonetização da economia, após a queda abrupta da inflação, e a existência de uma política monetária sem grande flexibilidade e subordinada a uma política de câmbio quase fixa – depois da valorização inicial, a taxa de câmbio permaneceu estabilizada, até março de 1995, entre R$ 0,83 e R$ 0,86[3] –, implicaram a ausência de controle da expansão da base monetária, transformando a "âncora monetária" apenas num discurso governamental.

Em síntese, a abertura da economia, com a queda abrupta das alíquotas do Imposto de Importação, o câmbio nominal relativamente estável e com o Real sobrevalorizado frente ao dólar, o controle dos preços dos serviços públicos e os preços dos produtos agrícolas, cuja variação média ficou abaixo de 10% – inclusive com queda nominal de alguns deles, em virtude da supersafra, do congelamento dos preços mínimos e das importações – foram as razões fundamentais para a derrubada da inflação, no primeiro ano de existência do Real, para a casa dos 30%, considerando-se uma média de todos os índices de preços que são calculados para a economia brasileira.

Entretanto, a partir de 20 de dezembro de 1994, a contrapartida dessa estratégia de estabilização começou a se fazer sentir de forma dramática: com a eclosão da crise cambial mexicana e a derrubada das cotações do dólar em todos os mercados internacionais, o Brasil começou a perder rapidamente reservas, em virtude da saída dos capitais especulativos, temerosos com a possibilidade de se repetir aqui o mesmo fenômeno ocorrido no México.

O Governo Cardoso, empossado no primeiro dia de 1995, passou os meses de janeiro e fevereiro negando qualquer similitude da situação brasileira e do Plano Real com as situações do México e da Argentina – mais afetada ainda que o Brasil – e suas respectivas políticas econômicas. No entanto, a realidade falou mais alto e em março o Governo foi obrigado a tomar uma série de medidas para evitar uma crise cambial.

2. A crise do México e a desaceleração da economia: abril de 1995 a março de 1996

A crise cambial do México, em dezembro de 1994, anunciou claramente, pela primeira vez, a impossibilidade de os países

---

[3] Todavia, "como a taxa de inflação residual em Reais era muito maior do que a taxa de inflação nos EUA, o resultado foi uma fenomenal valorização real da taxa bilateral com o dólar, de 30% em apenas seis meses, quando se consideram índices de preços ao consumidor" (Batista Jr., op. cit., 146).

periféricos sustentarem o crescimento econômico num ambiente de ampla abertura comercial e financeira, utilizando-se de uma política de combate à inflação apoiada na sobrevalorização de suas moedas frente ao dólar.

No Brasil, com a fuga de capitais que ocorreu a partir daí, percebeu-se que essa estratégia era insustentável a longo prazo, uma vez que o equilíbrio do balanço de pagamentos ficava na dependência da entrada de capitais especulativos, atraídos, necessariamente, por taxas de juros cada vez mais elevadas, ou na dependência da existência de reservas cambiais instáveis, uma vez que seu montante passou a depender exatamente desses capitais voláteis, já que o crescimento dos saldos negativos na balança comercial potencializava o déficit da conta de transações correntes.

Assim, as reservas internacionais do país, que eram de US$ 43 bilhões no início da nova moeda (julho de 1994), caíram, sistematicamente, ao longo dessa primeira fase, principalmente nos meses de março e abril de 1995 – aí claramente já em virtude da crise mexicana –, quando atingiram o montante de US$ 31,9 bilhões, uma redução de 25,8% em nove meses (Tabela 10).

Foi por isso que o Governo, a partir do início de março de 1995, apesar de negar qualquer semelhança do que acontecia no país com o que ocorria no México e na Argentina, tomou um conjunto de medidas para responder a esse problema, que desacelerou as atividades econômicas e engatou uma certa marcha a ré na abertura econômica. O elemento central dessa desaceleração foi a elevação da taxa de juros – que teve reforçado o seu papel de sustentação da âncora cambial, ao aumentar o poder do país em atrair capitais de curto prazo – e a criação de uma série de dificuldades para as compras a prazo.

A fuga dos capitais especulativos implicou, em primeiro lugar, a desvalorização do Real, com a mudança da banda cambial informal de R$ 0,82 – R$ 0,86 para uma banda formalizada pelo Banco Central de R$ 0,88 – R$ 0,93 e, logo depois, para R$ 0,91 – R$ 0,99. Contudo, a adoção dessa providência, na época feita de forma confusa, impulsionou mais ainda a saída de capitais, piorando o problema, em vez de resolvê-lo.

A fim de controlar a situação, que ameaçava desembocar num colapso cambial, o Governo tomou as seguintes medidas adicionais: elevações consecutivas dos depósitos compulsórios dos bancos comerciais no Banco Central, com o crescimento assustador das taxas de juros; redução nos prazos dos consórcios e do número de prestações nas compras a prazo; elevação das alíquotas do Imposto de Importação de mais de cem produtos de consumo durável para 70% – algumas delas, depois, por violação das regras da OMC, caíram para 45%[4]; incentivos à exportação e à entrada de capitais especulativos, com a retirada ou diminuição do IOF, e, por último, o estabelecimento de quotas de importação para os automóveis.

Tabela 10

Variação mensal das reservas internacionais
1994-1998

Meses	Anos				
	1994	1995	1996	1997	1998
JAN	-	38,278	53,540	58,951	53,103
FEV	-	37,998	55,794	59,405	58,782
MAR	-	33,742	55,753	58,980	68,594
ABR	-	31,887	56,769	56,171	74,656
MAIO	-	33,731	59,394	59,279	72,826
JUN	-	33,512	59,997	57,615	70,898
JUL	43,090	41,823	59,521	60,331	70,210
AGO	42,981	47,660	59,643	63,056	67,333
SET	43,455	48,713	58,775	61,931	45,811
OUT	41,937	49,694	58,600	53,690	42,385
NOV	38,806	51,257	60,471	52,035	41,189
DEZ	38,278	51,840	60,110	52,173	44,556

Fonte: Banco Central (Conceito de Liquidez Internacional)

Na verdade, a intervenção do Governo foi bem mais ampla e o conjunto de medidas anunciadas chegou a ser denominado, por alguns, de forma evidentemente equivocada, como sendo o "Real 2". Desse modo, também foram tomadas as seguintes medidas na área fiscal: novos cortes no orçamento no valor de R$ 9,5 bilhões, mudança na data de pagamento dos funcionários públicos, redução nas despesas de custeio das estatais e

---

[4] De qualquer forma, a tarifa média elevou-se de 11,3%, em dezembro de 1994, para 13,9%, em dezembro de 1995 (Batista Jr., op. cit., 173).

dos bancos federais e o anúncio da inclusão da Companhia
Vale do Rio Doce (CVRD) no programa de privatização. No
final dessa primeira crise do Plano Real, as reservas do país,
que haviam alcançado mais de US$ 40 bilhões no momento
inicial da troca de moedas, caíram para US$ 30 bilhões.

O objetivo maior da intervenção do Governo foi, antes
de tudo, sinalizar para os capitais especulativos que o país
corrigiria a trajetória do seu balanço de pagamentos que o
estava levando ao mesmo impasse do México. Por isso, as
medidas tomadas apontavam para a reversão dos saldos negativos na balança comercial – diretamente, através de maiores
facilidades para as exportações e maiores dificuldades para as
importações, ou, indiretamente, através de uma redução do
nível de atividade econômica que diminuiria a demanda por
importações e criaria "excedentes" exportáveis.

Assim, o resultado maior pretendido foi alcançado, uma
vez que, já a partir de abril, pouco mais de um mês após o
auge da crise, os capitais especulativos começaram a retornar
ao mercado financeiro brasileiro. As reservas voltaram a crescer a partir de maio – já em agosto atingiam US$ 47,7 bilhões,
ultrapassando o nível inicial de julho de 1994 – e fecharam o
ano de 1995 no patamar de US$ 51,8 bilhões.

No plano externo, o "socorro" imediato dado ao México,
no montante de US$ 51 bilhões[5] – Estados Unidos (US$ 20
bilhões), FMI (US$ 18 bilhões), BIS (US$ 10 bilhões) e bancos
comerciais (US$ 3 bilhões) –, assim como a queda da taxa de
juros americana e o empréstimo de US$ 4,5 bilhões para a Ar-
gentina – seriamente afetada pela crise –, foram fundamentais
para a rápida reversão das expectativas dos investidores.

A balança comercial, no entanto, só começou a ter saldos
positivos a partir do segundo semestre (Tabela 9), como reflexo da queda das atividades produtivas no segundo e terceiro
trimestres de 1995 (Tabela 6) – que implicou uma redução das
importações –, situação esta agravada por um fenômeno que já
se anunciava desde o início daquele ano, isto é, o crescimento
de todos os indicadores de inadimplência – cheques sem fun-

---

[5] Nunca é demais lembrar que, como contrapartida desse "socorro", as
     receitas de exportação de petróleo do México passaram a ser depositadas,
     pelos importadores, em um banco americano.

dos, prestações em atraso, títulos protestados, concordatas e falências.

Na época, dados da FIESP, para São Paulo, indicaram um aumento de 162% no número de pessoas físicas e jurídicas inadimplentes com os seus débitos, quando comparado o período de janeiro a maio de 1995, com igual período de 1994. A emissão de cheques sem fundos cresceu em 104%, no mesmo período, e o número de concordatas deu um salto (uma média de 87 pedidos por mês, no quadrimestre janeiro/abril – acima das médias dos dez anos anteriores para o mesmo período, com exceção do ano de 1987). E, por fim, observou-se um crescimento do número de falências em 20%, no período de janeiro a maio, quando comparados os anos de 1995 e 1994.

Nessa conjuntura, o sistema financeiro brasileiro, que já vinha passando por um processo de fragilização crescente em razão do impacto da redução da inflação sobre a rentabilidade dos bancos, foi atingido pela crise de inadimplência, sobretudo as suas instituições mais frágeis e dependentes do interbancário, como os bancos Econômico e Nacional (Braga e Prates, 1998). Como decorrência, em novembro, o Governo regulamentou o Programa de Estímulo à Reestruturação do Sistema Financeiro Nacional (Proer), o seguro-depósito e, através da Medida Provisória nº 1.812, criou a possibilidade de o Banco Central intervir nas instituições com o intuito de saneá-las.

Do ponto de vista da ocupação, nessa primeira inflexão, pós-Real, da trajetória de crescimento, constatou-se um retorno do saldo negativo com relação às admissões e demissões efetuadas pela indústria paulista. Ainda de acordo com a FIESP, o nível de emprego caiu, pela décima vez consecutiva, na primeira semana de junho, depois de ter crescido de setembro de 1994 a abril de 1995, e a taxa de desemprego, segundo a pesquisa SEADE/DIEESE, depois de declinar de 15,4% para 12,6% de maio a dezembro de 1994, voltou a subir para 13,5% em 1995. O IBGE, por sua vez, constatou uma queda de 11,8% na produção industrial do país, quando comparados os meses de maio e abril de 1995 – que se constituiu na quinta queda consecutiva, e a maior, até então, desde o início do Plano.

No âmbito nacional, de acordo com dados da CNI, assistiu-se à diminuição das vendas em alguns segmentos do comércio e da indústria (no global, 15% quando comparados os meses

de abril e março de 1995), queda da utilização da capacidade
instalada na indústria (de 81% em março para 78% em abril) e
redução do total de horas trabalhadas na produção (quase 7%,
comparando-se maio e abril de 95).[6] No que se refere às pequenas e médias empresas, dados do SEBRAE demonstram que as
vendas reais caíram 12,7% na indústria e 13,7% no comércio,
quando confrontados os meses de abril e março de 1995.

Como resultado também do desaquecimento da econo-
mia, a taxa de inflação, que no primeiro semestre atingiu 10,1%,
reduziu-se no segundo semestre, quando os preços registraram
uma variação de apenas 4,3%.

Para a agricultura, nesse período, as elevadas taxas de juros
e a livre importação de alimentos, juntamente com a política
de congelamento dos preços mínimos por parte do Governo,
implicaram uma queda na renda do setor de 26% – apesar
do aumento da produção em 4,4% em 1995, em comparação
a 1994 – e um crescente endividamento que, juntos, levaram
a uma inadimplência generalizada por parte dos produtores.

Em resumo, a consequência dessa opção de política econômica se expressou numa recessão que atravessou os dois
trimestres seguintes (abril-setembro), com queda anualizada,
nesse período, de 9,1% do PIB, crescimento da inadimplência de empresas e pessoas físicas e aumento das falências e
concordatas. Em 1995, a produção industrial teve uma queda
acumulada de 9% no terceiro trimestre em relação ao primeiro.
Em contrapartida, reforçou-se a manutenção da âncora cambial no combate à inflação, com o aumento das reservas internacionais e redução das importações, obtendo-se um menor
déficit nas transações correntes do balanço de pagamentos,
sinalizando-se, assim, uma menor necessidade de financiamento por parte dos capitais externos.

No que concerne às contas do Governo, o nível das taxas
de juros, o terceiro maior do mundo em termos nominais (60%)
e o primeiro em termos reais (30%) – à época, só a Rússia e
a Turquia tinham taxas nominais de juros maiores, porque
estavam com inflações mais elevadas do que a brasileira –,

---

6   Dados da Associação Comercial de São Paulo, do SEADE/DIEESE e da
    Confederação Nacional da Indústria (CNI), colhidos nos jornais *Folha de
    S.Paulo* e *Gazeta Mercantil*.

implicou o crescimento da dívida pública interna mobiliária, que passou de US$ 54 bilhões de dólares no Governo Itamar Franco para mais de US$ 73 bilhões ao fim desse período, dificultando, mais ainda, o perseguido "ajuste fiscal". Para os governos estaduais, essas taxas de juros significaram o agravamento de seus débitos frente à União e, em particular, uma situação cada vez mais dramática para os bancos estaduais sob intervenção do Banco Central.

Assim, já naquele período, o ajuste fiscal não demonstrava ser o elemento fundamental na estratégia de estabilização adotada. Apesar da criação do Fundo Social de Emergência (FSE), da intervenção em bancos estaduais, do aumento significativo das receitas e do controle dos gastos na "boca do caixa", as contas públicas, no primeiro semestre de 1995, fecharam com um déficit da ordem de R$ 1,5 bilhão.

Por tudo isso, logo nessa primeira crise do Plano Real, evidenciou-se um confronto no interior do Governo, que colocou o Ministério do Planejamento em oposição ao Ministério da Fazenda. Este último, mais próximo de uma posição liberal ortodoxa, contrário à utilização de políticas industriais e comerciais ativas por parte do Estado, e o segundo, mais afinado com os interesses de certos segmentos da indústria paulista. Essa oposição voltaria a se manifestar de novo, fortemente – não mais entre ministérios, mas entre grupos bem definidos no interior do Governo –, a partir da crise da Rússia, em setembro de 1998.

De todo o modo, o Governo, naquele momento, reafirmou a manutenção da "âncora cambial", sustentando essa opção, quase que exclusiva, com o seguinte argumento: primeiro deveria ser garantida a desindexação dos salários e, só depois, poderiam vir alterações significativas no câmbio efetivo, através da aceleração da desvalorização do Real. A ideia era que, dessa maneira, o aumento de preços, que daí decorreria, não seria repassado automaticamente para os salários. Em resumo, a propagação das pressões inflacionárias associadas ao câmbio seria menor, o que possibilitaria uma maior competitividade das exportações brasileiras, uma vez que a relação câmbio/salário ficaria mais favorável para os empresários. Em paralelo, haveria também uma maior folga para que se pudesse diminuir as taxas de juros internas e, por consequência, diminuir as pressões para o crescimento da dívida pública.

Foi com essa perspectiva que o Governo tomou uma série de iniciativas, anunciadas através da Medida Provisória nº 1.053, como o caminho de desindexação geral da economia, mas que tiveram por objetivo, sobretudo, a extinção da política salarial até então vigente, que definia os reajustes dos salários com base na inflação passada.

Desse modo, foi decretado, a partir de julho de 1995, o fim do reajuste automático dos salários pela inflação. Nas futuras datas-base, de cada categoria, foi feito o repasse do resíduo do IPC-r (extinto ao completar um ano), medido entre o momento do último reajuste e junho de 95. Outros percentuais acima disso só poderiam ser concedidos através da "livre negociação".

Além disso, os acordos salariais não poderiam mais conter, para o futuro, qualquer cláusula de reajuste automático por índices de preços e, na data-base anual (revisão salarial), seriam deduzidas as antecipações e os aumentos concedidos no período anterior à revisão. Em suma, tanto a reposição da inflação quanto os aumentos reais teriam de ser negociados.[7]

---

[7] Por sua vez, os contratos em geral (aluguel, escola, plano e seguro de saúde etc.), com prazo igual ou superior a um ano e que não tivessem previsão de um índice substituto ao IPC-r, passaram a poder ter reajustes por qualquer índice de preços (acordado pelas partes livremente). O valor da prestação só poderia mudar a cada 12 meses, e não se poderia cobrar resíduo de forma retroativa. Se não houvesse consenso, deveria ser utilizada a média aritmética do INPC/IBGE e do IGP(DI)/FGV. Portanto, os contratos continuaram a poder prever correção automática anual, de acordo com a inflação passada. Para o sistema financeiro, naquele momento, as mudanças foram irrelevantes. Não se acabou com a "zeragem automática", não se reformou a indústria de fundos de investimento de curtíssimo prazo e houve apenas a criação de mais duas alternativas de aplicação de longo prazo. Uma de 90 dias, chamada depósito programado, e a outra foi uma nova poupança (de prazo mínimo de 36 meses) vinculada à aquisição de imóveis. Ambas remuneradas pela TBF (Taxa Básica Financeira), que refletiria os juros médios do mercado. Portanto, as aplicações financeiras seguiram indexadas, sendo continuamente corrigidas de acordo com a inflação passada, acrescidas de juro real. No caso específico dos contratos do Sistema Financeiro da Habitação (SFH), a continuação da indexação se apoiou num argumento inquestionável, qual seja: o dinheiro das cadernetas está vinculado aos financiamentos habitacionais, e ambos vinculados à TR, logo, seria impossível desindexar os financiamentos e, ao mesmo tempo, manter a correção da caderneta. E, por fim, do ponto de vista fiscal, a Ufir permaneceu com correção trimestral, até o fim do ano de 1995, e semestral, a partir de 1996. Estados e municípios passaram a usar a Ufir a partir de 1996. Assim, ela continuou indexando os impostos pagos em atraso, os balanços das empresas, a tabela do IRPF e as dívidas tributárias em relação à União.

No entanto, como se pôde constatar posteriormente, mesmo após a desindexação dos salários, em julho de 1995, o ritmo de desvalorização do Real não foi suficiente para reduzir a sua sobrevalorização frente ao dólar. A âncora cambial continuou a ser o elemento central da política de estabilização.

A partir de setembro de 95, no período imediatamente anterior às festas de fim de ano, que por si só estimulam sazonalmente a produção com a formação de estoques por parte do comércio, as autoridades monetárias iniciaram um processo lento e gradual de redução da taxa de juros, que possibilitou uma leve recuperação da atividade produtiva no último trimestre. Com esse desempenho, a economia brasileira fechou o ano de 1995 com uma taxa de crescimento de 4,2%, quando se tem por referência o ano anterior, no qual o PIB já havia crescido 5,9%.

3. As eleições municipais e a retomada da economia: abril de 1996 a junho de 1997

A primeira eleição pós-Real – para prefeituras e câmaras de vereadores – tinha uma importância muito grande para o Governo, pois expressaria o grau de apoio conquistado pelo Plano e a sua política econômica; uma nova vitória nas urnas criaria condições políticas mais favoráveis ainda para a sua continuação, bem como para a ampliação das privatizações e a realização das reformas em andamento.

Por isso, e tendo em vista o retorno à "normalidade" nos mercados financeiros internacionais, bem como o melhor desempenho das contas externas do país, a taxa de juros continuou caindo lentamente e, adicionalmente, a política econômica voltou a permitir maiores facilidades para as compras a prazo, dando início, a partir do segundo trimestre de 1996, a uma retomada mais consistente da atividade econômica.

Apesar disso, o crescimento do primeiro semestre de 1996 foi nulo, quando comparado ao mesmo período do ano anterior, e o desemprego continuou a crescer. A estagnação econômica, apesar do menor arrocho monetário, decorreu dos elevados níveis de endividamento das famílias e das empresas, assumidos no período anterior, e da maior cautela e seletividade por parte dos bancos na concessão de empréstimos –

tendo em vista, principalmente, a crise de confiança que se estabeleceu com relação à solidez do sistema financeiro, após sucessivos episódios de quebra de bancos.

A recuperação da demanda também foi dificultada pelo fato de os reajustes salariais, nesse período, terem sido feitos levando em consideração, conforme vimos anteriormente, apenas o resíduo da inflação até a extinção do IPC-r. Era a "âncora salarial", que estava prevista desde a criação da nova moeda, mas que só começou a funcionar a partir do início do segundo ano de sua existência. Além disso, os reduzidos reajustes, de 12% para o salário mínimo, 15% para as pensões e aposentadorias e nulo para os funcionários públicos federais, também explicam a dificuldade para uma nova retomada das atividades econômicas no primeiro semestre de 1996.

Contudo, a partir do segundo semestre, surgiram sinais mais fortes de reaquecimento da economia brasileira, expressos em alguns dos indicadores do seu desempenho no principal estado do país (São Paulo): crescimento das vendas no comércio, aumento na arrecadação do ICMS, elevação da produção industrial e, depois de 15 meses, a indústria voltando a contratar mais do que demitir.

Empurrado também pelas eleições municipais – gastos públicos, principalmente –, esse crescimento possibilitou ao país fechar o ano de 1996 com uma taxa de crescimento do PIB positiva (2,7%), apesar de bem menor do que as dos dois anos anteriores. Essa retomada ganhou fôlego nos três trimestres do ano seguinte, implicando um crescimento do PIB, em 1997, de 3,6%, mesmo com a queda do nível de atividade, no último trimestre, em 0,51%, em razão da crise da Ásia.

Com os primeiros sinais de recuperação econômica no primeiro trimestre de 1996 e tendo em vista, principalmente, as eleições municipais, o Governo saiu a campo numa ofensiva de *marketing*, afirmando que tinha chegado a hora da retomada do crescimento, do início de um novo ciclo de desenvolvimento autossustentado, apoiado na definitiva estabilização dos preços.

Entretanto, para observadores mais críticos, esse desejo ainda estava longe de se concretizar, em razão da mesma questão crucial, qual seja: os elementos fundamentais do Plano, que seguravam a inflação em níveis muito baixos, continuavam colocando o país numa armadilha que contrapunha, de um lado, inflação reduzida, com estagnação econômica ou crescimento medíocre e elevados níveis de desemprego, e, de outro, crescimento mais elevado, mas com risco de uma crise cambial.

Tabela 11

Evolução mensal da balança comercial brasileira
1996-1998

Meses	1996			1997			1998		
	EXP	IMP	SALDO	EXP	IMP	SALDO	EXP	IMP	SALDO
JAN	3.473	3.440	33	3.685	3.876	-191	3.914	4.577	-663
FEV	3.405	3.434	-29	3.146	4.549	-1.403	3.714	3.800	-86
MAR	3.408	3.877	-469	3.826	4.695	-869	4.273	5.039	-766
ABR	4.271	4.074	197	4.629	5.458	-829	4.572	4.797	-225
MAI	4.506	4.237	269	4.658	4.757	-99	4.609	4.973	-364
JUN	3.840	4.167	-327	4.844	5.190	-346	4.886	4.845	41
JUL	4.459	4.793	-334	5.239	5.955	-716	4.970	5.329	-359
AGO	4.381	4.672	-291	5.074	5.325	-251	3.985	4.629	-644
SET	4.115	4.770	-655	4.588	5.658	-1.070	4.537	5.337	-800
OUT	4.188	5.496	-1.308	4.793	5.555	-762	4.014	5.038	-1.024
NOV	3.912	4.765	-853	3.974	5.089	-1.115	3.702	4.708	-1.006
DEZ	3.789	5.576	-1.787	4.534	5.240	-706	3.944	4.538	-594

Fonte: Relatório do Bacen e *Conjuntura Econômica*.

Assim, bastou se acelerar o ritmo das atividades, a partir do segundo semestre de 1996, para que os déficits da balança comercial retornassem de forma vigorosa. De praticamente um equilíbrio no primeiro semestre – superávit acumulado de US$ 1 milhão –, o país passou para um déficit acumulado de US$ 5,5 bilhões no semestre seguinte (Tabela 11), financiado por reservas internacionais na casa dos US$ 60 bilhões (Tabela 10). É no interior deste dilema, aí aprisionado, que se move o Governo, desde a introdução da nova moeda, em julho de 1994, configurando-se a ocorrência de ciclos curtos de aceleração e desaceleração da atividade econômica.

4. *Novo período recessivo-estagnacionista: julho de 1997 a dezembro de 1998*

Uma nova inflexão no ritmo das atividades, a partir de julho de 1997, inaugurou mais um momento recessivo da economia. Em resposta à crise dos países asiáticos, o Governo elevou de novo as taxas de juros e decretou um novo ajuste fiscal (o "Pacote 51"). Na sequência, contudo, a rápida recuperação das reservas internacionais permitiu uma nova queda das taxas de juros, que se refletiu numa diminuta recuperação nos três primeiros trimestres de 1998. No entanto, a partir de julho, uma nova rodada de problemas na Ásia e a crise da Rússia limitaram, mais uma vez, a incipiente retomada das atividades e o desempenho da economia voltou a piorar no quarto trimestre desse ano, com a redução do PIB em 2,1%, que refletiu, totalmente, os impactos do novo ajuste fiscal decretado e o acordo com o FMI, mas que foi o suficiente para determinar uma queda do PIB de 0,12% em 1998.

4.1. A crise da Ásia e o "Pacote 51": julho de 1997 a maio de 1998

A retomada do crescimento, que havia se iniciado no segundo semestre de 1996 e continuado no primeiro semestre de 1997, será questionada, mais uma vez, por uma nova onda de instabilidade dos mercados financeiros internacionais – desta feita detonada a partir de alguns países da Ásia – os chamados "tigres" de primeira e segunda geração, tidos como modelo de capitalismo organizado e competitivo.[8]

O pânico começou em julho, com a desvalorização da moeda da Tailândia, atingindo em cadeia a Malásia, a Indonésia e as Filipinas; prosseguiu no mês de outubro, com um ataque especulativo contra o dólar de Hongcong e a derrubada da bolsa de Nova Iorque, e aprofundou-se, em novembro, com a desvalorização do won coreano. Em dezembro, o FMI concedeu um empréstimo de US$ 57 bilhões à Coreia do Sul, tendo em vista o caráter abrangente assumido pela crise asiática – ao contrário da crise mexicana, que acabou confinada, nos seus efeitos, à América Latina.[9]

---

[8] Diferentemente de outros países, a crise no Sudeste Asiático não decorreu, primariamente, de uma crise nas contas externas ou de um desequilíbrio nas contas públicas; a raiz da crise foi a desestruturação do sistema financeiro, provocada pela implementação de uma ampla e rápida liberalização dos fluxos internacionais de capitais. A especulação nos mercados imobiliários e nas bolsas foi intensa com os *chaebols* coreanos, por exemplo, muito endividados – em grande medida em dólares – e sem proteção contra desvalorizações.

[9] Até novembro de 1998, o FMI já havia liberado pacotes de "socorro" financeiro no montante de US$ 144 bilhões para a região – Tailândia, Coreia do Sul e Indonésia – e a Rússia.

No Brasil, o reflexo quase que de imediato foi uma nova aceleração da fuga de capitais; as reservas do país, que haviam atingido US$ 63 bilhões em agosto, despencam, principalmente a partir de outubro, e chegam a US$ 52 bilhões no final do ano – retornando, praticamente, ao nível de dezembro de 1995 (Tabela 10).

Como consequência, o Governo, para sustentar a política cambial de sempre, elevou a taxa de juros para 43% ao ano, tomou algumas medidas para facilitar e incentivar a entrada de capitais estrangeiros e anunciou, em 10 de novembro, um pacote econômico, denominado "Medidas de Ajuste Fiscal e Competitividade", com 51 itens. A parte fiscal deveria render para os cofres do Governo, entre economia de gastos e novas receitas, em torno de R$ 20 bilhões (equivalente a 2,5% do PIB).

Entre as principais medidas anunciadas, destacavam-se, no âmbito das despesas, a demissão de 33 mil funcionários públicos não estáveis da União, suspensão do reajuste salarial do funcionalismo público, redução em 15% dos gastos em atividades e o corte de 6% no valor dos projetos de investimento – ambos para 1998. Do lado das receitas, sobressaíam-se o aumento das alíquotas do Imposto de Renda de Pessoa Física em 10% e a redução das deduções, a elevação das alíquotas incidentes sobre automóveis e a elevação dos preços dos derivados de petróleo e do álcool.

Mais uma vez, se assistia à intenção de se buscar um "novo" regime fiscal, anunciado desde o início do Plano, em dezembro de 1993, e nunca atingido. A precária situação fiscal do Governo, quando da eclosão da crise da Rússia, evidenciou que o "Pacote 51" não conseguiu cumprir seus objetivos; além de a maioria das medidas anunciadas não terem saído do papel, a elevação da taxa de juros comprometeu ainda mais as finanças públicas.

Na conjuntura da crise asiática, entretanto, as medidas tomadas pelo Governo – principalmente a elevação da taxa de juros –, juntamente com os empréstimos do FMI aos países asiáticos – que tranquilizou, momentaneamente, o capital financeiro –, conseguiram, mais uma vez, reverter o fluxo negativo de capitais, que começou a se tornar superavitário de novo, logo no mês seguinte, dezembro de 1997. Assim as reservas voltaram novamente a crescer, a partir de janeiro de 1998, atingindo a casa dos US$ 70 bilhões em agosto, na véspera da crise russa (Tabela 10).

Em contrapartida à volta da "normalidade" no mercado financeiro e ao aumento das reservas verificado, assistiu-se, de novo, à redução do nível de atividade – com queda do PIB de 0,51% no quarto trimestre, em comparação ao trimestre imediatamente anterior, que já tinha tido, por sua vez, crescimento zero do PIB quando comparado com o segundo trimestre.

Como decorrência, o desemprego cresceu durante todo o ano de 1998, juntamente com a elevação das dívidas interna e externa e a aceleração do déficit público. A economia entrou num período de deflação. Na cidade de São Paulo, durante sete meses desse ano, os preços diminuíram em relação aos meses imediatamente anteriores, explicitando-se a estagnação econômica (Tabela 12).

Tabela 12
**Variação mensal do Índice de Preço ao Consumidor
FIPE (IPC-FIPE)
1994-1998
(%)**

Meses	Anos				
	1994	1995	1996	1997	1998
JAN	40,30	0,80	1,82	1,23	0,24
FEV	38,20	1,32	0,40	0,01	-0,16
MAR	41,90	1,92	0,23	0,21	-0,23
ABR	46,20	2,64	1,62	0,64	0,62
MAIO	45,10	1,97	1,34	0,55	0,52
JUN	50,80	2,66	1,41	1,42	0,19
JUL	30,70	3,72	1,31	0,11	-0,17
AGO	1,95	1,43	0,34	-0,76	-1,00
SET	0,82	0,74	0,07	0,01	-0,66
OUT	3,17	1,48	0,56	0,22	0,02
NOV	3,02	1,17	0,34	0,53	-0,44
DEZ	1,25	1,21	0,17	0,57	-0,12

Fonte: *Conjuntura Econômica* - FGV

Todavia, o mais impressionante foi que, apesar do desaquecimento da economia, da deflação e da redução do déficit da balança comercial, este último continuou muito elevado nos meses seguintes, o que implicou a sua redução em apenas

23% no ano de 1998, quando comparado a 1997 (Tabela 11). Foi nessas circunstâncias que o país se defrontou com uma nova crise internacional, dessa feita difundida a partir da Rússia.

4.2. A crise da Rússia e o novo pacote fiscal: junho-dezembro de 1998

O agravamento da instabilidade dos mercados financeiros internacionais, juntamente com a "crise da Rússia", colocaram em xeque, mais uma vez, a estratégia do Governo e pioraram ainda mais as condições macroeconômicas do país. A crise deu seus primeiros sinais no início do segundo semestre de 1998, mas tornou-se, de fato, dramática a partir de agosto, com a decretação de moratória por parte do governo russo e a desvalorização do rublo.

A resposta da política econômica do Governo foi a mesma de sempre: em setembro, elevação da taxa de juros básica de 19% para 29% e, logo depois, para 49% – depois da concessão de facilidades tributárias para o capital estrangeiro – e, em outubro, um novo pacote fiscal, para o período 1999/2001, com cortes de despesas e, principalmente, elevação de impostos – o denominado Programa de Estabilidade Fiscal, que se constituiria na base do acordo feito imediatamente após com o FMI.

Antes, contudo, ainda para 1998, anunciou as seguintes medidas: cortes nos gastos orçamentários federais equivalentes a 1,5% do PIB do quarto trimestre; corte equivalente a 0,3% do PIB desse mesmo trimestre em gastos já autorizados de investimentos pelas estatais federais; redução nos desembolsos de empréstimos pelos bancos federais aos estados e municípios; adoção de uma meta obrigatória para o superávit primário do governo federal, além da criação de uma comissão interministerial de "alto nível", responsável pela garantia de consecução dessas metas.

O Programa de Estabilidade Fiscal identificando a previdência social, em especial a previdência pública, como "o principal fator de agravamento dos resultados fiscais do setor público", estabeleceu para o resultado primário do setor público consolidado, em 1999, um superávit equivalente a 2,6% do PIB – correspondente a R$ 28 bilhões –, devendo este elevar-se a 2,8% em 2000 e a 3% em 2001. O objetivo fundamental foi o de estabilizar o crescimento da dívida pública líquida, enquanto proporção do PIB, em 44% a partir de 1999 (Plano de Ação 1999-2001).

A maior parte do ajuste proposto se referiu à esfera federal, com metas de superávits primários equivalentes a 1,8% do PIB em 1999, 2% em 2000, e 2,3% em 2001. A esperança era de que a melhora do resultado primário federal levasse a uma queda do déficit federal global – estimado na proposta em 5,6% do PIB, em 1998 – para 3,6% em 1999.

As medidas de aumento das receitas incluíram uma elevação da CPMF de 0,2% para 0,3%, com uma majoração temporária de 0,08% para 1999; um aumento da Cofins de 2% para 3%, um terço do qual podendo ser compensado do imposto de renda da pessoa jurídica; uma elevação dos percentuais da contribuição para o plano de aposentadoria do setor público dos servidores ativos e a criação da contribuição para os inativos.

Os cortes projetados atingiram a 20% do orçamento comprimível da União (Outras Despesas Correntes e de Capital), resultando numa redução dos gastos, para 1999, da ordem de R$ 8,7 bilhões.

Os estados e municípios deveriam contribuir, nessa nova proposta de ajuste fiscal, com uma mudança no seu resultado primário consolidado: de um déficit estimado em 0,4% do PIB, em 1998, para um superávit de 0,4%, em 1999; elevando-o para 0,5% do PIB em 2000 e 2001. O Governo tinha então como alvo superávits primários equivalentes a 0,4% do PIB, em 1999, 0,3%, em 2000, e 0,2%, em 2001.

Adicionalmente, o Programa criou a Lei de Responsabilidade Fiscal, que estabeleceu critérios para o endividamento público, regras estritas para o controle dos gastos públicos e regras permanentes para limitar os déficits orçamentários, além de proibir quaisquer novos refinanciamentos, pelo governo federal, da dívida estadual e municipal.

Os objetivos dessa política, mais uma vez, foram os mesmos de sempre: de um lado, conseguir superávits primários nas contas públicas e, de outro, reduzir o nível de atividade econômica, buscando uma redução dos déficits na balança comercial, através da diminuição das importações e do incitamento às exportações. Tudo isso para tentar demonstrar ao capital financeiro internacional a capacidade do país para pagar as suas dívidas externa e interna.

Nessa última crise, contudo, houve uma diferença essencial em relação à situação do país quando das crises do México, em 1994, e da Ásia, em 1997. Naquele momento, mais uma vez, retornamos ao Fundo Monetário Internacional (FMI) que, como na década de 1980, faz o papel de emprestador e, principalmente, avalista para outros empréstimos fornecidos pelo BIRD, BID e governos de países desenvolvidos.

4.3. O acordo com o FMI: dezembro de 1998

Após a eclosão da crise da Rússia (1998), os motivos que empurraram o país de novo ao encontro do FMI foram os mesmos do início da década de 1980: estrangulamento externo e ameaça de uma crise cambial, com todas as consequências daí advindas, inclusive a eventual decretação de uma moratória. No entanto, essa dependência reiterada do país às finanças internacionais se realiza por outras formas e outros caminhos, mas nem por isso com consequências menos graves.

Portanto, transcorridos quase cinco anos desde o último acordo estabelecido entre o Brasil e o Fundo Monetário Internacional (FMI), que encerrou formalmente o processo econômico-político iniciado nos anos 80 com a "crise da dívida", eis que o país retornou, em novembro de 1998, mais uma vez de forma subordinada, a bater às portas dessa instituição financeira internacional.

Naquela oportunidade, durante o Governo Itamar Franco, havia-se equacionado o pagamento da dívida externa do país diretamente com os bancos privados (US$ 98 bilhões), sem o aval do FMI – no âmbito do chamado "Plano Brady", através da troca de títulos velhos por novos e com o alongamento dos prazos de pagamento e a redefinição das taxas de juros.

Esse desenlace ocorreu em abril de 1994, após mais de dez anos de dificuldades nas relações internacionais do país e da assinatura de 11 acordos com o FMI, durante os quais o país remeteu para o exterior mais de US$ 60 bilhões, a economia sofreu pelo menos três recessões (1981, 1983 e 1990), a inflação tornou-se crônica, o Estado fragilizou-se financeiramente e as taxas de desemprego bateram recordes sucessivos.

A diferença, com relação aos anos 80, ou mesmo no que se refere ao México, aos países da Ásia e à Rússia, nos anos 90, é que o "socorro" financeiro, dessa feita, foi uma tentativa de se antecipar ao colapso da economia brasileira, claramente em curso a partir da crise russa, o que poderia desembocar numa crise cambial aguda, com a decretação inevitável de uma moratória – o déficit em transações correntes no balanço de pagamentos tinha atingido, em outubro de 1998, o recorde de 4,4 % do PIB.

Mais do que uma espécie de "morte anunciada", pesou, nessa decisão dos países desenvolvidos e das instituições financeiras internacionais, a defesa dos seus interesses no Brasil e o receio do agravamento da enorme instabilidade já presente, naquele momento, nos mercados financeiros, com a ameaça de precipitação de uma recessão mundial, que vinha então se anunciando já há algum tempo.

Em suma, a perda de mais de US$ 30 bilhões das reservas do país, que diminuíram de US$ 70 bilhões para algo em torno de US$ 40 bilhões em três meses,[10] a partir da crise da Rússia, mais a necessidade de, aproximadamente, US$ 60 bilhões para fechar as contas externas no ano de 1999 e o crescimento do déficit público e em transações correntes no balanço de pagamentos explicitaram uma trajetória explosiva da economia, com a virtual incapacidade do país de cumprir seus compromissos internacionais e manter o Plano Real com as características e contradições aqui mencionadas.

Assim, a ida ao FMI se constituiu num passo "natural" dessa trajetória do Plano e de sua política econômica, em que pese a seguinte declaração do presidente do Banco Central, Gustavo Franco:

> "Quando existem acordos de crédito com o Fundo (FMI), há uma perda de soberania, e isso pode ser aceitável para outros países, mas não para nós" (*Folha de S.Paulo*, 18/11/1997).

Nessas circunstâncias e motivado por essas razões é que se deve compreender e analisar o conteúdo do novo acordo estabelecido entre o Governo brasileiro e o FMI, que, no fundamental, reiterava a mesma estratégia até ali seguida pela política econômica.

Assim, comprometeu-se o Governo, em memorando datado de 13 de novembro de 1998, assinado por ambas as partes,

---

[10] Ao final de dezembro de 1998, as reservas já eram calculadas próximas a US$ 35 bilhões.

em manter o mesmo regime cambial, isto é, continuar a desvalorizar gradativamente o Real, com alargamento da banda praticada; prosseguir com a abertura comercial, não impondo restrições comerciais que fossem incompatíveis com os compromissos da OMC ou, "no contexto do programa com o FMI, restrições por motivos da balança de pagamentos"; acelerar as privatizações e a aprovação das reformas liberais e realizar um programa de ajuste fiscal para três anos (1999/2001), assumindo metas com relação à obtenção de superávits primários fiscais e ao pagamento de juros.

Adicionalmente, o Governo se comprometeu formalmente nos contratos de empréstimo a não impor "controles às saídas de capital", abdicando de criar mecanismos para interromper a queda de reservas, enquanto estivesse em vigor o contrato com os organismos internacionais. As metas de desempenho econômico foram as garantias oferecidas pelo Governo brasileiro; se não fossem cumpridas, os contratos seriam suspensos.

Dentro desses parâmetros, o total do empréstimo acertado no acordo foi de US$ 41,5 bilhões, sendo US$ 18 bilhões vindos do FMI, US$ 4,5 bilhões, do Banco Interamericano de Desenvolvimento (BID), US$ 4,5 bilhões, do Banco Mundial (BIRD) e US$ 14,5 bilhões, dos países mais ricos (G7), por meio do Banco de Compensações Internacionais (BIS). Todos os contratos assinados pelo Governo brasileiro com essas fontes de financiamento seguirão as metas estabelecidas com o FMI.

No caso dos recursos do FMI, foram dois tipos de empréstimos. Um financiamento tradicional (tipo *stand by*), de US$ 5,4 bilhões, com carência de cinco anos para pagamento e juros de 4,25% ao ano; e uma outra linha de crédito, considerada de emergência, de US$ 12,6 bilhões, com prazo de 18 meses (prorrogável por mais 12) e juros anuais de 7,25%.

Além das metas fixadas pelo Programa de Estabilidade Fiscal, o principal ponto do acordo foi o compromisso do país limitar, em 1999, o déficit nominal – que atingia então mais de 8% do PIB – a 4,7% do PIB, cerca de R$ 42,8 bilhões, o que implicaria que o Governo teria limites para os gastos com juros da dívida. Isso significava que, com a ocorrência de uma nova crise internacional, o Governo ficaria em dificuldades para combatê-la, mais uma vez, com novo aumento da taxa de juros, sob pena de descumprir as metas acertadas com o FMI.

Ademais, o Governo se comprometeu ainda com os seguintes pontos:

a) as reservas não poderiam cair abaixo de US$ 20 bilhões
   líquidos – o total de reservas, excluindo as parcelas
   do empréstimo já adiantadas –, devendo-se informar
   ao FMI, diariamente, o seu valor;
b) o déficit nominal, em 1998, deveria ficar em R$ 72,8
   bilhões, reduzindo-se para R$ 42,6 bilhões em 1999;
c) o déficit em transações correntes, para 1998, deveria
   atingir 4,2% do PIB;
d) a liberação da segunda parcela do FMI, em fevereiro
   de 1999, estaria condicionada à aprovação do ajuste
   fiscal pelo Congresso; e
e) durante o período de vigência do acordo, o país teria
   de demonstrar, por seis vezes, que estaria cumprindo
   o que prometeu – condição essencial para a liberação
   dos recursos acordados.

Por fim, no documento do FMI, datado de 2 de dezembro,
que anunciou a aprovação do acordo com o Brasil, apareceu
a projeção de um superávit comercial de US$ 2,8 bilhões para
1999. Seria o primeiro saldo positivo desde 1994 e representaria
um aumento de nada menos que US$ 9,2 bilhões em relação
ao resultado de 1998 (um déficit de US$ 6,4 bilhões). Essa
reviravolta na balança comercial, caso ocorresse, implicaria a
queda do déficit em conta corrente do balanço de pagamentos
de 4,4% do PIB, em 1998, para cerca de 3,5% do PIB, em 1999.
   Em síntese, os empréstimos concedidos, sob a chancela
do FMI, apresentavam-se então como um paliativo para que
o país fechasse o ano de 1998, com um aumento das reservas
para US$ 76 bilhões, portanto, sinalizando para o cumpri-
mento dos seus compromissos externos em dia, dando maior
segurança aos capitais financeiros internacionais e aos grandes
especuladores nacionais, desde que, obviamente, não houvesse
novas turbulências no cenário internacional.[11]

---

[11] A possibilidade então de que o governo pudesse continuar mantendo a
mesma política cambial, dentro de uma ótica liberal-financeira, foi analisada
por Schwartsman (1999).

No final de 1998, contudo, a instabilidade continuou muito grande. As reservas líquidas – sem os recursos do FMI – se aproximaram de US$ 35 bilhões, a balança comercial fechou com saldo negativo de US$ 6,4 bilhões e o déficit em transações correntes alcançou US$ 34,7 bilhões, apesar de uma redução do PIB de 0,12%. Tudo isso indicando uma situação dramática nas contas externas do país.

O déficit fiscal consolidado de todo o setor público chegou a 8,4% do PIB e as taxas de inflação, dos diversos institutos de pesquisa, se aproximaram de zero – 1,7% (IGP-DI), 1,66% (IPCA-E), 1,79% (IPC-FIPE) e 0,46% (ICV-DIEESE) –, anunciando a rota da estagnação econômica.

Do ponto de vista da população brasileira, as perspectivas econômico-sociais continuaram péssimas, mesmo com o acordo com o FMI dando algum fôlego, momentâneo, às contas externas. As expectativas que se apresentavam, naquele momento (1999), eram da ocorrência de uma grande recessão, semelhante àquelas que aconteceram no início das décadas de 1980 e 1990, acompanhada por uma maior desnacionalização da economia, fechamento de empresas e elevação dramática do desemprego e do subemprego, arrocho salarial, deterioração dos serviços públicos essenciais e concentração de renda.

5. O efeito das flutuações econômicas sobre o desemprego

As flutuações da atividade econômica, anteriormente descritas, também podem ser apreendidas a partir de seus impactos sobre o mercado de trabalho, em particular sobre as taxas de desemprego, apesar de o Governo negar, todo o tempo, qualquer responsabilidade do Plano Real e de sua política econômica com relação ao crescimento dessas taxas.[12]

Desse modo, como se pode constatar (Tabela 13), tomando a Região Metropolitana de São Paulo como exemplo, as taxas de desemprego decresceram a partir de setembro de 1994 até abril-maio de 1995;[13] destacando-se a queda mais acentuada, de natureza sazonal, nos meses de outubro, novembro e dezembro, associada às festas de fim de ano. Esta foi, tipicamente,

---

[12] Essa questão está tratada mais detalhadamente no Capítulo V.

[13] Em todas as demais regiões metropolitanas, com pequenas variações temporais e no patamar das taxas, a direção do movimento é a mesma.

uma fase influenciada pela expansão das atividades produtivas, propiciadas pela adoção da nova moeda e a queda da
inflação, com a elevação do poder aquisitivo de parte da população de mais baixa renda e um crescente endividamento das
famílias através de uma intensa utilização de financiamento,
apesar das elevadas taxas de juros.

Tabela 13
Evolução mensal do desemprego aberto (%)
Região Metropolitana de São Paulo – 1994-1998

	1994	1995	1996	1997	1998
JAN	5,88	5,02	6,28	5,95	8,51
FEV	5,91	4,85	7,04	6,86	8,78
MAR	6,44	4,9	7,65	7,18	8,97
ABR	5,49	4,56	7,09	7,09	8,56
MAIO	5,48	4,78	6,98	6,9	9,11
JUN	5,9	5,1	7,19	7,05	8,57
JUL	5,73	5,22	6,29	7,09	8,95
AGO	5,81	5,31	5,96	6,59	8,64
SET	5,78	6,28	5,74	6,51	8,68
OUT	4,78	5,95	5,92	6,68	8,88
NOV	4,13	5,2	5,19	6,1	8,12
DEZ	3,61	5,09	4,06	5,18	7,26

Fonte: IBGE / Pesquisa Mensal de Emprego – PME
(Período de Referência: Semana)

Posteriormente, em razão da guinada da política macroeconômica a partir de março de 1995, com a elevação assusta-
dora das taxas de juros e uma maior dificuldade das compras a
prazo, iniciou-se um novo período no que se refere à evolução
das taxas de desemprego, que foi de maio-junho de 1995 até
maio-junho de 1996. Aqui também, como era de se esperar, as
taxas apresentaram uma pequena queda sazonal nos meses
próximos às festas de fim de ano (out.-dez./95), sendo que a
maior taxa ocorreu no mês de março de 1996 (7,65%).

No segundo semestre de 1996, com a retomada das atividades econômicas, impulsionadas pela diminuição das taxas
de juros, alongamento dos prazos de pagamento das compras e
a diminuição da inadimplência, alterou-se, mais uma vez, a
direção do movimento da taxa de desemprego – que se reduziu
de 7,19%, em junho, para 4,06%, em dezembro.

Esse movimento sofreu nova mudança de direção, no sentido ascendente, no primeiro semestre de 1997 (a taxa de desemprego cresceu de 5,95%, em janeiro, para 7,09, em julho), apesar da continuação da diminuição gradativa das taxas de juros, o que já expressava uma acomodação do desemprego em um patamar mais elevado, após a recessão/estagnação ocorrida entre abril de 1995 a março de 1996. No segundo semestre de 1997, as taxas voltaram a se reduzir em função da sazonalidade da atividade econômica, mas mantendo o mesmo padrão do primeiro semestre, isto é, quando comparadas com as taxas de anos anteriores, no mesmo período, são mais elevadas. Em suma, o ano de 1997, ao consolidar como *estrutural* parte do desemprego *conjuntural* decorrente da recessão de 1995, apontou para um novo patamar de taxa de desemprego, mais elevado e associado a mudanças estruturais, de mais longo prazo.

Por fim, a partir de 1998, a taxa de desemprego deu um novo salto (8,51% em janeiro), impulsionada pelo aperto da política monetária e o "Pacote 51" de outubro do ano anterior. O movimento de queda das taxas de juros, a partir de janeiro, não teve tempo de contrabalançar os efeitos negativos já desencadeados sobre a atividade econômica, sendo interrompido, novamente, no segundo semestre do ano, em função da crise da Rússia. A sua elevação, mais uma vez, além do novo pacote fiscal, apontava para um novo salto das taxas de desemprego no início de 1999.

Em síntese, é fato inequívoco que a política de estabilização posta em prática pelo Plano Real, se num primeiro momento provocou a queda das taxas de desemprego, ela inverteu o seu efeito a partir de março de 1995, passando a determinar a elevação dessas taxas e a dificultar a reversão de um quadro que se tornou cada vez mais preocupante ao longo de todo o primeiro Governo Cardoso.

Capítulo V

Os impactos do Plano

O PLANO REAL atingiu o seu objetivo explícito, e mais imediato, que era derrubar a inflação. No entanto, o caminho trilhado para alcançar a estabilidade dos preços aprofundou desequilíbrios estruturais já existentes anteriormente, bem como criou novos, desencadeando uma profunda instabilidade macroeconômica.

Essa instabilidade sistêmica, produto da inconsistência interna do Plano e de sua condução, ficou explícita, claramente, a partir da crise do México (dezembro de 94), foi reiterada com a crise dos países asiáticos (junho de 97) e novamente com a crise da Rússia (agosto de 1998). Essa inconsistência se evidenciou, mês a mês, no aparecimento, e depois explosivo crescimento, de déficits na balança comercial do Brasil. A abertura da economia e a sobrevalorização do Real escancarou o país às importações e tirou a competitividade das exportações, que cresceram num ritmo bem inferior ao das importações.

A abertura econômica e a "âncora cambial", necessitando de elevados níveis de reservas, foram sustentadas todo o tempo por altíssimas taxas de juros, o que implicou a deterioração de todas as outras variáveis macroeconômicas, exceto a inflação. Esse impacto negativo se fez sentir, ano a ano, numa taxa de crescimento do produto medíocre, com períodos de estagnação e recessão aberta, que levou ao aumento das taxas de desemprego, em virtude do fechamento de postos de trabalho na indústria ou do crescimento insuficiente da ocupação no comércio e nos serviços, tendo em vista o aumento de 2,7%

ao ano da população economicamente ativa do país, com a entrada de 1,5 milhão de novas pessoas, todo ano, no mercado de trabalho, cuja absorção demandaria um crescimento do PIB a uma taxa média entre 6% e 7% ao ano.

O déficit público operacional-nominal cresceu sistematicamente, e de forma explosiva, apesar da existência de superávits primários ou pequenos déficits, em decorrência da ampliação do montante total de juros a ser pago interna e externamente. Nesse mesmo movimento, a dívida pública interna multiplicou-se por seis, apesar dos recursos obtidos com as privatizações realizadas, realimentando, assim, o crescimento do déficit fiscal e comprometendo outros gastos do orçamento, o que levou ao aumento de impostos.

Na frente externa, o crescimento do montante de juros pagos e da remessa de lucros, juntamente com as viagens internacionais, agravaram o desequilíbrio histórico e estrutural da balança de serviços, anteriormente largamente compensado pelos superávits comerciais. Desse modo, o déficit em transações correntes deu saltos crescentes consecutivos, uma vez que o valor das transferências, apesar de ter aumentado – em decorrência das remessas efetuadas por imigrantes brasileiros, residentes, principalmente, no Japão e nos Estados Unidos –, corresponde a uma proporção muito pequena do total das transações efetuadas.

A consequência disso tudo foi o crescimento da dependência externa do país, em especial para com os capitais de curto prazo, bem como o aumento de sua dívida em dólares, cada vez mais de posse do setor privado, que foi estimulado a captar recursos externos para financiar o consumo e especular nas bolsas e com títulos do Governo, em virtude da diferença existente entre as taxas de juros interna e externa.

As duas primeiras crises – México e Ásia –, principalmente a segunda, ameaçaram perigosamente a sustentação do Plano, mas a queima de reservas e a elevação das taxas de juros, no plano interno, e o empréstimo de elevadas somas do FMI, Estados Unidos e demais países do G7 aos países com estrangulamento cambial, conseguiram abortar a fuga de capitais do Brasil – que retornaram ao país num curto espaço de tempo.

Entretanto, com a crise da Rússia, a situação ficou insustentável, particularmente em virtude do agravamento de todas as variáveis macroeconômicas acima mencionadas. Nesse momento, ficou claro para todos, inclusive para o Governo, que a crise cambial seria apenas uma questão de tempo, pois não haveria condições de corrigir a rota da política econômica em tempo hábil.

Por isso, o "socorro" do FMI, dos países do G7, do BIRD e do BID, diferentemente das crises anteriores em outros países, veio antes da desvalorização da moeda, na condição de tentar evitar o desenlace final. A preocupação, evidentemente, não foi com a situação do Brasil em si mesma, mas com a possibilidade de uma terceira onda de instabilidade global detonar o início de uma recessão mundial. O impacto negativo de uma crise de grandes dimensões no Brasil sobre todos os países da América Latina, a começar pela Argentina, seria mais do que provável. Isso também ocorreria com relação aos interesses econômicos e políticos dos Estados Unidos nessa região, bem como no que concerne à própria economia americana e, por extensão, à economia dos outros países.

A rápida e profunda alteração das contas externas do país, na década de 1990, pode ser constatada quando se compara o desempenho da sua conta de transações correntes antes do Real (1990/94) e depois do Real (1995/1998),[1] considerando os Governos Collor e Itamar Franco, de um lado, e o Governo Cardoso, de outro (Tabela 14).

No período pré-Real, a balança comercial do país acumulou um saldo positivo da ordem de US$ 60,3 bilhões, que correspondeu a 85% do valor do déficit da balança de serviços no período (US$ 70,6 bilhões), enquanto, posteriormente, com o crescimento do fluxo total de comércio internacional, decorrente principalmente do aumento das importações, o mesmo se transformou num déficit acumulado de US$ 23,7 bilhões, que se somou ao déficit da balança de serviços da ordem de US$ 97 bilhões (crescimento de 37,4%).

---

[1] Observando-se que o segundo semestre de 1994, quando já estávamos com a nova moeda, é considerado, no corte temporal proposto, como fazendo parte do primeiro período – porque os dados considerados são anuais. No entanto, isso não muda, no essencial, o que queremos demonstrar. Quando se fizer necessário, para a análise de alguma variável, consideraremos 1994 como fazendo parte do período pós-Real, explicitando claramente o motivo desse procedimento.

Tabela 14

Montantes acumulados
na conta de transações correntes
nos períodos pré e pós-Real
(em US$ bilhões)

Discriminação	PRÉ-REAL (90-94)	PÓS-REAL (95-98)
Balança Comercial	60,3	-23,7
Balança de Serviços	-70,6	-97,0
Transferências Unilaterais	8,9	11,0
SALDO	-1,4	-109,7

Fonte: Banco Central do Brasil

Por isso, o saldo em transações correntes que, no período pré-Real acumulou um déficit de apenas US$ 1,4 bilhão, no período seguinte, atingiu o montante total de US$ 109,7 bilhões, um salto impressionante de 7.736%!

Nas contas específicas da balança de serviços (Tabela 15), comparando-se os dois períodos, constata-se que as viagens internacionais tiveram um crescimento, no seu déficit acumulado, de 673%, passando de US$ 1,9 bilhão, em 1990/94, para US$ 14,7 bilhões, em 1995/98. Isso também ocorreu com a conta de lucros e dividendos, que aumentou o seu saldo negativo acumulado de US$ 7,1 bilhões para US$ 17,4 bilhões (144%). O montante de juros líquidos pago nos dois períodos permaneceu praticamente igual; todavia, enquanto no primeiro período houve uma tendência de queda nos seus montantes, no período pós-Real a tendência foi de crescimento continuado. Além disso, considerando-se o ano de 1994 como parte do segundo período – no segundo semestre a nova moeda já havia sido adotada –, a remessa líquida de juros passa a ter um crescimento acumulado, entre os dois períodos, em 38%.

Do lado da conta de capitais, o investimento líquido total cresceu 253%, quando se comparam os períodos pré-Real (US$ 17,4 bilhões) e pós-Real (US$ 61,6 bilhões), enquanto os empréstimos e financiamentos passaram de US$ 105,4 bilhões para US$ 151,9 bilhões (44,1% de crescimento). As amortizações, por sua vez, foram, praticamente, do mesmo montante – um crescimento de 2,5%, quando se comparam os valores acumulados nos dois períodos; no entanto, considerando-se o ano de 1994 como parte do 2º período, o crescimento das amortizações passa a ser de 294% (Tabela 16).

Tabela 15

**Montantes acumulados
nas contas do balanço de serviços
nos períodos pré e pós-Real
(em US$ bilhões)**

Balanço de Serviços	Pré-Real (90-94)	Pós-Real (95-98)
Viagens Internacionais	-1.946	-14.665
Lucros e Dividendos	-7.145	-17.441
Juros Líquidos	-40.240	-40.482
Outros(1)	-19.565	-24.411

Fonte: *Conjuntura Econômica* - FGV
(1) Transportes, seguros, despesas governamentais, entre outros.

Tabela 16

**Montantes na balança de capitais
nos períodos pré e pós-Real
(em US$ bilhões)**

Balança de Capitais	Pré-Real (90-94)	Pós-Real (95-98)
Investimento Líquido Total	17.443	61.628
Empréstimos e Financiamentos	105.385	151.900
Amortizações	-85.456	-87.522
Outros	3.445	-20.291
Saldo	40.817	105.715

Fonte: *Conjuntura Econômica* - FGV (jan.-99) e Banco Central do Brasil

Como decorrência desse quadro, a dívida externa bruta que, no período pré-Real, cresceu US$ 25,5 bilhões (20,7%), passando de US$ 122,8 bilhões para US$ 148,3 bilhões, no período seguinte aumentou US$ 77,1 bilhões (52%), atingindo a cifra de US$ 226,4 bilhões. Por outro lado, como as reservas cresceram 292%, no primeiro período – de US$ 9,9 bilhões, em 1990, para US$ 38,8 bilhões, em 1994 –, e 14,8%, no período pós-Real (dezembro de 1998), quando alcançou o montante de US$ 44,6 bilhões, a dívida líquida, que havia diminuído 3% ao longo dos Governos Collor e Itamar Franco, voltou a crescer no

Governo Cardoso em 66%, o que significou um acréscimo no seu total de US$ 72,3 bilhões[2] (Tabela 17).

Em resumo, esses dados indicam que, embora os novos fluxos de capitais internacionais já estivessem disponíveis para os países "emergentes", desde o final dos anos 80, a reviravolta nas contas externas do Brasil só ocorreu, de fato, a partir do Plano Real. Assim, ela derivou de uma decisão política das autoridades econômicas do país, que escolheram o endividamento externo e interno, numa velocidade nunca antes vista, como instrumento de estabilização dos preços, aumentando dramaticamente a dependência externa do país, mas viabilizando o clima político favorável para a implementação das reformas liberais e das privatizações, e também, evidentemente, para a reeleição do Presidente Cardoso.

Tabela 17

**Dívida externa e reservas internacionais
1990-1998, em US$ milhões**

Ano	Dívida Bruta	Reservas Internacionais	Dívida Líquida
1990	122.828	9.973	112.855
1991	123.910	9.406	114.504
1992	135.949	23.754	112.195
1993	145.726	32.211	113.515
1994	148.295	38.806	109.489
1995	159.256	51.840	107.416
1996	179.935	60.110	119.825
1997	200.613	52.173	148.440
1998	226.395	44.556	181.839

Fonte: Banco Central

---

[2]   Na verdade, as reservas vinham crescendo desde 1992 (Tabela 17), e atingiram seu montante máximo no ano de 1996 (US$ 60,9 bilhões). A crise da Ásia, em 1997, e a da Rússia, no ano seguinte, levaram à sua redução. Posteriormente, com a crise cambial de janeiro, esse montante se reduziu mais ainda, atingindo um patamar mínimo próximo aos US$ 20 bilhões, abaixo do qual as reservas não poderiam cair, conforme o acordo de dezembro de 1998 com o FMI. Com o retorno dos capitais estrangeiros, em março e abril de 1999, após a mudança do regime cambial, bem como com a entrada de duas parcelas do empréstimo prevista no acordo, o montante total das reservas retornou ao nível de US$ 40 bilhões.

A seguir considera-se a evolução das diversas variáveis macroeconômicas ao longo do Plano Real, que, adicionalmente, também ilustra e evidencia as contradições e inconsistências tanto do Plano como de sua política econômica.

1. *Inflação e balanço de pagamentos*

Com relação à inflação, o sucesso do Plano Real foi incontestável, por qualquer índice de preços que se queira considerar, por atacado ou ao consumidor,[3] com cálculos realizados pelas mais diversas instituições de pesquisa e com o uso de distintas metodologias. Isso pode ser evidenciado pela evolução do IGP-DI/FGV, bem como dos seus componentes – IPC-DI, IPA-DI e INCC, do IPC/FIPE e do ICV/DIEESE, ao longo da década de 1990 (Tabela 18).

Tabela 18

Variação anual de preços
1990-1998
(%)

ANO	ÍNDICE				
	IGP-DI	IPA-DI	IPC-DI	IPC-FIPE	ICV
1990	2739,70	2734,70	2938,10	2902,40	3256,80
1991	414,70	404,70	440,80	410,60	458,70
1992	991,40	976,90	998,00	965,20	980,70
1993	2103,70	2065,40	2169,60	1920,40	2054,80
1994	2406,80	2279,00	2668,50	2502,50	2782,40
1995	67,50	58,80	81,60	76,80	102,40
1996	9,34	8,09	11,34	10,04	13,18
1997	7,48	7,78	7,21	4,83	6,11
1998	1,70	1,51	1,66	-1,79	0,47

Fonte: FGV, FIPE e DIEESE

Como se pode observar, em todos os índices, a inflação caiu de um patamar de quatro dígitos em 1994 (mais de 2.000% ao ano), para dois dígitos em 1995 (menos de 100%), com exceção

---

[3] Apesar de a redução da taxa de inflação ter sido "... acompanhada por um movimento de divergência dos preços relativos, que se acentua em 1995, tendendo a perder força, no que se refere aos índices agregados, a partir de 1996" (Tavares, 1997: 108).

do ICV/DIEESE, que ficou apenas três pontos acima (102%). No ano seguinte, os índices se reduziram para próximo de 10% e, em 1997, alcançaram apenas um dígito. Por fim, em 1998, reduziram-se a menos de 2%, com exceção do INCC/FGV, que ficou mais perto de 3%, e com o destaque para o IPC/FIPE, que registrou uma redução dos preços de -1,79%, a primeira taxa anual de deflação da história de São Paulo. No segundo semestre de 1998, São Paulo viveu cinco meses de deflação e apenas um de preços estáveis (0,02% em outubro), com a FIPE registrando deflação acumulada de -2,94% no período. Essa deflação ocorreu até mesmo em meses nos quais, tradicionalmente, os preços sobem, como novembro e dezembro.

A bem-sucedida transição da velha para a nova moeda, com o uso da URV, extinguiu o componente inercial da inflação, e a combinação da abertura comercial, com a sobrevalorização cambial, impediu o seu retorno, num primeiro momento, e forçou a sua queda posteriormente. A diminuição do ritmo da atividade econômica, particularmente a partir do último trimestre de 1997, teve impacto decisivo para reduzi-la ainda mais, levando-a a aproximar-se de 1% ao ano.

O efeito "colateral" dessa estratégia apareceu, de imediato, no surgimento de déficit na balança comercial do país. De um superávit de mais de US$ 10 bilhões, em 1994, o país passou a obter saldos negativos crescentes entre 1995 (US$ 3,35 bilhões) e 1998 (US$ 6,6 bilhões). A diminuição do déficit, neste último ano, em relação a 1997, se deveu, essencialmente, à queda das importações em mais de 10%, decorrente da redução do nível de atividade do país, uma vez que as exportações também reduziram-se em relação a 1997 (Gráfico 3).

Entre 1994 e 1998, as exportações cresceram 20% enquanto as importações deram um salto de 80%, ressaltado-se que 1998 foi um ano com taxa de crescimento do PIB negativa. Durante todo esse período, a balança comercial só apresentou saldos positivos no segundo semestre de 1995, em virtude da recessão que se instalou na economia no período, e em outros quatro meses pontualmente (janeiro, abril e maio de 1997 e junho de 1998), por razões conjunturais muito específicas.

Os efeitos da estratégia de estabilização também se fez sentir na balança de serviços (Gráfico 4), que, embora seja historicamente negativa – na década de 1990 com um déficit anual sempre acima de US$ 11 bilhões –, teve sua situação agravada, com o crescimento de seu déficit, entre 1994 e 1998, em quase 100%, que saiu de menos de US$ 15 bilhões, em 1994, para mais de US$ 28 bilhões, em 1998.

Gráfico 3

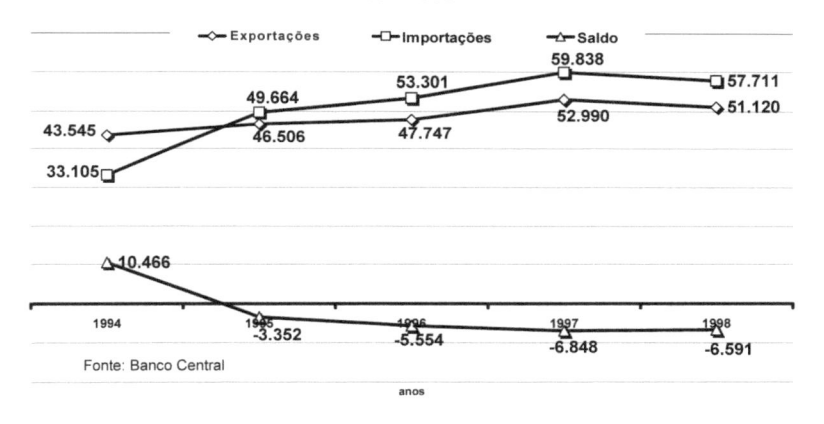

Balança Comercial
1994-1998

Fonte: Banco Central

Gráfico 4

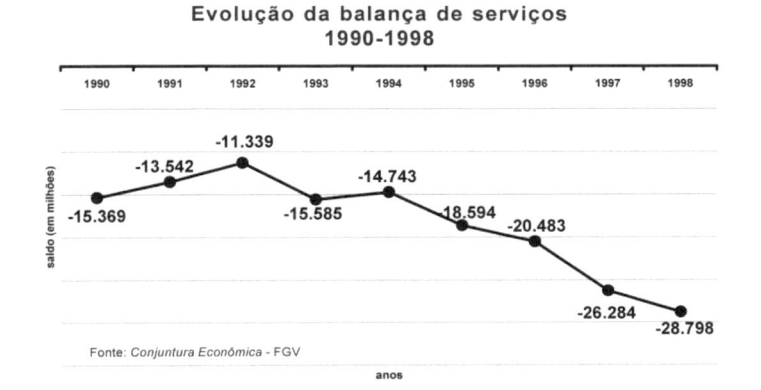

Evolução da balança de serviços
1990-1998

Fonte: *Conjuntura Econômica* - FGV

Essa piora se deveu, principalmente, aos gastos com viagens internacionais, que mais que triplicaram entre 1994 e 1998, passando de um pouco menos de US$ 1,2 bilhão para mais de US$ 4,2 bilhões; à remessa de lucros e dividendos, que cresceu em 148%, evoluindo de próximo a US$ 2,5 bilhões para um montante de quase US$ 6,9 bilhões; e, por último, ao pagamento de juros, que aumentou em quase 100%, ao passar de valor próximo a US$ 6,3 bilhões para mais de US$ 12 bilhões (Gráfico 5).

Gráfico 5

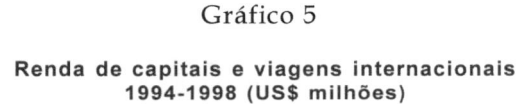

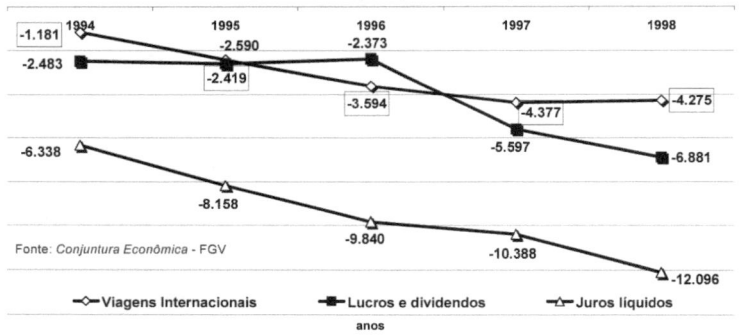

A soma dos crescentes resultados negativos das balanças comercial e de serviços, ao mesmo tempo, levou a uma deterioração alarmante da conta de transações correntes no período, fragilizando o país enormemente do ponto de vista de suas relações externas. De um pequeno saldo negativo em 1994 de, aproximadamente, US$ 1,7 bilhão, o país saltou para um déficit de mais de US$ 33 bilhões, ou seja, um crescimento de mais de 1.800% (Gráfico 6), atingindo 4,5% do PIB em 1998.

Com relação à balança de capitais, houve notoriamente um crescimento da entrada líquida de capitais no país, a partir de 1992, que expressou exatamente a nova situação, de grande liquidez, dos mercados financeiros internacionais, bem como a incorporação dos "mercados emergentes" nos novos circuitos internacionais de capital – circunstância em que se apoiou a estratégia de estabilização do Plano Real (Tabela 19).

Assim, o saldo negativo de pouco mais de US$ 1,5 bilhão, em 1991, transformou-se em um superávit de mais de US$ 5 bilhões, em 1992, em razão, fundamentalmente, do aporte de capitais estrangeiros na forma de investimentos direto e de portfólio. No ano seguinte e em 1994, os superávits voltaram a crescer para quase US$ 10 bilhões, em razão de um salto no investimento estrangeiro em portfólio, que saiu de US$ 1,7 bilhão para mais de US$ 6,5 bilhões, em 1993, e mais de US$ 7 bilhões, em 1994.

Gráfico 6

Transações correntes
1994-1998

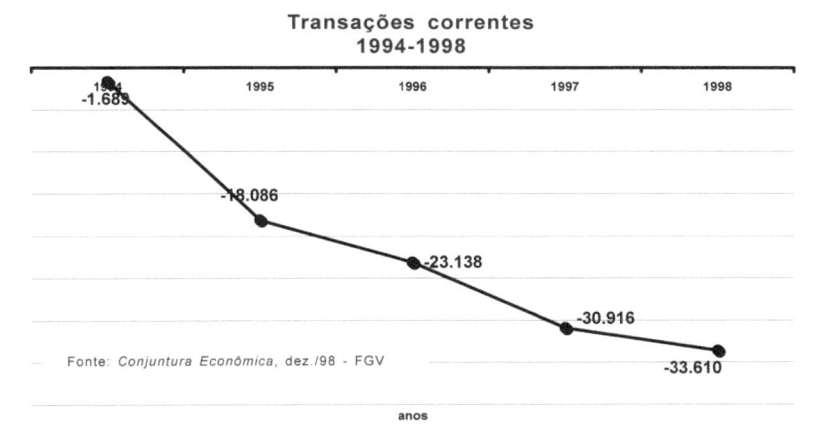

Fonte: *Conjuntura Econômica*, dez./98 - FGV

anos

A partir de 1995, o saldo positivo na balança de capitais deu saltos sucessivos, apesar da significativa elevação das amortizações e da redução dos investimentos em portfólio de US$ 7,3 bilhões para US$ 2,3 bilhões, em 1995, em razão da crise do México e de uma saída desses capitais de US$ 1,9 bilhão, em 1998, devido às crises da Ásia e da Rússia. Isso se deveu, sobretudo, ao crescimento dos empréstimos e financiamentos, que alcançaram o montante de US$ 65 bilhões, em 1998, mas também em virtude do retorno do capital estrangeiro na forma de investimentos diretos, associados às privatizações e às aquisições de empresas nacionais, fragilizadas pela abertura comercial e/ou pelas altas taxas de juros –, cujo montante cresceu mais de cinco vezes no período, passando de US$ 3,6 bilhões, em 1995, para US$ 23,7 bilhões, em 1998 (Tabela 19 e Gráfico 7).

Tabela 19

Balança de capitais
1991-1998 (US$ milhões)

ANO	Investimento líquido					Emprest. e financ.	Amort.	Saldo
	Estrang. Dir.	Estrang. Portf.	Estr. Outros	Bras.	Total(1)			
1991	505	578	102	-1.015	170	6.122	-7.830	-1.538
1992	1.156	1.704	249	-137	2.972	9.483	-7.147	5.308
1993	374	6.650	240	-1.094	6.170	12.225	-9.268	9.127
1994	1.738	7.280	150	-1.037	8.131	12.806	-11.001	9.936
1995	3.615	2.294	313	-1.559	4.663	17.938	-11.023	11.578
1996	9.124	6.040	320	56	15.540	27.113	-14.419	28.234
1997	16.219	5.300	712	-1.569	20.662	46.811	-26.022	41.451
1998	23.737	-1.852	2.272	-3.398	20.759	65.122	-33.587	52.294

Fonte: Banco Central

Em suma, entre 1994 e 1998, os empréstimos e financiamentos atingiram o montante de US$ 169,8 bilhões, os investimentos líquidos diretos aportaram US$ 54,4 bilhões, os investimentos líquidos em portfólio somaram US$ 19,1 bilhões e os outros investimentos estrangeiros totalizaram US$ 3,8 bilhões, resultando numa entrada de capitais no montante total de US$ 247,1 bilhões. No entanto, como houve uma saída de US$ 103,6 bilhões no mesmo período, na forma de amortizações e de investimentos líquidos de brasileiros, o superávit da balança de capitais ficou em US$ 143,5 bilhões, que financiou, no período, os recorrentes e crescentes déficits da conta de transações correntes (US$ 110 bilhões) e ainda possibilitou o crescimento das reservas (Tabela 19).

Gráfico 7

Investimentos estrangeiros, empréstimos e financiamentos 1994-1998 (US$ milhões)

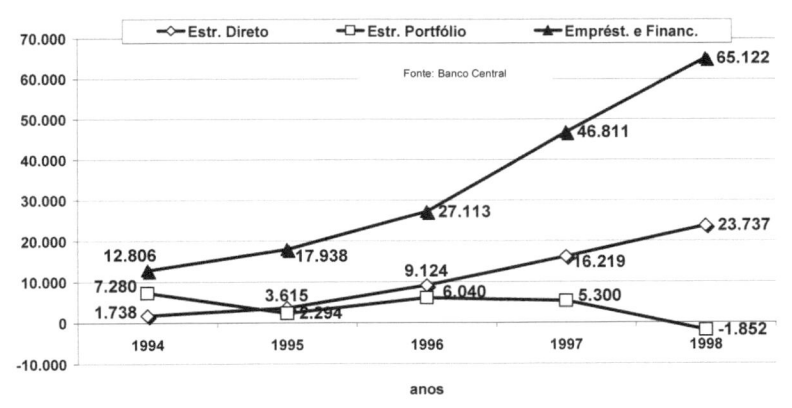

Portanto, a contrapartida da estabilização dos preços foi a vulnerabilidade externa, com o aumento da dívida líquida do país, que foi acrescida, no período, em mais de US$ 72 bilhões – empréstimos e financiamentos menos amortizações –; a perda de boa parte do patrimônio público construído em mais de 30 anos, com privatizações questionadas até do ponto de vista de sua operacionalização e o aprofundamento da desnacionalização da economia brasileira, agora adentrando outros setores, como os de telecomunicações, de energia e financeiro.

O processo de desnacionalização, que acompanhou o Plano Real, foi crescente e atingiu todos os setores: indústria, comércio e serviços. Isso decorreu da natureza dos investimentos estrangeiros no Brasil, entre 1994 e 1998. De um total de US$ 65,5 bilhões, 55,4% (US$ 36,3 bilhões) foram para a compra de empresas brasileiras já constituídas. Esse percentual, que era de 0,38%, em 1994, atingiu 74,1%, em 1998 (Gráfico 8).

Essa tendência deve ter se acentuado em 1999, em razão da maxidesvalorização do Real, em janeiro desse ano, que tornou as empresas nacionais mais baratas. Do ponto de vista do balanço de pagamentos, os efeitos desse processo se farão sentir nos próximos anos, através do crescimento da remessa de lucros e dividendos pelas multinacionais. E, para agravar mais ainda essa situação, a maior parte das empresas estrangeiras que se instalaram no país não contribuirão com mais exportações. Os seus investimentos foram feitos no setor de alimentos, bebidas e fumo, seguido pelos setores financeiro, químico e petroquímico e o de telecomunicações. O primeiro é voltado, principalmente, para o mercado interno, enquanto o segundo e o último se constituem em serviços, quase que exclusivamente também voltados para o mercado interno. Em suma, investimentos que não geram exportações, mas que no futuro implicarão remessas de lucros e dividendos.

Gráfico 8

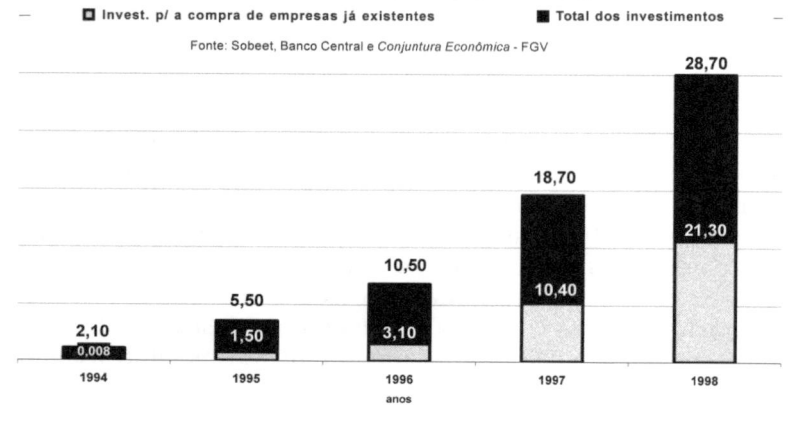

Investimento estrangeiro no Brasil
1994-1998 (em US$ milhões)

☐ Invest. p/ a compra de empresas já existentes   ■ Total dos investimentos

Fonte: Sobeet, Banco Central e *Conjuntura Econômica* - FGV

Essa nova onda de desnacionalização se realizou muito através do processo de privatizações: o BNDES estima em 43,5% a participação estrangeira na venda das estatais. Nas telecomunicações e nas privatizações estaduais, esse percentual atingiu, respectivamente, 59,3% e 47,5% do valor total das empresas. Os estrangeiros estão em três das quatro companhias telefônicas fixas e em sete das oito empresas de telefonia celular da banda A.

O número de aquisições de empresas brasileiras por estrangeiros, entre 1994 e 1998, cresceu 146%, passando de 63 para 237, totalizando, no período, 676 operações, sem contar incorporações, acordos e associações (Gráfico 9).[4] O estoque de investimentos estrangeiros, que correspondia, até 1995, a 6,11% do PIB, passou a representar, em 1998, 12,34%.

Gráfico 9

Número de empresas brasileiras compradas por estrangeiros 1990-1998[1]

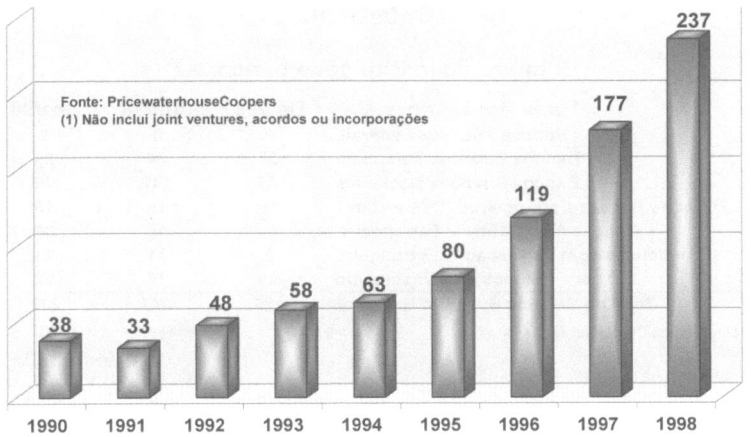

Fonte: PricewaterhouseCoopers
(1) Não inclui joint ventures, acordos ou incorporações

Em 1994, existiam apenas duas empresas estrangeiras na lista das vinte maiores sociedades anônimas do Brasil; em 1998, elas passaram a ser seis, enquanto o número das estatais diminuiu de treze para nove. Nesse mesmo

---

[4] Em 1999, até agosto, mais 159 empresas brasileiras haviam sido adquiridas pelo capital estrangeiro.

período, no setor de autopeças, o capital nacional, que era responsável por 52% dos investimentos e do faturamento, viu essa participação ser reduzida para 40%. No segmento de supermercados, em 1993, havia apenas uma empresa estrangeira entre as dez principais redes existentes; em 1998, esse número pulou para cinco.

O setor bancário é um caso paradigmático do atual processo de privatização, concentração e desnacionalização da economia brasileira. O total de instituições, que havia crescido de 166, em 1988, para 273, em 1994, em razão da criação dos bancos múltiplos e da extinção da carta patente, reduziu-se para 233, em 1998 (Tabela 20). Isso ocorreu através da diminuição dos bancos públicos estaduais (privatizações) e do desaparecimento/compra de bancos privados nacionais pelo capital estrangeiro. Em sentido contrário, os bancos com controle estrangeiro passaram de 19, em 1994, para 36, em 1998; um crescimento de quase 90%.

Tabela 20

Número de instituições bancárias

Tipos de Banco	Dez/88	Jun/94	Dez/98
Bancos Públicos Federais	6	6	6
Bancos Públicos Estaduais	37	34	24
Bancos Privados Nacionais	44	147	106
Filiais de Bancos Estrangeiros (Comerciais)	18	19	16
Bancos com Controle Estrangeiro	7	19	36
Bancos com Participação Estrangeira	5	31	23
Bancos de Investimento	49	17	22
Total do Sistema Bancário Nacional	**166**	**273**	**233**

Fonte: Banco Central do Brasil

Em qualquer critério eleito para se avaliar a participação dos bancos nacionais com controle estrangeiro no total dos bancos múltiplos e comerciais atuando no Brasil, é evidente o crescimento da importância dessas instituições no mercado bancário nacional. Em número de instituições, nos totais de créditos, ativos e depósitos, e no montante de patrimônio líquido desse segmento bancário, os bancos estrangeiros aumentaram a sua participação em duas, três ou até quase quatro vezes mais (Tabela 21).

Tabela 21

**Participação dos bancos nacionais
com controle estrangeiro no total dos bancos múltiplos e comerciais**

	Jun-94	Dez-95	Dez-96	Dez-97	Dez-98
Nº de Bancos	7,7	8,3	10,6	13,5	17,7
Créditos	6	6,1	9,5	14,2	18
Ativos	6,4	6,8	9,1	12,6	18,4
Depósitos	6,4	5,3	7	12	15,7
Patrimônio Líquido	5,9	9,5	8,2	12,9	19,5

Fonte dos dados brutos: Sisbacen

Essa nova realidade não é, simplesmente, uma consequência colateral do Plano Real, antes pelo contrário:

"A privatização e a internacionalização do sistema bancário são uma escolha financeira do atual governo e não uma inexorabilidade. No contexto avassalador da globalização financeira e políticas correlatas, um aprofundamento do controle estrangeiro sobre os bancos pode conduzir, no limite, ao risco de dolarização da economia brasileira" (Braga e Prates, op. cit., 33).

O discurso de posse do novo presidente do Banco Central, no dia 10 de janeiro de 1995, não deixa dúvidas sobre a posição do Governo com relação a esse tema:

"A abertura e a privatização do setor financeiro, por sua vez, irão corrigir discrepâncias no nosso processo de modernização da economia. O fato é que a abertura comercial da economia brasileira não foi acompanhada por igual movimento no setor financeiro. Da mesma forma, o processo de privatização foi iniciado e já fez avanços importantes nas empresas do setor real da economia, mas ainda está engatinhando no setor financeiro. Nessas duas dimensões, devemos acertar o passo, fazendo com que o setor financeiro passe pelos mesmos processos de modernização observados no setor real da economia" (Resende, 1995: 151).

Nessa direção, a participação estrangeira nos ativos dos 20 maiores bancos privados nacionais passou de 9,3%, em 1994, para 34,6%, em julho de 1998 (Gráfico 10).

A política de juros altos, para sustentar a política cambial de sobrevalorização do Real, fez das instituições financeiras o grande ganhador nos quatro anos do Governo Cardoso. Os bancos ganharam, principalmente, com a valorização inicial do Real, em 1994 – tomando empréstimos em dólares e aplicando em Reais –, e com a defesa do Real, em 1997 e 1998, que colocou os juros na estratosfera.

Gráfico 10

Participação estrangeira em % nos ativos dos vinte maiores bancos privados nacionais 1994-1998

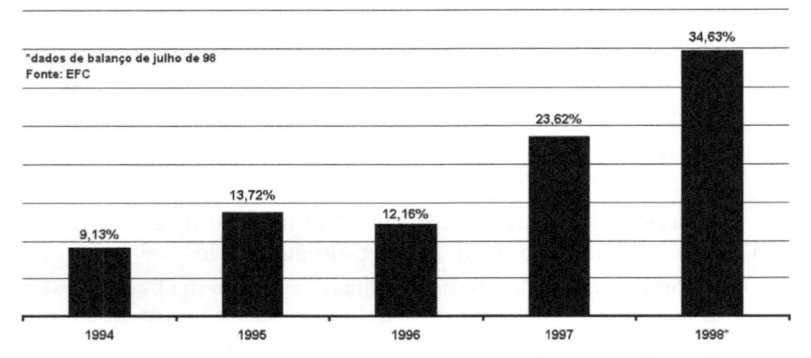

Num primeiro momento, até março de 1995, além dos ganhos com a valorização do Real, os bancos também ganharam com o crescimento das operações de crédito e a elevação das tarifas de prestação de serviços, que anteriormente eram bancadas, essencialmente, pelos ganhos inflacionários (Tabela 22).

Entretanto, o crescimento da dívida pública, que nos 80 – período de altas taxas de inflação – se constituiu em peça-chave da "ciranda financeira" e alimentou os lucros das instituições financeiras, não desapareceu com a queda da inflação. No período pós-Real, ao contrário da expectativa dominante, a dívida pública continuou sendo o ponto de apoio fundamental da especulação financeira, principalmente a partir de março de 1995.

Apesar dos ganhos do setor financeiro como um todo, muitas instituições não conseguiram conviver com a queda da inflação e, consequentemente, com o fim do *float* bancário. Em decorrência disso, o Banco Central promoveu, desde julho de 1994, 191 intervenções no sistema financeiro, efetivadas, principalmente, até 1996. Essa fragilização do sistema financeiro nacional, associada à política de abertura do Governo, facilitou a entrada dos capitais estrangeiros. Por outro lado, a criação do Proer implicou um gasto de R$ 21 bilhões na operação de "socorro" a sete bancos e, até o presente momento, não ficou claro qual o montante total de prejuízo assumido pelo Banco Central e Tesouro Nacional.

Tabela 22

Contas selecionadas da demonstração de resultados de nove grandes bancos privados[a]
Médias mensais em R$ milhões[b]
1993-1994

Contas	1993	1994			
		Total	1º sem.	3º trim.	4º trim.
Receita de Intermediação Financeira	1.383,6	1.583,6	1.946,0	540,0	1.902,2
Operações de Crédito	441,9	707,6	653,1	344,9	1.179,2
Títulos e Valores Mobiliários	424,8	491,7	685,8	92,4	502,6
Ganhos com Inflação[c]	408,5	298,5	483,9	100,3	125,7
Receita da Prestação de Serviços	125,9	180,0	148,3	176,4	246,9

Fonte: DIEESE (1995), elaboração a partir dos balanços.

(a) Bradesco, Itaú, Unibanco, Bamerindus, Mercantil, Econômico, Nacional, BCN e Real.

(b) Conversão para reais apresentada nos balanços.

(c) Ganhos com passivos sem encargos, deduzidos de perdas com ativos não remuneráveis.

2. *Produto e emprego*

A euforia que se seguiu aos primeiros meses do Plano Real, com a elevação da renda e do consumo impactando positivamente sobre as atividades econômicas e o emprego, foi logo barrada pela crise do México e a ameaça de estrangulamento cambial. A restrição externa direcionou o tempo todo a política de juros do Governo, que serviu para atrair capitais de curto prazo e, ao mesmo tempo, limitar o crescimento das atividades econômicas, como forma de reduzir as importações e, assim, diminuir o déficit da balança comercial.

Essa estratégia, evidentemente, teve impactos negativos sobre os níveis de produto e emprego. Em 1994, cujo segundo semestre fez parte da fase inicial de adoção da nova moeda, o PIB cresceu 5,85%. Com as medidas tomadas pelo Governo em março de 1995, tendo por objetivo responder à crise do México, a taxa de crescimento do PIB se reduziu para 4,22% (Gráfico 11); depois de um grande crescimento no primeiro trimestre daquele ano, ainda como consequência da euforia inicial, assistiu-se a uma recessão nos dois trimestres seguintes.

Gráfico 11
Produto Interno Bruto
1994-1998

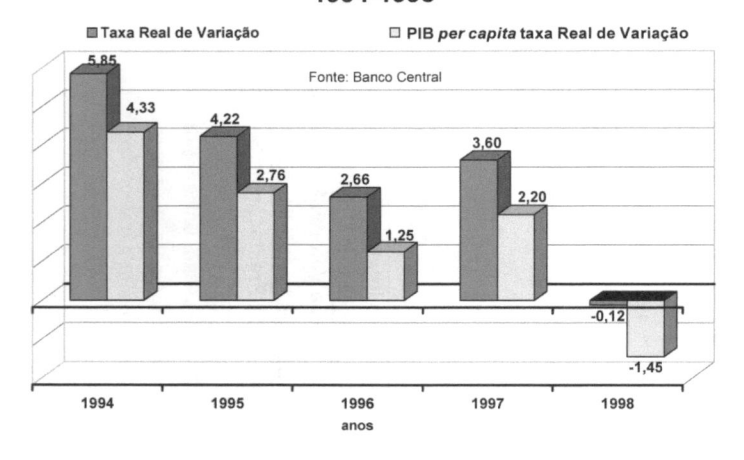

No ano seguinte, ainda sob o impacto da crise de inadimplência de 1995, que levou ao fechamento e incorporação de dois dos maiores bancos brasileiros, a taxa de crescimento caiu pela segunda vez, ficando em 2,66%. Em 1997, a taxa voltou a crescer para 3,6% – a crise da Ásia só impactou a partir de outubro –, para cair novamente, tornando-se negativa em 1998 (-0,12%), aí já como produto da elevação das taxas de juros em virtude das crises da Ásia e da Rússia. Nesse último ano, o PIB *per capita* caiu, pela primeira vez após a implantação do Plano Real, em 1,45% (Gráfico 11).

No que se refere à questão da ocupação, claramente, o Plano Real levou à queda da taxa de desemprego, de início, e ao seu crescimento, posteriormente. Os dados da Pesquisa Mensal de Emprego (PME/IBGE) indicam a ocorrência desse fenômeno ao longo de quatro anos e meio de existência do Real – julho de 1994 a dezembro de 1998 (Tabela 23).

Tabela 23

Evolução da taxa de desemprego aberto (%)
Médias anuais – 1990-1998

MESES	BRASIL*	RMSP	RMS
1989	3,35	3,44	4,37
1990	4,28	4,55	5,39
1991	4,83	5,52	5,91
1992	5,80	6,60	7,00
1993	5,32	5,74	6,61
1994	4,96	5,42	7,05
1995	4,64	5,17	6,72
1996	5,46	6,29	6,84
1997	5,66	6,60	7,73
1998	7,59	8,58	9,27

Fonte: IBGE – PME
* Regiões Metropolitanas: SSA, SP, RJ, PA, BH E RE.

Assim, apesar de sofrer influência de outros fatores associados à reestruturação produtiva intensificada a partir dos anos 90, a taxa de desemprego aberto das principais regiões metropolitanas do país flutuou, de acordo com as variações do nível da atividade produtiva, induzidas pela política de estabilização – guardando desta última, obviamente, uma pequena defasagem temporal.

Os dados acima evidenciam que as taxas de desemprego aberto para o Brasil, para a Região Metropolitana de São Paulo (RMSP) e para a Região Metropolitana de Salvador (RMS) – duas regiões bastante distintas nas suas respectivas configurações econômico-sociais –, apresentaram uma nítida tendência de crescimento na década de 1990.

Para o Brasil, a taxa de desemprego cresceu de 3,35%, em 1989, para 7,59%, em 1998; para a RMSP, nesse mesmo período, elevou-se de 3,44% para 8,58%; e, para a RMS, também no mesmo período, cresceu de 4,37% para 9,27%. Essa realidade expressa, sem dúvida, uma nova situação estrutural do mercado de trabalho, marcada pelo movimento de abertura da economia e de reestruturação produtiva, que engloba avanços tecnológicos e, principalmente, a introdução de novas formas de gestão da produção e organização do processo de trabalho, com destaques para o processo de "terceirização" e os programas de "qualidade total".

No entanto, ficam evidentes também, dentro dessa tendência de longo prazo, três momentos distintos (Filgueiras, 1996). No primeiro, referente ao período 1989/92, as taxas de desemprego foram seguidamente crescentes: de 3,35% para 5,8% (Brasil), de 3,44% para 6,6% (RMSP) e de 4,37% para 7% (RMS). O processo de reestruturação produtiva e abertura da economia, acompanhado por uma política de estabilização recessiva (Plano Collor), levou à queda da produção e do emprego – ambas as circunstâncias reforçando a mesma direção geral para a dinâmica do mercado de trabalho.

No segundo, concernente ao período 1992/95, apesar da continuação do processo de reestruturação produtiva, as taxas de desemprego se reduziram, tanto para o Brasil (de 5,8% para 4,64%), quanto para a RMSP (de 6,6% para 5,17%) e a RMS (de 7% para 6,72%), refletindo a retomada do crescimento econômico, lentamente, em 1993, e de forma mais acelerada, a partir de julho de 1994, com a introdução do novo padrão monetário e a queda quase que imediata da inflação.

Por fim, no último período, 1995/98, as taxas de desemprego voltaram a crescer, principalmente nesse último ano, em razão das medidas de política econômica adotadas a partir de outubro de 1997, tentando-se estancar a fuga de capitais impulsionada pela crise da Ásia. Para o Brasil, elevou-se de

4,64% para 7,59; para a RMSP, cresceu de 5,17% para 8,58% e, para a RMS, aumentou de 6,72% para 9,27%, todas elas expressando a queda do nível de atividade econômica ou um crescimento diminuto.

Em síntese, há uma tendência estrutural, de longo prazo, associada à reestruturação produtiva, de elevação das taxas de desemprego, que aponta para um fenômeno que tende a ser geral no mundo capitalista contemporâneo. Entretanto, a existência de patamares muito diferentes para essas taxas entre diversos países indica que existem características e circunstâncias que são peculiares a cada um deles. No Brasil,

> "... a abertura comercial indiscriminada, a ausência de uma política capaz de orientar a reestruturação industrial, a desregulamentação dos mercados e da concorrência, a sobrevalorização cambial e os elevados juros, provocaram mudanças na estrutura produtiva nacional e um encolhimento na geração de oportunidades ocupacionais" (Mattoso e Baltar, 1996: 1-2).

No entanto, num primeiro momento – a partir da implementação do Plano Real até 1997 –, a posição oficial do Governo sobre a questão do emprego, bem como acerca das políticas públicas daí decorrentes, afirmava que as taxas de desemprego no Brasil eram muito pequenas (em torno de 5,5% para a média das principais regiões metropolitanas do país), abaixo mesmo das taxas prevalecentes na maioria dos países desenvolvidos.

Tendo por referência os dados da Pesquisa Mensal de Emprego (PME/IBGE), deslocava então o foco das atenções, da questão do desemprego, para a questão da baixa qualidade dos empregos que estariam sendo criados. Portanto, diferentemente dos países da Europa e semelhantemente aos Estados Unidos, o problema do emprego no Brasil se resumiria, essencialmente, à má qualidade dos postos de trabalho que estavam sendo criados (Corseuil et al., 1996). Por isso, no que se refere às políticas para o mercado de trabalho, recomendava, no essencial, medidas e programas de qualificação da força de trabalho.

Posteriormente, com a proximidade das eleições de 1998, o Governo passou a reconhecer a gravidade do fenômeno, em virtude do crescimento das taxas de desemprego das diversas regiões metropolitanas, que atingiu níveis elevados mesmo quando medido pela PME/IBGE, conforme já demonstrado no presente trabalho.[5] Apesar disso, continuou negando a responsabilidade da política econômica pela piora da situação.

Desse modo, passou a defender, com mais ênfase, que o desemprego é um fenômeno estrutural, decorrente do processo de globalização, portanto, um fenômeno, sobretudo, mundial. Agravado nos anos 80 e 90 nos países desenvolvidos, em razão da reestruturação produtiva, esse tipo de desemprego também passou a se abater, mais recentemente (anos 90), sobre os países da periferia do sistema capitalista, em razão da busca de competitividade por parte de suas empresas. Desse modo, ainda de acordo com essa visão do Governo, ele não tem, praticamente, nenhuma relação com as políticas macroeconômicas implementadas internamente, mas é fruto de forças externas, sobre as quais o país não detém qualquer controle.

Entretanto, a evolução das taxas de desemprego, por qualquer pesquisa que se queira considerar – PME/IBGE ou PED-SEADE/DIEESE (Gráfico 12) –, em que pesem as suas distintas metodologias, indica que, embora existam, de fato, fatores estruturais que influenciam os patamares de desemprego em sua tendência de longo prazo – que se associam ao processo de reestruturação produtiva pelo qual passa a economia brasileira, principalmente desde o início da presente década –, a política de estabilização, consubstanciada no Plano Real, tem provocado flutuações conjunturais nas taxas de desemprego, que acompanham de perto as flutuações do nível de atividade econômica – conforme demonstrado no item 1.5 do Capítulo IV desse trabalho.

Portanto, as causas do desemprego não podem ser resumidas às circunstâncias que cercam o processo de "globalização", a um determinismo associado a este processo, que

---

[5] O discurso de tomada de posse do novo Ministro do Trabalho, no dia 3 de abril de 1998, não deixa dúvidas com relação à posição do Governo: "Fala-se em crise do emprego no país. Nos primeiros três anos do governo Fernando Henrique Cardoso a economia cresceu a uma taxa média anual de 3,8%, incomparavelmente mais que nos anos 80 e início dos anos 90. O emprego cresceu, a renda e o poder de compra dos rendimentos do trabalho cresceram muito. *Não há crise de emprego. Há tendências preocupantes com as quais temos que lidar rapidamente.*"(Amadeo, 1998) (grifo nosso).

teria como expressão o desemprego estrutural nos países desenvolvidos (Pochmann, 1996). Assim, o desemprego é transformado num fenômeno inevitável, quase que natural, desresponsabilizando-se a política de estabilização, calcada na valorização do câmbio – durante quatro anos e meio –, numa ampla abertura comercial e em elevadas taxas de juros – que restringem a possibilidade de crescimento econômico, sob pena da ocorrência de crises cambiais.

Gráfico 12

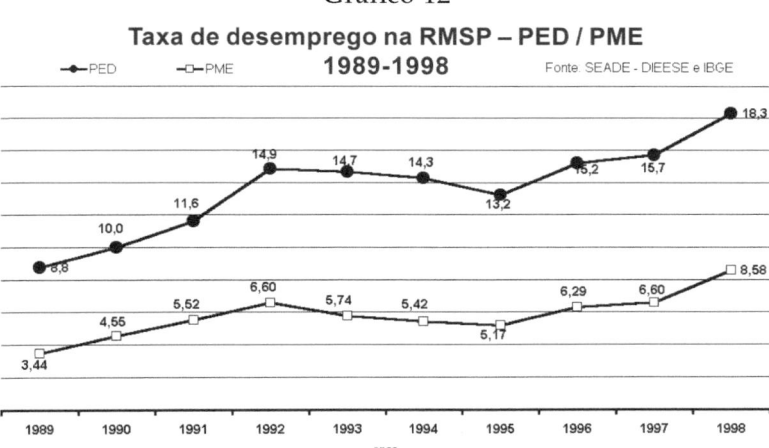

Taxa de desemprego na RMSP – PED / PME
1989-1998

Adicionalmente, no que concerne à qualidade da ocupação, ela piorou, entre julho de 1994 e abril de 1998. Enquanto os "empregados com carteira assinada" diminuíram, no período, em 1,6%, os "sem-carteira" e os "por-conta-própria" cresceram em 15,7% e 10,8%, respectivamente (Fligenspan, 1998).

A redução do emprego formal, no total de pessoas ocupadas na população economicamente ativa, já vinha ocorrendo desde julho de 1992; no entanto, é no último trimestre de 1995, depois da reversão do crescimento econômico ocorrido entre julho de 1994 e março de 1995, que a participação relativa das categorias se inverte. Em abril de 1998, o emprego formal representava 46,2% das ocupações, enquanto o "emprego sem carteira assinada" e os "por-conta-própria" já alcançavam, juntos, 49% (op. cit.).

Esse movimento evidencia que a desestruturação do mercado de trabalho se acentuou não apenas pelo crescimento do desemprego, mas também pela maior precarização das ocupações existentes. Assim, o problema possui duas dimensões, isto é, há insuficiência na criação de postos de trabalho e, ao mesmo tempo, esses postos são, em geral, de má qualidade.

Por fim, num primeiro momento, entre a introdução da URV e julho de 1996, o Plano possibilitou uma melhora de 18,2% nos rendimentos do total da população ocupada. A partir do segundo semestre daquele ano, os ganhos de rendimentos se estabilizaram.

> "A explicação para a interrupção desses ganhos não pode deixar de considerar que, a partir de julho de 1996, houve mudança da regra de correção dos salários, que deixaram de ter reajuste automático pela inflação do período anterior e passaram a ser negociados entre patrões e empregados" (op. cit.).

A categoria dos "empregados com carteira assinada" foi a que menos teve crescimento nos rendimentos (2,7%), entre março de 1994 e março de 1998; enquanto os "sem-carteira" e os "por-conta-própria" foram as categorias mais beneficiadas, com 21,6% e 32,1% de ganhos, respectivamente. Assim,

> "... se durante os quatro meses para a conversão à URV, a remuneração média dos trabalhadores sem carteira correspondia a 66,9% da remuneração média dos com carteira assinada, já em março de 1998 esse percentual alcançava 79,2%. Quando se faz o mesmo tipo de comparação entre os ocupados por conta-própria e os com carteira, os percentuais evoluem de 67,4% para 86,7%" (op. cit.).

Nota-se, portanto, que a partir do Plano Real houve uma redistribuição da massa de rendimentos do trabalho, que elevou a participação dos segmentos de menor renda. Entretanto, nunca é demais frisar que, com relação a todas as fontes de rendimentos, entre 1993 e 1996, segundo o IBGE, houve uma queda na participação dos rendimentos do trabalho no PIB e, em contrapartida, um aumento da parcela relativa aos lucros e, principalmente, aos juros.

3. *Déficit público e dívida pública*

Ao longo da existência do Plano Real, as contas do setor externo e do setor público se deterioraram de forma acelerada, principalmente a partir de março de 1995, quando o Governo, coerente com sua estratégia de estabilização, teve de elevar as taxas de juros para enfrentar a fuga de capitais decorrente da crise do México. Desde esse momento, os déficits operacional e nominal cresceram e a dívida pública deu saltos sucessivos.

O ano de 1998 se encerrou com um elevadíssimo déficit na conta de transações correntes de 4,5% do PIB – contra menos de 0,5% em 1994 –, apesar do baixo nível de atividade econômica do país, isto é, uma redução do PIB de 0,12%. O seu "irmão gêmeo", o déficit público operacional de todo o setor público, atingiu, em dezembro de 1998, a incrível marca de 7,71% do PIB, quando, em 1994, apontava-se um superávit de 1,4%. O déficit público nominal, por sua vez, passou de 7,2% do PIB, em 1995, para 8,2%, em 1998, apesar de a estagnação econômica e a taxa de inflação terem ficado em torno de 1%, superando, assim, a meta prevista para dezembro, no acordo com o FMI, de 8,1% do PIB (Tabela 24).

Num ambiente com taxas de juros de quase 30% ao ano, a dívida líquida total do setor público, que em 1994 situava-se em torno de R$ 153 bilhões – correspondendo a 29,2% do PIB –, alcançou, em dezembro de 1998, mais de R$ 388 bilhões, o que representou 42,6% do PIB (Tabela 25), apesar de a União ter arrecadado com as privatizações, nos quatro anos do Governo Cardoso, mais de US$ 46 bilhões.

A interpretação das autoridades econômicas é de que essa evolução negativa das contas externas e públicas se explica pelo fato de o Governo, nas suas três instâncias – governo federal e Banco Central; governos estaduais e municipais; e empresas estatais –, gastar mais do que o montante que arrecada em tributos. Como consequência dessa crescente "despoupança" do setor público, vem-se recorrendo, também, crescentemente, ao recurso da poupança externa para se financiar o aumento do investimento doméstico, o que tem levado ao aumento do déficit na conta de transações correntes.

Assim, por esse raciocínio, o excesso de gastos do setor público vem determinando, de um lado, a fixação de taxas de juros elevadas para se atender aos poupadores que financiam o déficit público e, de outro, o que é ainda pior, o crescimento do déficit externo. Portanto, o desempenho do setor público seria o principal responsável pelo desequilíbrio interno e externo da economia, bem como a maior ameaça para a estabilidade da moeda e a principal restrição para se obter maiores taxas de crescimento da economia – uma vez que ele "não consegue viver com seus próprios meios".

Tabela 24

Necessidade de financiamento do setor público
(%) do PIB

	1994	1995	1996	1997	1998
Total nominal	45,50	7,20	5,87	6,14	8,02
Governo federal e Banco Central do Brasil	17,80	2,30	2,56	2,62	5,47
Governos estaduais e municipais	19,40	3.60	2,71	3,04	2,04
Empresas estatais	8,30	1,03	0,61	0,45	0,51

	1994	1995	1996	1997	1998
Total operacional	-1,40	4,90	3,75	4,33	7,71
Governo federal e Banco Central do Brasil	0,60	1,70	1,62	1,77	5,40
Governos estaduais e municipais	0,60	2,40	1,81	2,27	1,82
Empresas estatais	-0,30	0,90	0,32	0,29	0,50

	1994	1995	1996	1997	1998
Total primário	-5,30	-0,40	0,09	0,96	-0,01
Governo federal e Banco Central do Brasil	-3,20	-0,60	-0,37	0,27	-0,57
Governos estaduais e municipais	-0,90	0,20	0,54	0,74	0,20
Empresas estatais	-1,20	0,10	-0,08	-0,06	0,35

	1994	1995	1996	1997	1998
Total juros reais	3,90	5,20	3,66	3,37	7,73
Governo federal e Banco Central do Brasil	1,50	2,20	2,00	1,50	5,97
Governos estaduais e municipais	1,50	2,20	1,27	1,53	1,61
Empresas estatais	0,90	0,80	0,39	0,35	0,15

Fonte: Banco Central

Tabela 25

Dívida líquida do setor público

Discriminação	1994* Dezembro		1995* Dezembro		1996* Dezembro		1997* Dezembro		1998* Dezembro	
	Saldo	% PIB	Saldo	% PIB	Saldo	% PIB	Saldo	% PIB	Saldo	% PIB
Dívida líquida TOTAL	153 163	29,2	208 460	30,6	269 193	33,3	308 426	34,5	388 666	42,6
Governo federal e Banco Central do Brasil	65 836	12,6	90 406	13,3	128 413	15,9	167 742	18,8	231 258	25,3
Governos estaduais e municipais	51 091	9,7	72 477	10,6	93 338	11,5	115 892	13,0	130 904	14,3
Empresas estatais	36 236	6,9	45 577	6,7	47 442	5,9	24 793	2,8	26 504	2,9
Dívida interna líquida	108 806	20,8	170 328	25,0	237 600	29,4	269 846	30,2	328 693	36,0
Governo federal e Banco Central do Brasil	33 395	6,4	66 693	9,8	115 736	14,3	150 254	16,8	192 455	21,1
Governos estaduais e municipais	49 285	9,4	70 211	10,3	90 332	11,2	111 589	12,5	124 757	13,7
Empresas estatais	26 126	5,0	33 424	4,9	31 532	3,9	8 004	0,9	11 481	1,3
Dívida externa líquida	44 357	8,4	38 132	5,6	31 593	3,9	38 580	4,3	59 973	6,6
Governo federal e Banco Central do Brasil	32 441	6,2	23 713	3,5	12 677	1,6	17 488	2,0	38 803	4,3
Governos estaduais e municipais	1 806	0,3	2 266	0,3	3 006	0,4	4 303	0,5	6 147	0,7
Empresas estatais	10 110	1,9	12 153	1,8	15 910	2,0	16 789	1,9	15 023	1,6

Fonte: Banco Central

Do lado externo, ainda segundo a visão do Governo, o excesso de demanda do setor público, e, por extensão, da demanda global da economia, tem que ser suprido por importações que, por sua vez, são financiadas por capitais internacionais, o que aumenta a dependência externa do país e, em certas circunstâncias, coloca a possibilidade de uma crise cambial. Internamente, a sobrevalorização da moeda é o que garante, em última instância, a estabilidade do Real; se houver uma desvalorização antes de se corrigir o excesso de demanda, a inflação voltará, corrigindo esse excesso pela perda de poder aquisitivo das receitas públicas e dos salários.

Portanto, a solução, repetida insistentemente pelo Governo, encontrar-se-ia num ajuste fiscal radical, entendido como corte de despesas correntes e aumento de receitas, que propiciasse cortar esse excesso, garantindo-se, ao mesmo tempo, a estabilidade dos preços, a melhora do desequilíbrio externo, a queda da taxa de juros e um maior crescimento do PIB.

No entanto, os fatos têm demonstrado que o excesso de demanda não é nem global, nem proveniente do setor público, cujas contas têm apresentado déficits primários bastante reduzidos, ou mesmo pequenos superávits. Na verdade, esse excesso se refere à demanda existente por produtos estrangeiros, em virtude da mudança de preços relativos, propiciada pela sobrevalorização do Real desde o início do Plano, entre os "bens comercializáveis" e os "bens não comercializáveis" – que, ao favorecer os primeiros, inverteu, rapidamente, os saldos positivos da balança comercial e fragilizou externamente o país.

Essa circunstância também pode ser constatada pela capacidade ociosa e pelo crescente desemprego existentes na economia, que expressam, exatamente, uma insuficiência de demanda pelos produtos fabricados no país. Por isso, a queda da atividade econômica, em geral, só resolve, quando muito, no curto prazo; quando a economia volta a crescer um pouco mais rapidamente, o déficit externo aumenta de novo. Após a crise da Ásia, nem mesmo com a diminuição do ritmo da atividade econômica conseguiu-se melhorar, significativamente, o déficit da balança comercial.

Por essa argumentação, oposta à do Governo, a manutenção de taxas de juros elevadas decorre da necessidade de se manter elevados níveis de reservas cambiais, que, ao dar confiança aos investidores estrangeiros, possibilitava manter a "âncora cambial". Logo, os aumentos sucessivos dos déficits fiscais e o rápido e acelerado endividamento do setor público, que se realimentam reciprocamente, derivam do crescimento dos juros pagos pelas dívidas interna e externa.

Portanto, a conclusão é de que a relação entre os dois déficits é em sentido contrário do que sempre afirmou o Governo, isto é, o aumento do déficit externo, produto da política de estabilização implementada, é que determina o crescimento do déficit fiscal, ao acelerar o crescimento das obrigações financeiras do setor público.

Até praticamente 1996, o total do setor público apresentou superávits primários em suas contas, sendo que os déficits, quando surgem, se devem, fundamentalmente, aos gastos dos governos estaduais e municipais. O governo federal e o Banco Central tiveram superávits primários em todos os anos, exceto em 1997, enquanto as estatais só apresentaram déficit significativo em 1998.[6] Nesse último ano, o superávit primário de 0,01% do PIB expressou um déficit de 0,35% das estatais, 0,2% dos governos estaduais e municipais e um superávit de 0,57% do governo central (Tabela 24).

No entanto, os resultados operacional e nominal, desde 1995, foram sempre deficitários, em razão do pagamento dos juros da dívida pública federal. O primeiro evoluiu de um superávit de 1,4% do PIB, em 1994, para um déficit de 7,71%, em 1998 (Gráfico 13), e o segundo, de um déficit de 7,2%, em 1995, quando a inflação ainda era bem mais alta do que em 1998, para 8,02%, neste último ano (Tabela 24).

A grande diferença observada entre o déficit operacional (7,71% do PIB, em 1998) e o superávit primário (0,01% nesse mesmo ano) se deve ao montante total de juros pagos pelas dívidas externa e, sobretudo, interna (Gráfico 14). Esse montante, que representava 3,9% do PIB, em 1994, cresceu para 5,2%, em 1995, e saltou para 7,73%, em 1998,

---

6 Os gastos da União com pessoal, que equivaleram a 45,9% da receita líquida em 1997, caíram para 40% no período de janeiro a outubro de 1998. Está, portanto, muito abaixo do teto de 60% estabelecido pela Lei Camata e mesmo abaixo da proposta de que, no caso da União, esse teto caia para 50%. A administração federal tem 517 mil funcionários, um número considerado razoável para padrões internacionais.

claramente como resultado da elevação da taxa de juros quando das crises do México, em 1994, da Ásia, em 1997, e da Rússia, em 1998, que levou ao crescimento assustador da dívida mobiliária da União, que estava em R$ 61 bilhões no início do Plano Real e alcançou, em novembro de 1998, R$ 304 bilhões.

Enquanto o valor dos juros pagos pelo governo federal e o Banco Central – em decorrência da política de estabilização – atingiu 5,97% do PIB, em 1998, o dos governos estaduais e municipais alcançaram 1,61% e o das estatais apenas 0,15% (Gráfico 14). Por isso, o crescimento do déficit operacional é muito maior no governo federal e Banco Central – o que dá a tendência ascendente e acelerada do déficit operacional total – do que nos governos estaduais e municipais (Gráfico 15).

Gráfico 13

**Necessidade de financiamento do setor público em % do PIB
1994-1998**

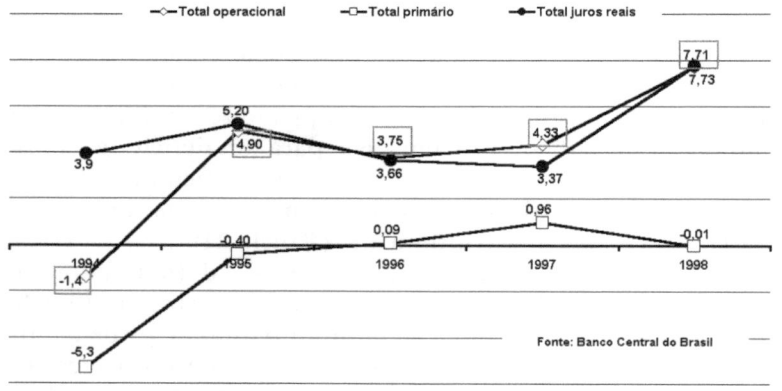

Fonte: Banco Central do Brasil

A consequência dessa permanente política de juros altos, como forma de sustentar a "âncora cambial", foi o endividamento dramático do setor público, principalmente da União. A dívida líquida total aumentou em Reais, entre 1994 e 1998, 140%, resultado de um crescimento, no mesmo período, de 216% da dívida da União e de 153% da dívida dos estados e municípios (Tabela 26 e Gráfico 16).

Gráfico 14

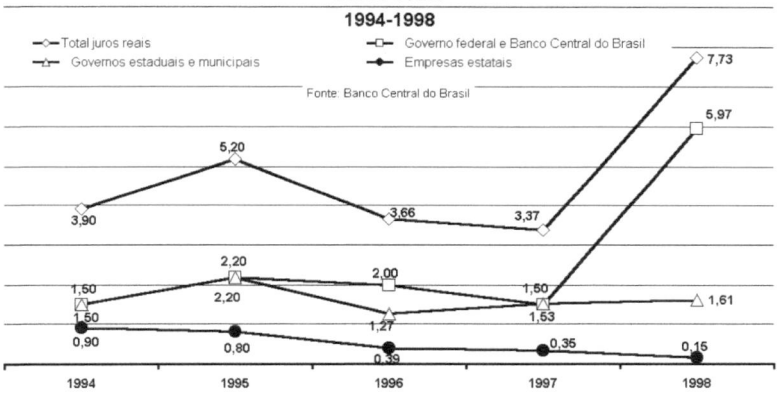

Necessidade de financiamento do setor público em % do PIB
Juros reais
1994-1998

Gráfico 15

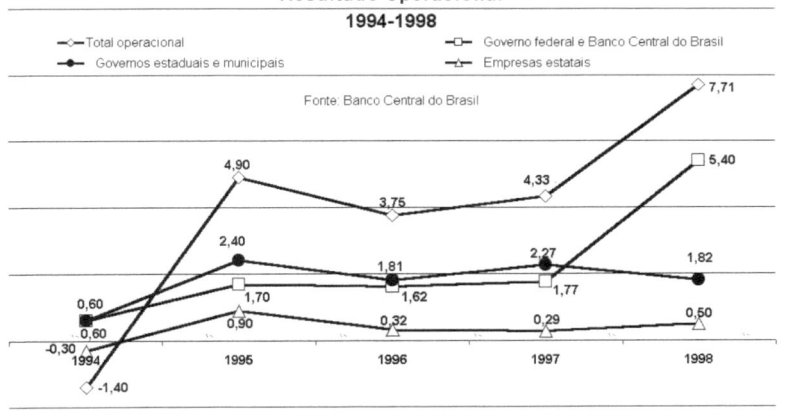

Necessidade de financiamento do setor público em % do PIB
Resultado operacional
1994-1998

O papel dos juros altos nessa fragilização financeira do setor público é ainda mais visível, quando se observa, para o mesmo período, o crescimento em 191% da dívida líquida interna, decorrente do crescimento de sua parcela sob a responsabilidade da União em 430% – que passou de R$ 33,4 bilhões (6,4% do PIB), em 1994, para mais de R$ 192 bilhões

(21,1% do PIB), em 1998 (Tabela 21). Em dezembro de 1998, a União detinha 59% da dívida líquida total, enquanto os estados e municípios e as empresas estatais eram responsáveis, respectivamente, por 34% e 7% (Gráfico 17).

Gráfico 16

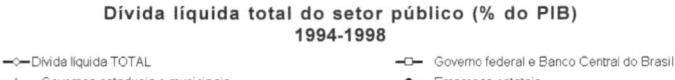

Dívida líquida total do setor público (% do PIB)
1994-1998

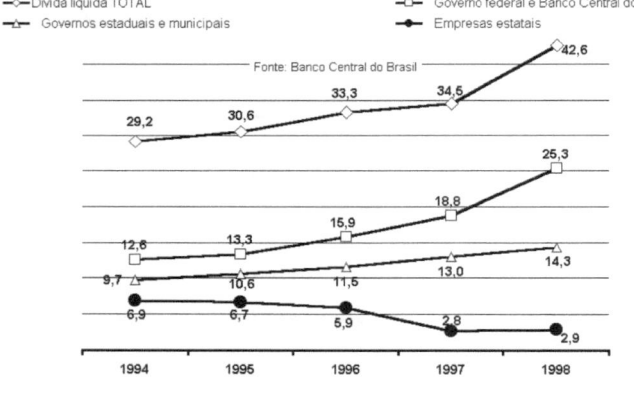

Gráfico 17

Distribuição da dívida líquida total do setor público
1994-1998

Fonte: Banco Central do Brasil

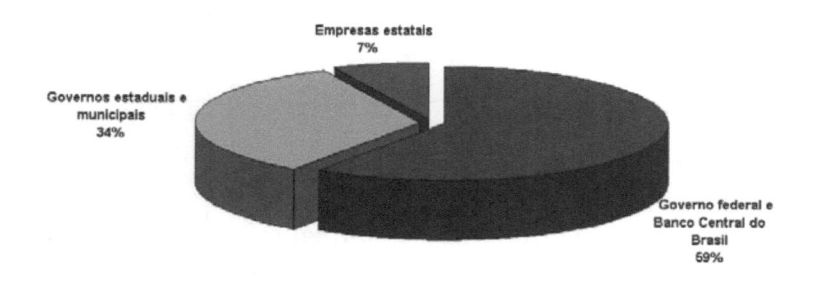

Por fim, enquanto a dívida interna líquida do setor público, como proporção do PIB, cresceu durante todo o período do Plano Real, passando de 20,8% para 36% do PIB, a dívida externa líquida – dívida bruta menos as reservas –, inicialmente, decresceu de 8,4%, em 1994, para 3,9%, em 1996; posteriormente, ela aumentou para 6,6%, em 1998, flutuação esta decorrente das flutuações do nível de reservas, uma vez que a dívida externa bruta cresceu sistematicamente. O resultado foi o aumento permanente da dívida líquida total, de 29,2%, em 1994, para 42,6%, em 1998 (Gráfico 18).

Gráfico 18

Dívida líquida do setor público (% do PIB)
1994-1998

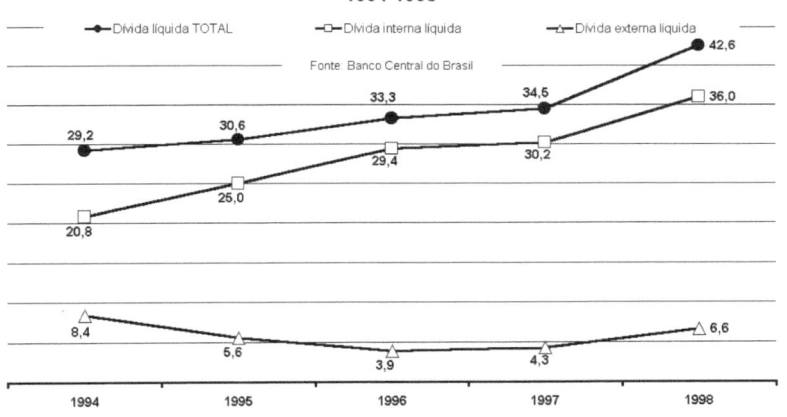

Toda essa situação, conforme poderá ser visto no próximo capítulo, piorou em 1999, uma vez que o Estado assumiu os prejuízos da mudança do regime cambial, ao possibilitar *hedge* para os especuladores do setor privado, através da venda de títulos públicos com correção cambial e da atuação no mercado futuro comprando dólares a uma cotação prevalecente antes da desvalorização. Além disso, com a crise cambial, as privatizações programadas não ocorreram e os juros foram lançados na estratosfera, para tentar segurar as cotações do dólar e, por tabela, a taxa de inflação. Como resultado, a solução para o problema fiscal, mais uma vez, continuou sendo adiada.

Com relação especificamente à dívida externa, a parte do seu valor de responsabilidade do Estado cresceu pouco, entre 1994 e 1998, elevando-se de US$ 87,3 bilhões para US$ 94,9 bilhões (8,7%). No entanto, o seu montante total cresceu

58,5% no mesmo período, em razão da elevação da dívida do setor privado em quase 130%, saindo de quase US$ 61 bilhões para mais de US$ 140 bilhões (Gráfico 19).

Gráfico 19

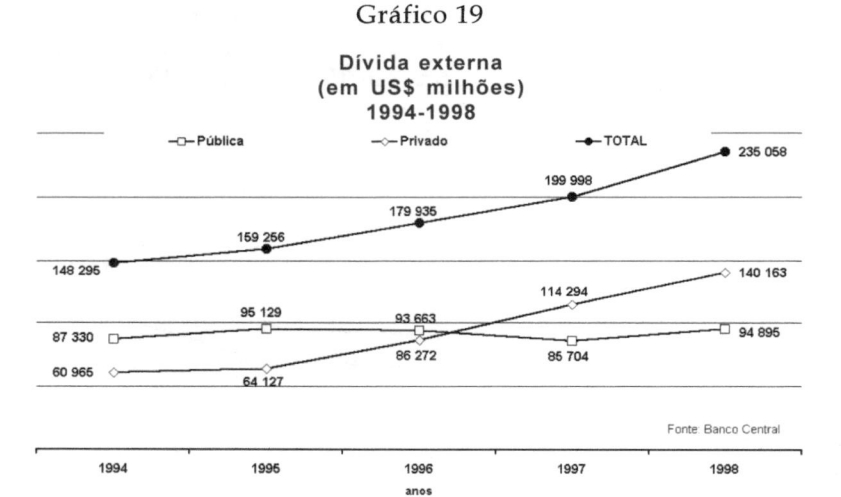

**Dívida externa
(em US$ milhões)
1994-1998**

Fonte: Banco Central

Em 1994, o setor privado detinha 41,1% do total da dívida externa (US$ 60,9 bilhões), atingindo, em 1998, quase 60% (US$ 140,2 bilhões). A inversão da participação relativa dos dois setores se efetiva a partir de 1997 e se deve à política de estabilização, que estimula o setor privado a captar dólares a partir dos diferenciais das taxas de juros interna e externa.

Em razão dessa nova situação, uma desvalorização cambial poderia, em princípio, trazer sérios problemas para os bancos, caso estes não tivessem, em suas respectivas carteiras de ativos, aplicações com proteção cambial (*hedge*). No entanto, conforme já mencionado anteriormente, o Estado assumiu os prejuízos advindos da desvalorização, socializando as perdas para toda a população, conforme o velho costume das classes dominantes na sociedade brasileira.

Capítulo VI
O FIM DA ÂNCORA CAMBIAL

"PELA primeira vez na história do capitalismo brasileiro, o país se encontra num impasse, sem trajetória de crescimento de longo prazo previsível, nem 'para fora' nem 'para dentro', compatíveis com o tamanho do 'encilhamento' financeiro em que nos meteu a nossa tecnocracia governante – uma elite cosmopolita 'apequenada' movida por seus mesquinhos interesses e vaidades e contaminada por uma arrogância e irresponsabilidade política sem precedentes na história do país... Qualquer que seja a política cambial adotada, de agora em diante, enquanto for mantida a ciranda financeira que alimenta a situação de endividamento externo e interno em bola de neve, não haverá 'ajuste' fiscal e de balanço de pagamentos possível, nem perspectivas de retomada de desenvolvimento econômico e social sustentável... Estou convencida de que o atual nó financeiro se desfará depois de uma moratória final, numa crise ainda prolongada. A dúvida que prevalece é se essa 'moratória', se dará como um 'negócio privado', depois de desnacionalizado todo o sistema bancário, sob o comando dos grandes bancos norte-americanos, transformados explicitamente no 'board' da moeda dolarizada. Ou se, pelo contrário, no próximo ataque especulativo à nossa moeda 'flutuante' o enfrentamento da crise se fará sob a égide de uma moratória soberana buscando novos 'caminhos e fronteiras' para a regeneração do Estado e da economia nacional" (Maria da Conceição Tavares, "O impasse brasileiro", *Folha de S.Paulo*, 9/5/1999).

Nos primeiros dias de 1999, início do segundo Governo Cardoso, a situação macroeconômica do país se agravou dramaticamente, dando continuidade à crise cambial desencadeada a partir da moratória anunciada pela Rússia, em agosto de 1998. Apesar do acordo com o FMI, com a liberação da primeira parcela dos recursos previstos – US$ 9,324 bilhões de um total de US$ 41,5 bilhões –, a fuga de capitais continuou a ocorrer, diminuindo as reservas e deteriorando mais ainda as expectativas dos "mercados" e sua confiança com relação à capacidade do país para sustentar o Real sobrevalorizado.

Após a crise da Rússia, as taxas de juros elevadas começaram a perder eficácia como linha de resistência aos ataques contra o Real. Um novo déficit recorde na conta de transações correntes e a constatação da ineficiência das medidas fiscais tomadas em novembro de 1997, em resposta à crise da Ásia – que se expressou no crescimento da dívida e do déficit público e em queda na arrecadação dos tributos –, aumentaram as desconfianças dos especuladores.

Adicionalmente, vieram-se somar a essas dificuldades econômicas algumas circunstâncias políticas, entre as quais, a antecipação do debate sucessório, impulsionada pela própria base parlamentar do Governo, com a disputa por espaços políticos na atual administração, o que dificultou uma ação mais articulada no Congresso e levou à derrota da proposta do Governo de taxar os aposentados do setor público; a reação mais forte de alguns segmentos da sociedade civil contra a recessão, os juros altos e o desemprego e a posse de governadores de oposição, em alguns dos estados mais importantes da Federação. Tudo isso desembocou, no começo de 1999, num quadro político muito mais complicado, em especial para se implementar medidas duras e impopulares reclamadas pelo FMI e pelo capital financeiro internacional.

Assim, a iminência de um estrangulamento cambial tornou-se mais forte na segunda semana de janeiro, com o crescimento das remessas de capitais – na semana anterior saíram do país US$ 883 milhões e no dia 12 mais de US$ 1 bilhão – e a dificuldade dos estados pagarem suas dívidas com a União, explicitada na moratória da dívida estadual decretada pelo governador de Minas Gerais, Itamar Franco – ironicamente, o antecessor de Cardoso na Presidência da República, período no qual foi arquitetado o Plano

Real e a eleição deste último. Esse fato, juntamente com algumas dificuldades do Governo para encaminhar a votação, no Congresso Nacional, das medidas referentes ao ajuste fiscal, aumentou a desconfiança do capital financeiro em relação ao Governo não conseguir cumprir as metas de déficit público combinadas com o Fundo Monetário Internacional.

Desse modo, depois de deixar passar momentos mais favoráveis para efetuar a desvalorização cambial – quando da posse de reservas mais elevadas e com um ambiente internacional relativamente menos instável – e de convencer os técnicos do FMI da sua capacidade de manter a mesma política cambial[1] – que previa, ao longo do ano de 1999, uma desvalorização de apenas 7,5% do Real –, o Governo Cardoso determinou, no dia 13 – juntamente com o anúncio da demissão do presidente do Banco Central[2] –, a mudança da banda cambial, ampliando-a para R$ 1,32.

1. A desvalorização do Real

Logo no primeiro dia de mudança da banda, o Real foi desvalorizado em 8,2%, com a cotação do dólar atingindo o limite superior dessa nova "banda" (Gráfico 20), ficando claro que estava em andamento um novo ataque especulativo contra o

---

[1] O diretor-gerente do FMI, Michel Candessus, responsabilizou o Governo brasileiro pela gravidade da situação pós-desvalorização, pelo fato de o mesmo ter adiado a mudança da política cambial em função das eleições. Em resposta, o Presidente da República afirmou que havia uma "crença sincera" de que se poderia sustentar a "âncora cambial" e que os técnicos do FMI tinham sido convencidos disso pela argumentação brasileira, o que, obviamente, colocaria ambos como responsáveis pela avaliação equivocada. Qualquer que seja a verdade desse episódio, o objetivo de "despolitização" da moeda, tão a gosto dos liberais, se revelou uma farsa.

[2] A defesa da âncora cambial continuou a ser feita por Gustavo Franco mesmo após a sua saída da presidência do Banco Central. Segundo ele, o Governo Cardoso cedeu às pressões políticas e abandonou a defesa da moeda; a sustentação da "âncora cambial" poderia continuar a ser feita, caso houvesse determinação, nesse sentido, por parte do Presidente da República. E mais, caso houvesse sido feito o ajuste fiscal anteriormente, não se teria chegado à crise cambial. Portanto, segundo o ex-presidente do Banco Central, o problema não residiria na sobrevalorização do Real, associada à abertura indiscriminada da economia, nem à lógica dos fluxos de capitais especulativos de curto prazo; mas sim à falta de firmeza e determinação política de realizar as reformas liberais, e, acrescentaríamos, de "queimar" reservas.

Real, que testava a capacidade do Governo Cardoso em sustentar a nova posição. As reações negativas se fizeram sentir nas quedas dos títulos brasileiros no exterior e das bolsas de valores em todo o mundo. O Banco Central ainda tentou defender o valor do Real durante dois dias, intervindo no mercado de câmbio, com a venda de elevados montantes de dólares, mas a saída de capitais continuou a ocorrer, em valores ainda mais elevados do que antes da mudança da banda – US$ 1,057 bilhão, no dia 13, e US$ 1,784 bilhão, no dia 14 –, ameaçando aproximar o nível de reservas do limite mínimo, de US$ 20 bilhões, acordado com o FMI. Por isso e sem parâmetro para fixar uma nova banda – situação característica de momentos de grande instabilidade e volatilidade –, o Governo, no dia 15, resolveu mudar a política cambial de vez, deixando o câmbio flutuar livremente, na esperança de o próprio mercado fixar a desvalorização "correta".

Gráfico 20

Evolução do câmbio
Janeiro/1999

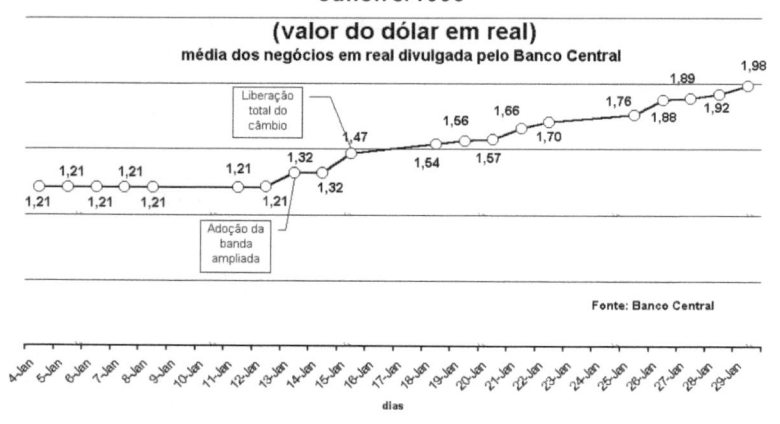

Após o primeiro dia de flutuação, o dólar atingiu a cotação de R$ 1,47, evidenciando uma desvalorização do Real de 17,7%, tendo por referência a cotação do dólar prevalecente no dia 12 (R$ 1,21), imediatamente anterior à fixação da nova banda. Nessa nova situação, a saída de dólares diminuiu e os índices das bolsas de valores dispararam, no Brasil e no resto do mundo, trazendo otimismo aos mercados financeiros, dando alívio momentâneo ao Governo e causando a impressão de que a mudança da política cambial havia sido feita de forma controlada (Gráfico 20).

No entanto, essa impressão só durou três dias; no dia 18, a cotação do dólar disparou, de novo, para R$ 1,54, saltando em seguida para R$ 1,66, no dia 21, R$ 1,70, no dia 22 – apesar da intervenção do Governo no mercado de câmbio, com a venda de US$ 500 milhões; posteriormente, atingiu R$ 1,76, no dia 26, e fechou o mês com o dólar valendo R$ 1,98 (Gráfico 20).

Até o dia 29 de janeiro, o país já havia perdido US$ 8 bilhões e suas reservas líquidas já tinham se reduzido para US$ 27 bilhões. Assim, duas semanas após o alargamento da banda, o Real já acumulava uma desvalorização de 39% e o dólar, uma valorização de 64%, num clima de absoluta incerteza e boatos[3] sobre a iminente saída do novo presidente do Banco Central – Francisco Lopes – e de possíveis alternativas de política econômica frente a uma situação que havia fugido completamente ao controle das autoridades monetárias.

Assim, o Plano Real, calcado na âncora cambial, soçobrou – depois de quatro anos e meio de reformas liberais, de sucessivas tentativas de ajuste fiscal e de um processo de privatização do patrimônio público que rendeu, para a União, quase US$ 50 bilhões;[4] e não foi por falta de aviso. A necessidade de correção do caminho que conduziu o país em direção à crise cambial, insistentemente reivindicada por economistas de distintas tendências, principalmente após as crises do México, da Ásia e da Rússia, foi rechaçada sistematicamente – a partir de uma crença que "apostava" na iminência de um salto de competitividade da economia brasileira, que iria pôr ordem na balança comercial do país.

A crise derradeira, que inviabilizou de vez a âncora cambial e a sobrevalorização do Real, foi quase que como a "crônica

---

[3] No dia 29 de janeiro, uma sexta-feira, com a disseminação de boatos sobre a iminência de decretação, por parte do Governo, de uma moratória das dívidas externa e interna, bem como do confisco de ativos financeiros, assistiu-se a uma corrida aos bancos, com as retiradas ultrapassando os depósitos naquele dia.

[4] Desconsiderando-se os investimentos feitos pelo Estado, portanto, gastos públicos, nos momentos imediatamente anteriores às privatizações das empresas (Biondi, 1999).

de uma morte anunciada". No caso, anunciada diariamente em artigos de jornais e revistas, reuniões científicas e políticas, por economistas das mais variadas tendências teóricas e políticas. Nesse novo cenário, as especulações acerca dos novos caminhos da política econômica brasileira consideravam desde a manutenção do câmbio flutuante – totalmente livre – até o seu oposto, isto é, a adoção do sistema de *currency board*; em ambos os casos com a perspectiva de aprofundamento do arrocho fiscal, da recessão, das reformas liberais e da desnacionalização da economia:

> "a estratégia do FMI parece ser prolongar a recessão até que o paciente aceite a adoção de um sistema de 'currency board', ou seja, a plena dolarização, à semelhança do ocorrido na Argentina. Isto significa nada menos que compartilhar com o sistema financeiro internacional o governo do país" (Furtado, *Folha de S.Paulo*, 24/1/1999, p. 5-5).

No dia 25 de janeiro, dada a continuada desvalorização do Real, o Governo ainda tentou tomar a iniciativa, anunciando duas medidas: elevou, em 50%, os limites de empréstimos em dólar que os bancos estavam autorizados a tomar para abastecer os seus clientes no dia a dia e unificou, com a aprovação do Conselho Monetário Nacional, os mercados flutuante e livre do dólar, que passariam a ter cotação única a partir do dia 1º de fevereiro. O objetivo de ambas as medidas foi o de tentar evitar novas desvalorizações, com o aumento da oferta de dólares no mercado.

No entanto, a cotação do dólar só teria a sua primeira queda, após a mudança da política cambial, apenas no dia 1º de fevereiro, quando recuou para R$ 1,96 – influenciada pela elevação da taxa de juros para 39% ao ano (Gráfico 21). Em seguida, com a confirmação de nova substituição no comando do Banco Central, através da indicação de Armínio Fraga – em substituição a Francisco Lopes –, operador do mercado financeiro,[5] o dólar voltou a cair, atingindo R$ 1,77, no dia 3 de

---

[5] Não passou despercebido, para os formadores da opinião pública do país, o fato, inusitado, de o novo presidente do Banco Central ter saído diretamente da gestão de um megafundo de investimento – que especula contra as moedas dos países, em geral, e dos países "emergentes", em particular – para assumir a responsabilidade e o comando da defesa do Real. O Governo Cardoso e seus aliados políticos justificaram a indicação com base na necessidade técnica de se ter um bom operador do "mercado" para "pilotar" a nova política cambial.

fevereiro, dando a impressão de que estaria fazendo o caminho de volta. Essa impressão, todavia, desfez-se rapidamente. O preço do dólar voltou à sua trajetória ascendente, durante todo o mês de fevereiro, chegando a R$ 2,06, no final desse mês, o que significou, naquele momento, uma desvalorização de 41% do Real, desde a mudança da banda cambial.

Gráfico 21

Evolução do câmbio
Fevereiro/1999
(valor do dólar em real)
média dos negócios em real divulgada pelo Banco Central

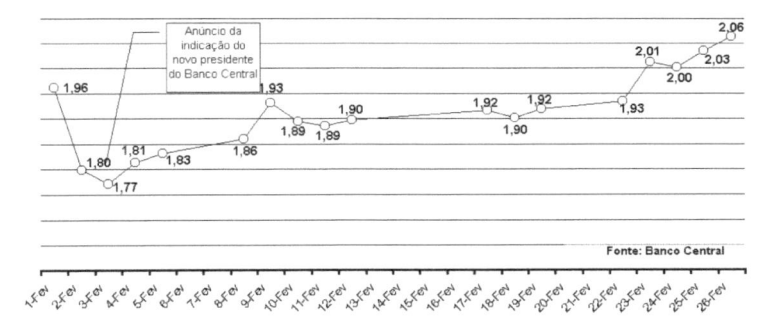

Na verdade, a escalada das cotações do dólar se agravou enormemente, a partir da inércia do Governo – principalmente em razão da limitação que sofreu da parte do FMI, no que concerne ao uso das reservas como instrumento de intervenção no mercado de câmbio –, que demonstrava incapacidade de administrar a flutuação do câmbio. De um lado, a não renovação das linhas de crédito para exportação das empresas brasileiras e a falta de reação das exportações dificultavam a entrada de dólares e, de outro, saíam dólares em razão do vencimento de dívidas das empresas brasileiras no exterior. A continuada elevação do dólar teve impactos negativos em diversas direções: estimulou a especulação, com os exportadores adiando a troca de dólares; intensificou o receio de uma moratória das dívidas externa e interna; pressionou a inflação e agravou as expectativas de um cenário recessivo, em virtude da manutenção de elevadas taxas de juros.

Na realidade, o Banco Central não tinha instrumentos de intervenção suficientes (limitação no uso das reservas) e a inversão da situação dependia da recuperação da "credibilidade" do país, avaliada segundo a ótica do capital financeiro, o que exigia o fechamento do "novo" acordo com o FMI (redefinição das metas) e o início de um ajuste fiscal que fosse considerado crível e afastasse o perigo da inadimplência.

Naquele momento, a resposta política, por parte do Governo, para viabilizar a aprovação, no Congresso Nacional, do ajuste fiscal acertado com o FMI, foi a de desfraldar os surrados bordões da "união nacional" e do "pacto social" – que sempre reaparecem nos momentos de crise, através dos quais as elites econômicas e políticas tentam se desresponsabilizar da liderança que tiveram nos processos, ao mesmo tempo em que conclamam os setores oposicionistas a aderirem ao mesmo projeto, sob pena da instalação do caos econômico, político e social.

Por isso tudo, durante os meses de janeiro e fevereiro, assistiu-se à deterioração do quadro econômico, político e social, sem perspectivas de solução à vista, o que levou à sensação de que estaria havendo um processo de instalação de uma profunda "anomia social", que poderia desembocar numa grave crise de governabilidade.

Contudo, ao longo do mês de março, foram-se gestando as condições para essa recuperação da "credibilidade" do país, que reverteu o processo de desvalorização do Real, relativizou as projeções "pessimistas" e deu um novo fôlego político ao Governo Cardoso.

Com o anúncio da redefinição, no dia 8, das metas para a economia brasileira contidas no acordo com o FMI, assinado em dezembro do ano anterior, com a decretação de novas facilidades para a entrada do capital estrangeiro de curto prazo e com a elevação da taxa de juros para 45% ao ano, a cotação do dólar, depois de atingir o teto de R$ 2,16, no dia 3 de março, despencou rapidamente, chegando, ao final desse mês, a R$ 1,72, expressando uma desvalorização, desde o início do ano, de 29% do Real ou uma valorização do dólar de 42% (Gráfico 22). As reservas em moeda estrangeira fecharam o mês em US$ 33,863 bilhões e o Banco Central gastou R$ 1,740 bilhão do limite de intervenção de US$ 3 bilhões fixado pelo "novo" acordo com o FMI.

Gráfico 22

Evolução do câmbio
Março/1999
(valor do dólar em real)
média dos negócios em real divulgada pelo Banco Central

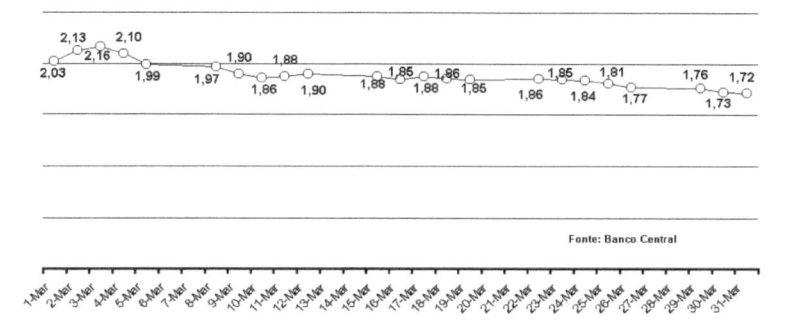

Fonte: Banco Central

Assim, após o *overshooting* do câmbio, nos meses de janeiro e fevereiro, o Real voltou a valorizar em decorrência do aprofundamento da política econômica recomendada pelo FMI e implementada pelo novo presidente do Banco Central, que passou a dispor de mais recursos para intervir pontualmente no câmbio. Conforme a revisão do acordo, o Banco Central, para evitar grandes oscilações na cotação ao longo do ano de 1999, poderia usar, até junho, US$ 8 bilhões de suas reservas para intervir no mercado (US$ 3 bilhões, em março, US$ 2 bilhões, em abril, US$ 1,5 bilhão, em maio, e US$ 1,5 bilhão, em junho). Em contrapartida, o Banco Central ficou proibido de operar no mercado futuro de câmbio.

Desse modo, a partir da segunda metade do mês de março, assistiu-se ao retorno dos capitais especulativos ao país, atraídos pelo aumento da taxa de juros[6] e outras facilidades, como a diminuição do IOF, de 2,5% para 0,5% – para aplicações em fundos de renda fixa, operações de câmbio entre bancos no

---

[6] Com essa mesma intenção, o Banco Central aumentou de 20% para 30%, na primeira metade do mês de março, a parte dos depósitos a prazo que os bancos devem recolher compulsoriamente ao Banco Central, com o objetivo de retirar entre R$ 5 bilhões e R$ 6 bilhões em circulação na economia. A medida teve por objetivo reduzir a pressão sobre o preço do dólar e elevar as taxas de juros dos empréstimos bancários.

Brasil e no exterior e contas CC-5, que são utilizadas por estrangeiros para movimentar dólares no país –, e a prorrogação, até o final de junho, da isenção do imposto de renda sobre os rendimentos dos fundos de renda fixa para os investidores estrangeiros. Adicionalmente, para dificultar a saída de dólares e compensar a perda de arrecadação com o IOF, o Governo aumentou de 2% para 2,5% a alíquota, desse mesmo imposto, incidente sobre as compras de bens e serviços feitas com cartão de crédito em outros países.

Em abril, o Governo, nessa mesma linha de atração de capitais especulativos, criou novas alternativas para os bancos aplicarem, em títulos cambiais, os recursos captados no exterior pela regra da Resolução 63 do Conselho Monetário Nacional: aqueles que captassem esses recursos poderiam emprestá-los para outros bancos que tivessem interesse em aplicar em títulos cambiais – esse repasse, até então, era proibido.

Esse retorno do capital especulativo, com a consequente reversão da taxa de câmbio, foi impulsionado também pela aprovação, no Congresso Nacional, ainda em janeiro, do ajuste fiscal acertado com o FMI, conforme o Programa de Estabilidade Fiscal proposto no ano anterior, mas que só ganhou "credibilidade" com o anúncio da revisão das metas do acordo no início de março e com a adoção de novos cortes no orçamento, na direção de se atingir o novo superávit primário, de 3,1% do PIB, acertado com o FMI.

Assim, cortou-se R$ 1,45 bilhão nos gastos com o funcionalismo público civil: os servidores, mais uma vez, não tiveram reajuste em 99, suspendeu-se as promoções, acabou-se com os adicionais por tempo de serviço e suspendeu-se os concursos públicos. A verba destinada aos programas sociais foi cortada em 28,5%, passando de R$ 341,4 milhões para R$ 243,7 milhões. Com o objetivo de aumentar a arrecadação no ano de 99, em pelo menos mais R$ 1 bilhão, foi suspenso, por nove meses (de abril a dezembro), o incentivo fiscal (crédito presumido do IPI) concedido aos exportadores e alterou-se o cálculo do IOF para aumentar sua receita, o que atingiu, principalmente, os empréstimos bancários e o cheque especial (*Folha de S.Paulo*).

Em suma, a partir da mudança do regime cambial no início de janeiro, o principal objetivo da política econômica do Governo passou a ser o de evitar o ressurgimento da inflação, procurando impedir que o aumento inicial dos preços dos produtos comercializáveis contaminasse as expectativas inflacionárias e os preços dos bens não comercializáveis. Para isso, o Governo utilizou-se de cortes orçamentários, elevação de impostos e uma política de juros altos que, além de derrubar a demanda e desacelerar a economia, também sinalizou maiores rendimentos, no curto prazo, para o capital estrangeiro especulativo, uma vez que, para atingir o objetivo proposto, o retorno desses capitais, com a revalorização parcial do Real, era elemento crucial da estratégia adotada. A contenção do nível de atividade, por sua vez, juntamente com a própria desvalorização, tendia a impactar positivamente sobre a balança comercial, com a redução de importações e um maior estímulo às exportações.

A política monetária começou a ser flexibilizada na última semana de março, quando a taxa de juros básica (*Over/Selic*) foi reduzida de 45% para 42%, em virtude da expectativa de uma menor inflação – contida pela recessão –, da valorização do Real frente ao dólar – com o retorno dos capitais especulativos – e da aceitação, de novo, pelas instituições financeiras, de títulos do Tesouro prefixados. Ao longo dos meses de abril, maio e junho, essa trajetória descendente continuou a ser reafirmada, com a taxa de juros atingindo, nesses meses, 36,12%, 27,11% e 22,01%, respectivamente, em virtude dessas mesmas razões e confiando-se num melhor cenário internacional.

A taxa de câmbio, por sua vez, continuou caindo em abril (no dia 5, fechou em R$ 1,72) e chegou a R$ 1,65, no dia 10 de maio. A partir daí, passou a subir novamente – influenciada pelas dificuldades enfrentadas pela Argentina no seu balanço de pagamentos –, atingindo R$ 1,79, na terceira semana de junho, e R$ 1,77, no fim desse mês, e com tendência de alta para o segundo semestre, em virtude de vencimentos de obrigações internacionais das empresas brasileiras, das eleições presidenciais argentinas e da incerteza quanto à elevação da taxa de juros americana[7] (Gráfico 23).

---

[7] Com o crescimento da inflação americana no mês de abril – taxa de 0,7% contra uma expectativa de 0,2% – e a alta da sua taxa de juros de longo prazo, que atingiu 5,91%, aumentou o receio de uma alta da taxa de juros de curto prazo e os seus efeitos sobre a bolsa de valores e o crescimento da economia dos Estados Unidos.

Gráfico 23

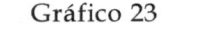

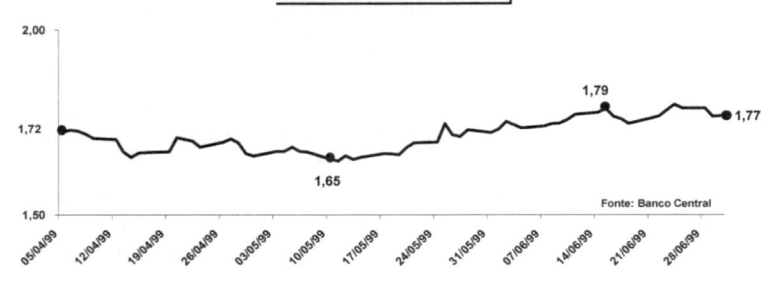

2. A revisão do acordo com o FMI

Com a crise cambial, o acordo com o FMI teve de ser revisto em suas metas, tendo em vista o impacto da desvalorização cambial – que anteriormente era estipulada em apenas 7,5% para o ano de 1999 – sobre as diversas variáveis macroeconômicas. Assim, entre outras estimativas, passou-se a admitir uma maior taxa de inflação e uma maior queda do PIB, um saldo positivo bem maior na balança comercial e, por consequência, um déficit bem menor na conta de transações correntes, um maior superávit primário nas contas governamentais, mas um maior déficit nominal.

De acordo com as novas metas definidas no acordo com o FMI, apresentadas no dia 8 de março, no que se refere ao balanço de pagamentos em 1999, o déficit em transações correntes foi estipulado em US$ 17,4 bilhões (caindo de 4,5%, em 1998, ou de 4,2%, na primeira versão do acordo, para 3,0% do PIB), em razão de um superávit comercial estimado em US$ 11 bilhões (contra um déficit de US$ 6,4 bilhões em 1998) – com crescimento de 10,52% nas exportações e queda de 20,93% nas importações, que deveriam alcançar, respectivamente, US$ 56,5 bilhões e US$ 45,5 bilhões. Isso significava dizer que o Brasil, para atingir essas metas, teria de reverter a sua corrente de comércio exterior em mais de US$ 17 bilhões (Tabela 26).

As reservas internacionais deveriam fechar o ano com um montante de US$ 24,7 bilhões, mas, ao longo do ano, poderiam cair abaixo do limite mínimo de US$ 20 bilhões – estabelecido na primeira versão do acordo, em dezembro de 1998 –, caso o Banco Central precisasse intervir no mercado de câmbio vendendo dólares. A taxa de câmbio deveria estar situada, ao final do ano, em R$ 1,70, elevando-se para R$ 1,77, em 2000, e R$ 1,84, em 2001.

Tabela 26

Acordo com o FMI: Metas para 1999
Antes e depois da desvalorização cambial

Variáveis macroeconômicas	1998	Antes	1ª rev.	2ª rev.
▲ do PIB (%)	-0,1	-1,0	-4,0	-1,0
Inflação (%) - IGP-DI/FGV	1,7	2,0	16,8	12,0
Superávit Primário (% do PIB)	0,01	2,6	3,1	3,1
Déficit Nominal (% do PIB)	-8,1	-4,7	-10,3	-9,0
Dívida Pública (% do PIB)	42,6	44,0	49,3	51,0
Juros Reais (%)	28,0	-	10,3	-
Juros Nominais (%)	0,3	-	28,8	-
Balança Comercial (US$ Bi)	-6,4	2,8	11,0	3,7
Exportação	51,1	-	56,5	-
Importação	57,5	-	45,5	-
Transações Correntes (US$ Bi)	-33,6	-26,0	-17,0	-21,0
Transações Correntes (% do PIB)	-4,5	-4,2	-3,0	-
Reservas no final do ano (US$ Bi)	44,6	20,0	24,7	-
Taxa de Câmbio em Dez/99 (R$/US$)	1,20	1,3	1,70	-

Fonte: Banco Central

No que tange às contas públicas, o superávit fiscal primário a ser conseguido foi estabelecido em 3,1% do PIB, em 1999 – sendo 2,3% de responsabilidade da União –, 3,25%, no ano 2000, e 3,35%, em 2001. Portanto, um esforço maior do que aquele fixado no acordo original (2,6% do PIB) e daquele que foi conseguido em 1998 (0,01% do PIB). Entretanto, o déficit nominal, em 1999, deveria ficar em 10,34% do PIB, tendo por base uma inflação de 16,8% (IGP-DI/FGV) e a expectativa de que o juro real caísse para 10,27% ao ano, o que dava a estimativa de uma taxa de 28,8% ao ano para o juro nominal.

Ainda segundo a primeira revisão do acordo com o FMI, nos anos 2000 e 2001, a inflação deveria se reduzir, respectivamente, para 6,5% e 5,2%, e os juros reais deveriam cair para 9,48%, no ano 2000 (16,6% nominal), e 8,07%, em 2001 (13,7% nominal). Como consequência, a relação dívida pública/PIB a ser alcançada foi estabelecida em 49,3%, 47,4% e 44,3%, respectivamente, para os anos de 1999, 2000 e 2001. O impacto sobre o PIB deveria ser de uma recessão entre 3,5% e 4%, contra uma estimativa anterior de 1% e uma redução do crescimento, de fato, de 0,12%, em 1998. Em resumo, as metas revisadas das principais variáveis macroeconômicas passaram a exigir um maior esforço fiscal e comercial e, por isso, uma maior redução do nível de atividade da economia.

Posteriormente, no início de junho, o acordo com o FMI foi novamente revisado em suas metas (segunda revisão), influenciadas, então, por um desempenho da economia menos negativo do que aquele esperado logo após a maxidesvalorização do Real.

Desse modo, a meta para a inflação reduziu-se para 12% (IGP); igualmente ocorrendo, por conseguinte, com o déficit público nominal, que foi reduzido de 10,3% para 9% do PIB, enquanto o superávit primário foi mantido em 3,1%. Acompanhando a melhoria das expectativas, o desempenho esperado para o PIB voltou a ser a de uma redução de até 1%, quando anteriormente esperava-se uma retração entre 3,5% e 4% (Tabela 27).

Em contrapartida, como resultado da política de elevação da taxa de juros e da dificuldade de as exportações retomarem seu crescimento, a meta para a dívida pública passou a ser de 51% do PIB para 1999, enquanto o superávit esperado da balança comercial foi reduzido para US$ 3,7 bilhões. Como consequência, a meta para o déficit em transações correntes subiu para US$ 21 bilhões. No segundo semestre, novas revisões no acordo já estavam previstas.

3. O desempenho da economia pós-âncora cambial

O desempenho da economia, nos seis primeiros meses de 1999, marcados por grande instabilidade cambial, redefinição dos termos do acordo com o FMI, elevação e posterior redução das taxas de juros, aprovação integral das medidas fiscais pelo Congresso Nacional, maiores facilidades para a entrada de capitais estrangeiros e retorno dos capitais especulativos, deve ser avaliado tendo-se o cuidado de reconhecer que as condições de fragilidade externa e interna do país mantiveram-se presentes, apesar da desvalorização do Real.

No fundamental, continuou-se a assistir, então, sem mais a "âncora cambial", ao crescente endividamento externo e interno do país e a mais uma tentativa de "ajuste fiscal", que viabilizasse o pagamento dos juros e a remuneração do capital financeiro internacional, com promessas de se enfrentar a questão da reforma tributária e de se continuar aprofundando as reformas liberais, enfatizando-se, agora, a "flexibilização" das relações entre capital e trabalho, em particular, atingindo-se os direitos trabalhistas inscritos na Constituição, e acenando-se, ainda de forma sutil, para as privatizações da Petrobrás, do Banco do Brasil e da Caixa Econômica Federal.

O caminho reiterado pelo Governo Cardoso permaneceu apontando, sem dúvida, para a continuação da "ditadura econômica", prevalecente durante todo o primeiro mandato presidencial, que transformou o Congresso Nacional, através do uso de velhos expedientes fisiológicos há muito conhecidos, numa instituição homologatória das decisões do Executivo – cada vez mais uma "correia transmissora" dos desejos e interesses do FMI e do "cassino global".[8] Uma política que vem impondo a estagnação econômica ao país, deteriorando as condições sociais e ameaçando o exercício da democracia, com a desqualificação das entidades representativas da sociedade civil e dos movimentos sociais, que, cada vez mais, tenderão a voltar à cena política com maior contundência.

Em suma, a reafirmação de um "modelo de desenvolvimento" autoritário, cujo funcionamento

"... requer o isolamento dos seus administradores com relação a qualquer tipo de demanda ou reivindicação interna, o que supõe a despolitização radical das relações econômicas, o enfraquecimento dos sindicatos, a fragilização dos partidos políticos e dos parlamentos e, finalmente, a redução ao mínimo indispensável da vida democrática" (Fiori, *Folha de S.Paulo*, 24/1/1999, p. 5-5).

Esse predomínio da lógica econômico-financeira sobre a dimensão política da vida em sociedade, que agride siste-

---

[8] "Para falar em termos simples e direto; o FMI tem dado atenção demais aos interesses de Wall Street. Se você fosse, digamos, um banco norte-americano com investimentos no Brasil, iria querer que o país mantivesse sua taxa de câmbio até receber o retorno sobre o que investiu (depois disso quem se importa?). Assim, você pressionaria o FMI e o Tesouro norte-americano para que exortassem o Brasil, a Rússia ou qualquer outro indefeso receptor de empréstimo do FMI a defender sua moeda. Isso lhe daria tempo para retirar o seu dinheiro ainda ileso do país, antes que fossem promovidas quaisquer mudanças nos valores das moedas" (Jeffrey Sachs, "O desastre do trem financeiro brasileiro", *Folha de S.Paulo*, 19/1/1999, p. 2-2).

maticamente a democracia, também foi identificado, no auge
da crise cambial, tendo como foco o economista profissional
formado no *mainstream* acadêmico:

"Serão, por acaso, insanos, nossos economistas? – Não, são
ávidos de riquezas, poder e inimigos jurados da democracia.
Há um problema genético na formação econômica que a inclina,
siderada, e ao contrário dos juristas, ao autoritarismo. Basta
acompanhar o desprezo com que se referem às instituições
representativas e se perceberá o fenômeno. Para a maioria de
nossos atuais ou virtuais membros de qualquer equipe econômica, mercados e Banco Central independente são variáveis
suficientes para explicar a saúde econômica e política dos países
do primeiro mundo. Claro, os períodos de desastre que vez por
outra enfrentam são sempre consequência da intromissão da
política nos mercados. Não se dão conta, ao reverso, da brutal
interferência na vida política do país que patrocinaram em nome
do desvairado fundamentalismo" (Santos, *Folha de S.Paulo*,
24/1/1999, p. 5-7).

Os impactos da mudança na política cambial e a intensificação da política acordada com o FMI se fizeram sentir nos
mais diversos âmbitos e segmentos da economia. Inicialmente,
logo após a desvalorização, as pressões inflacionárias voltaram
com força, expressas, na primeira hora, no comportamento
de segmentos da cadeia produtiva que tentaram dolarizar
os seus preços, inclusive aqueles não afetados por insumos
importados, com o objetivo de se defender antecipadamente
da mudança nos preços relativos dos bens "comercializáveis"
e "não comercializáveis".

A dúvida, naquele primeiro momento, era com relação aos
novos patamares da inflação, com os diversos institutos de pesquisa prevendo uma taxa, para 1999, entre 10% e 18%, e com o
próprio FMI estimando uma taxa de 16,8%. No entanto, a inflação,
que havia crescido em janeiro e fevereiro, voltou a cair em março
– ou em abril –, conforme indicado por todos os índices de preços
(Tabela 27). O semestre fechou com uma taxa de 8,49% (IGP/
FGV), 2,51% (IPC/FIPE), 4,25% (ICV/DIEESE) e 3,96% (IPCA/
IBGE). Esse comportamento moderado da inflação foi fruto da
revalorização do Real, com influência positiva sobre os preços dos
produtos agrícolas comercializáveis – em particular os alimentos –,
associada à elevação do desemprego, à queda do rendimento médio do trabalho e ao não retorno, até então, da indexação.

Tabela 27
Índice de preço
Janeiro a junho de 1999

Período	IGP/FGV	IPC/FIPE	ICV/DIEESE	IPCA/IBGE
Janeiro	1,15	0,50	1,38	0,70
Fevereiro	4,44	1,41	1,15	1,05
Março	1,98	0,56	0,98	1,10
Abril	0,03	0,47	0,11	0,56
Maio	-0,34	-0,37	0,22	0,30
Junho	1,02	-0,08	0,34	0,19
1º sem. acum.	8,49	2,51	4,25	3,96

Fonte: FGV, FIPE, DIEESE e IBGE

O PIB, ao contrário de todas as expectativas, cresceu 0,78%, no primeiro trimestre do ano, em comparação ao último trimestre de 1998, embora tenha caído 0,05% em comparação ao mesmo trimestre do ano passado. Da mesma forma ocorreu com o PIB do segundo trimestre, que cresceu, em relação ao primeiro, 0,93, mas reduziu-se, em relação ao segundo trimestre de 1998, em 0,76%. Para todo o semestre, o PIB caiu 0,42%, quando comparado com o primeiro semestre de 1998. Na verdade, a recessão mostrou-se menos aguda do que a prevista, inclusive pelo acordo com o FMI, que estimou, na sua primeira revisão, conforme já visto, uma queda do PIB, para 1999, entre 3,5% e 4%. Todavia, a interpretação de que a queda da taxa de juros, em decorrência do retorno de capitais estrangeiros e da expectativa de uma menor inflação, teria amainado a crise não parece sustentável, uma vez que ela só começou a cair, lentamente, no final do mês de março e, assim mesmo, praticamente não afetou os juros no varejo, ao longo do primeiro semestre.

Na realidade, esse resultado surpreendente se deveu, sobretudo, ao grande crescimento do produto agrícola no primeiro semestre (6,07%), em razão da safra se concentrar nesse período,[9] uma vez que o produto industrial caiu 3,54%. Além disso, com a desvalorização cambial, a renda do produtor agrícola cresceu e estimulou o crescimento da demanda no campo, impactando positivamente o consumo e o setor de

---

[9] Principalmente no primeiro trimestre, quando cresceu 12,32%. Deve-se considerar também que a base de comparação da agricultura era muito baixa, uma vez que, nos trimestres imediatamente anteriores, o produto agrícola decresceu, respectivamente, em 6,76% (out.-dez./98) e 8,59% (jul.-set./98).

serviços, que cresceu 0,25%. Este, por sua vez, pode ter sido impulsionado também pelo turismo interno – em alta estação em janeiro e fevereiro –, tanto de brasileiros quanto de estrangeiros, estimulado pela desvalorização cambial. Por fim, a queda das importações, em razão da desvalorização, deve ter redirecionado parte da demanda por produtos estrangeiros para os produtos domésticos, ou seja, deve ter ocorrido, em alguma escala, uma substituição de importações.

Por isso, embora o Governo tenha passado a falar, então, em reversão da tendência recessiva, a gravidade da crise não deve ser subestimada por um resultado que foi influenciado por circunstâncias conjunturais, principalmente no caso da agricultura, cujas decisões – que deram origem a esse crescimento – foram tomadas antes da desvalorização cambial. A elevação da inadimplência e a queda do consumo, bem como a elevação das taxas de desemprego em todo o país, dão bem a dimensão das dificuldades ainda presentes.

Os dados da Associação Comercial de São Paulo mostraram, para o primeiro semestre, crescimento no número de carnês em atraso, em relação ao mesmo período de 1998, queda nas consultas do Serviço de Proteção ao Crédito (vendas a prazo) e redução nas consultas no Telecheque (vendas à vista), aumento da média de cheques sem fundo por pessoa e crescimento no número de empresas que pediram falência.

O desemprego, como era de se esperar, bateu recordes históricos no primeiro semestre do ano, tanto na Pesquisa Mensal de Emprego (PME/IBGE), quanto na Pesquisa de Emprego e Desemprego (PED/SEADE/DIEESE). Pela PME (Tabela 28), a taxa do semestre, para as seis regiões metropolitanas pesquisadas (Brasil), atingiu a média de 8,6%, contra uma taxa média para o ano de 1998 de 7,59%, chegando a atingir 8,9% em março. A Região Metropolitana de Salvador (RMS) registrou uma taxa média, no semestre, de 10,4%, com São Paulo (RMSP), a principal região metropolitana do país, atingindo uma média mensal de 9,7% nesse mesmo período.

Pela PED (Tabela 29), o desemprego também bateu recorde histórico na RMSP, alcançando, nos meses de abril e maio, a marca dos 20,3% da população economicamente ativa (mais de 1,7 milhão de pessoas), com o agravante de que o crescimento da taxa se deveu, sobretudo, ao crescimento do desemprego aberto; enquanto na RMS, líder do desemprego no país, a taxa chegou, em junho, aos incríveis 28,5% da PEA.

Tabela 28

Desemprego aberto
- PME -
Janeiro a junho de 1999

Período	Brasil	Sã o Paulo	Salvador
Janeiro	8,4	10,1	9,1
Fevereiro	8,5	9,5	10,4
Março	8,9	9,8	10,6
Abril	8,8	9,7	10,9
Maio	8,4	9,4	10,8
Junho	8,4	9,5	10,7
1º sem. (média)	8,6	9,7	10,4

Fonte: IBGE

Tabela 29

Desemprego aberto
- PED -
Janeiro a junho de 1999

Período	São Paulo	Salvador
Janeiro	17,8	24,4
Fevereiro	18,7	25,4
Março	19,9	26,9
Abril	20,3	27,5
Maio	20,3	28,1
Junho	19,9	28,5
1º sem. (média)	19,5	26,8

Fonte: DIEESE

Na indústria paulista, segundo dados da FIESP, foram fechados 27,7% dos postos de trabalho, no período entre 1995 e o primeiro semestre de 1999, o que dá uma perda de 593.970 postos de trabalho. Desde a adoção da nova moeda e até o mês de maio de 1999, só houve criação de postos de trabalho no início da estabilização dos preços, entre setembro de 1994 e março de 1995, e em dois outros meses: maio de 1996 e junho de 1999, quando o nível de emprego cresceu 0,02% em comparação com o mês anterior, depois de quedas sucessivas durante três anos.

As contas públicas, apesar do "rolo compressor" no Congresso Nacional, que levou à aprovação das medidas que deverão viabilizar o ajuste fiscal acertado com o FMI, se deterioraram ainda mais após a mudança da política cambial.

Com a desvalorização cambial, a dívida pública – externa e interna – e o déficit público bateram recordes nos meses de janeiro e fevereiro, em virtude da fracassada política do Banco Central de defesa da âncora cambial e, depois, com a política de flutuação cambial, em razão de tentar conter a subida das cotações. Essa socialização de prejuízos foi feita através da elevação da taxa de juros, da venda de títulos com correção cambial e da atuação do Banco Central no mercado futuro de dólares, com um prejuízo, ao país, de R$ 102,6 bilhões.

A valorização do dólar, que chegou a atingir 70,86% no final de fevereiro, explica 91,5% do aumento total da dívida pública, que passou de R$ 388,7 bilhões, em dezembro de 1998, para R$ 500,8 bilhões em fevereiro de 1999 – como proporção do PIB, ela saltou de 42,6% para 51,8% do PIB. Posteriormente, nos meses de março e abril, em virtude da revalorização do Real, ela recuou para a casa de 48% do PIB, voltando a crescer, novamente, nos dois meses seguintes, quando atingiu quase 50% (Tabela 30).

Tabela 30

Dívida líquida do setor público
Primeiro semestre de 1999
(em % do PIB)

Discriminação	Jan	Fev	Mar	Abr	Mai	Jun
Dívida líquida TOTAL	51,7	51,8	48,2	48,0	49,5	49,8
Dívida interna líquida	39,5	39,4	37,6	37,6	38,7	38,7
Dívida externa líquida	12,3	12,4	10,5	10,4	10,8	11,1

Fonte: Banco Central e Centro de Informações da *Gazeta Mercantil*

Os papéis cambiais e a venda de dólares no mercado futuro – que transferiram o risco de uma eventual desvalorização do setor privado para a esfera pública – somaram R$ 55,422 bilhões, enquanto o aumento da dívida externa em Reais totalizou R$ 47,172 bilhões. Pouco antes da desvalorização, em dezembro de 1998, do total de títulos públicos em poder do mercado (Gráfico 24), 21% tinham correção cambial e 69% tinham rendimentos pós-fixados (*Over*).

Gráfico 24

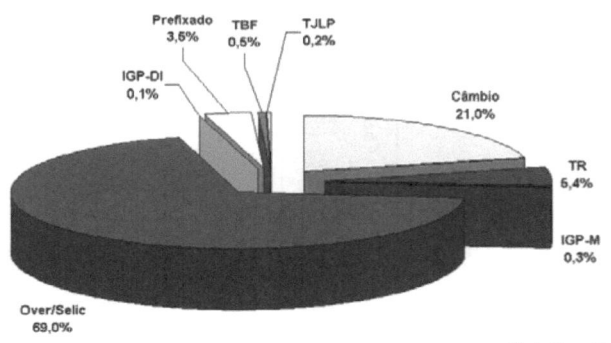

Títulos públicos federais
participação percentual por indexador

Fonte: Banco Central

Embora, posteriormente, com a valorização do Real em março, parte desse prejuízo tenha sido revertido, essa foi uma das maiores operações de socialização de prejuízos já ocorrida na história brasileira – sem falar do "socorro" de US$ 1,5 bilhão, dado pelo Banco Central, aos bancos Marka e Fonte-Cindam, que acabou se constituindo no pivô da criação de uma Comissão Parlamentar de Inquérito (CPI) para averiguar a atuação do sistema financeiro.

O déficit público operacional, por sua vez, passou de 7,71% do PIB, no acumulado de 12 meses encerrados em dezembro de 1998, para 12,01%, em janeiro, e 11,49%, em fevereiro. Nesse mesmo período, o total dos juros, que correspondia a 7,73% do PIB, passou para 12,29%, em janeiro, e 12%, em fevereiro (Tabela 31). Nos meses seguintes, com a apreciação do Real e, desse modo, com a diminuição dos juros totais pagos, bem como com um maior superávit primário – que cresceu de 0,28%, em janeiro, para 0,75%, em maio –, esse déficit se reduziu para a faixa entre 9,4% e 10%.

Tabela 31

Necessidade de financiamento do setor público
Janeiro a maio de 1999
(em % do PIB)

Discriminação	Janeiro		Fevereiro		Março		Abril		Maio	
	sem desval.	com desval.	sem desval.	com desval.	sem desval.	com desval.	sem desval.	com desval.	sem desval.	com desval.
Total Nominal	7,43	13,25	7,44	14,01	7,83	12,33	7,95	12,07	8,02	12,46
Total Operacional	6,19	12,01	4,92	11,49	5,87	9,60	6,03	9,41	6,21	9,93
Total Primário	-0,28	-0,28	-0,51	-0,51	-0,65	-0,65	-0,66	-0,66	-0,75	-0,75
Total Juros Reais	6,48	12,29	5,43	12,00	6,52	10,25	6,69	10,07	6,96	10,68

Fonte: Banco Central

Como se pode observar, os juros foram responsáveis, no primeiro semestre de 1999, pela totalidade do déficit operacional de todo o setor público. Sob esse aspecto, as contas públicas não se alteraram em nada com relação à situação anterior, ou até mesmo pioraram. No entanto, os superávits primários começaram a aparecer, como produto do corte de gastos e do aumento de impostos, de acordo com a necessidade de se conseguir o saldo de 3,1% combinado com o FMI.

Com relação ao comércio exterior, o resultado observado ficou muito aquém das novas metas estimadas pelo acordo com o FMI, não se confirmando, ainda, a expectativa generalizada de aumento da competitividade dos produtos brasileiros, decorrente da desvalorização cambial. A balança comercial fechou o primeiro semestre do ano com um saldo negativo de US$ 322 milhões – US$ 22,4 bilhões de exportações e US$ 22,7 bilhões de importações. Em ambos os casos, houve uma queda dos fluxos em relação ao mesmo período de 1998 de, respectivamente, 13,6% e 18,8% (Tabela 32).

Tabela 32

Transações correntes
Janeiro a junho de 1999
(em US$ milhões)

Mês	Bal. Comercial			Bal. de Serviços				Transf. Unilat.	Trans. Correntes (12 meses)	Trans. Correntes (% do PIB)
	Exp.	Imp.	Saldo	Juros	Viagens	Outros	Saldo			
Janeiro	2.946	3.700	-754	-730	-216	-986	-1.932	156	-35.403	-4,65
Fevereiro	3.267	3.048	219	-758	-102	-554	-1.414	270	-34.984	-4,69
Março	3.829	3.814	15	-1.354	20	-638	-1.972	235	-34.622	-4,75
Abril	3.705	3.675	30	-1.888	-57	-751	-2.696	171	-32.412	-4,57
Maio	4.386	4.074	312	-1.110	-106	-875	-2.091	142	-32.031	-4,63
Junho	4.313	4.457	-144	-1.913	-154	-912	-2.979	177	-32.429	-4,82
1º sem. acum.	22.446	22.768	-322	-7.753	-615	-4.716	-13.084	1.151	-	-

Fonte: Banco Central e Centro de Informação da *Gazeta Mercantil*

Diversas razões ajudam a explicar esse mau desempenho da balança comercial, motivado fundamentalmente pela má *performance* das exportações. Em primeiro lugar, como resultado da liberalização comercial e de quatro anos e meio de câmbio sobrevalorizado, o coeficiente de importações do país aumentou e o seu setor exportador perdeu clientes, deixando de exportar para áreas importantes. A reversão dessa realidade, com a retomada dos contatos comerciais e financeiros, exigirá tempo e uma nova estratégia comercial.

Em segundo lugar, a economia mundial, em franca desaceleração, tem implicado menor demanda no comércio mundial, além de derrubar os preços das *commodities*, que se constituem em grande parte da pauta de exportações brasileiras.

Em terceiro lugar, as linhas de crédito internacionais estiveram retraídas ou mesmo suspensas até pelo menos o final de fevereiro, além de os exportadores terem adiado o fechamento dos contratos à espera de maiores ganhos com a desvalorização cambial. Por fim, a decisão das empresas multinacionais, em exportar ou não, vem, cada vez mais, da matriz dessas empresas e não do Brasil.

Em suma, a meta para a balança comercial para 1999, estipulada no acordo com o FMI em US$ 11 bilhões de dólares para 1999 e posteriormente revisada para US$ 3,7 bilhões, já se mostrava, então, ao final do primeiro semestre, totalmente impossível de ser alcançada. Para se atingir essa segunda meta já revista, o país teria de conseguir um superávit médio mensal de mais de US$ 660 milhões nos 6 meses que faltavam para encerrar o ano.

O déficit em transações correntes, considerados os 12 meses encerrados em junho, se reduziu ao longo do semestre em termos absolutos (medido em dólares), caindo de US$ 35,2 bilhões, em dezembro de 1998, para US$ 32,4 bilhões (Tabela 33). Essa queda se deveu, principalmente, à redução dos déficits da balança comercial, em particular à diminuição das importações, conforme já visto, e da balança de serviços, em especial às viagens.

Todavia, considerando-se o déficit em transações correntes, enquanto proporção do PIB, ele cresceu ao longo do semestre: saiu de 4,65%, em janeiro, para 4,82%, em junho. Esse crescimento decorreu da queda do PIB medido em dólares, em razão da desvalorização cambial.

Como se pode observar, a meta de 3% do PIB para o déficit em transações correntes até o final do ano, conforme o acordo com o FMI, também dificilmente se concretizará, pois ela supunha um superávit de US$ 11 bilhões na balança comercial que, conforme se viu acima, foi totalmente descartado quando da segunda revisão do acordo. Um melhor resultado nesse setor dependeria de uma recessão bem mais profunda, que derrubasse mais ainda as importações. No entanto, além de estar descartada do horizonte econômico, e mesmo politicamente pelo Governo, uma maior recessão também reduziria o produto, o que dificultaria a queda do déficit em transações correntes medido como uma proporção do PIB.

O saldo da balança de capitais (Tabela 33), por sua vez, embora tenha iniciado o ano com um déficit de US$ 5,8 bilhões – em razão da crise cambial –, terminou o semestre com um superávit de US$ 9,4 bilhões. Essa reversão ocorreu em virtude do resultado obtido no mês de abril e deveu-se, antes de tudo, ao grande crescimento de "outros capitais" e à diminuição no valor das amortizações, que caiu quase pela metade em relação ao que se verificou nos dois meses anteriores.

O fluxo de investimento total atingiu, no semestre, um saldo positivo acumulado de US$ 13,8 bilhões – tornou-se positivo a partir de fevereiro, depois de um saldo negativo de quase US$ 2 bilhões em janeiro, o que também ocorreu com os empréstimos e financiamentos (US$ 17,3 bilhões), que apresentaram saldos positivos em todos os meses do semestre. Mais especificamente, o superávit no fluxo total de capitais, no semestre, se deveu ao crescimento dos investimentos diretos (US$ 12,9 bilhões) e dos financiamentos de médio e longo prazo (US$ 21,3 bilhões).

Com relação aos investimentos mais voláteis, percebe-se claramente que os investimentos estrangeiros em portfólio e os capitais brasileiros, depois de apresentarem saldos negativos em janeiro, começaram a retornar ao país em fevereiro e, principalmente, em março, em virtude da elevação da taxa de juros e das facilidades tributárias. No acumulado do semestre, o saldo desses dois tipos de investimentos foi positivo, em US$ 988 milhões. Em suma, a fuga de capitais, que precipitou a crise cambial, reverteu-se com relativa rapidez; ao contrário do que ocorreu em outros países que tiveram experiências semelhantes.

Assim, os dados aqui analisados demonstram que o desempenho da economia brasileira, ao longo do primeiro semestre de 1999, apresentou resultados aparentemente contraditórios. A expectativa, com a desvalorização cambial, principalmente com base no que aconteceu nos meses de janeiro e fevereiro, era de que houvesse um forte impacto inflacionário e uma longa recessão com desestruturação econômica e, no limite, até mesmo a decretação da moratória das dívidas interna e externa. Entretanto, os capitais especulativos retornaram, o

Tabela 33

Balança de capitais – Janeiro a junho de 1999
(em US$ milhões)

Mês	Investimentos				Empréstimos e Financiamentos			Outros Capitais	Amort.	Saldo Total
	Brasileiros	Estrangeiros		Total	Méd. e Lon. Prazo	Curto Prazo	Total			
		Portfólio	Direto							
Janeiro	-1.367	-1.606	1.010	-1.963	1.988	-1.418	570	-950	-3.439	-5.782
Fevereiro	108	47	4.702	4.857	1.929	416	2.345	567	-7.313	456
Março	596	1.710	2.000	4.306	3.317	-778	2.539	566	-7.386	25
Abril	610	563	1.514	2.687	5.933	-1.114	4.819	8.731	-3.293	12.944
Maio	-79	903	1.411	2.235	4.585	-1.382	3.203	-943	-2.795	1.700
Junho	12	-629	2.291	1.674	3.545	268	3.813	-910	-4.562	15
1º sem. acum.	-120	988	12.928	13.796	21.297	-4.008	17.289	7.061	-28.788	9.358

Fonte: Banco Central e Centro de Informações da *Gazeta Mercantil*

dólar recuou, a inflação desacelerou e a recessão se mostrou menos profunda.

Assim, ao lado da deterioração das finanças públicas – apesar da obtenção de superávits primários – e do crescimento das taxas de desemprego, observou-se, a partir de março, uma menor instabilidade dos mercados de câmbio e financeiro, que refletiu uma certa recuperação da "credibilidade" do país e evitou, naquele momento, o aprofundamento da crise cambial e o descontrole inflacionário. Como sempre acontece, nesses dias de hegemonia do capital financeiro, o otimismo retornou aos "mercados", com a mesma rapidez com que se generalizou, nos dois meses anteriores, o pessimismo; e, sob essa ótica, passou-se a avaliar positivamente as perspectivas do conjunto da economia.

Desse modo, a liberação da segunda parcela do empréstimo previsto no acordo com o FMI e o retorno dos capitais especulativos – atraídos por juros altos e redução de impostos – resolveram o problema imediato da excessiva desvalorização do Real ou de bruscas flutuações nas cotações do dólar. No entanto, o seu resultado, em momentos subsequentes, é o de elevar as dívidas externa e interna. Além disso, o endividamento, em dólar, do setor privado, poderá levar a uma nova onda de desnacionalização, em virtude do barateamento, em dólar, dos preços das empresas brasileiras. Por sua vez, esse processo de endividamento continuado – e desnacionalização – implicará futuras pressões para remessa de juros, lucros e dividendos ao exterior.

Em síntese, está se assistindo a um fenômeno já visto na primeira metade dos anos 80, qual seja: a adoção de altas taxas de juros, como instrumento central de combate à inflação, restringe as atividades econômicas, provoca desemprego, arrocha salários e concentra renda a favor do sistema financeiro, desta feita com o agravante da liquidação do patrimônio público e da permanente ameaça de uma crise cambial.

Essa estratégia é coerente com as proposições do FMI e dos ideólogos do Consenso de Washington, que, apesar de reconhecerem que o Governo Cardoso tem se esforçado para aplicar à risca a cartilha recomendada, não "dão o braço a torcer". A culpa de tudo não reside na instabilidade financeira do capitalismo globalizado, nem tampouco na natureza dos planos de estabilização implementados.[10] Segundo eles, as crises, quando ocorrem, decorrem da má gerência dos planos e/ou do fato de as autoridades econômicas terem escondido informações sobre a real situação das principais estatísticas macroeconômicas.

Na verdade, a saída definitiva da armadilha cambial depende, entre outras coisas, do crescimento das exportações, que viabilize saldos positivos na balança comercial e, por extensão, reduza os déficits na conta de transações correntes, possibilitando uma menor dependência com relação aos capitais externos, a não ser que se acredite – o que não é o caso – na viabilidade de se obter esses saldos positivos, através de uma política econômica que continue reduzindo o nível da atividade – recessão –, como forma de se reduzir as importações, num país que tem, por ano, mais 1,5 milhão de novas pessoas ingressando no seu mercado de trabalho.

No entanto, os fatos estão demonstrando que a simples desvalorização cambial dificilmente conseguirá resolver o problema do crescimento das exportações e, por extensão, da balança comercial, principalmente em se mantendo o atual grau de abertura comercial. Desse modo, a obtenção de um desenvolvimento que possa ser sustentado dinamicamente, isto é, crescimento com estabilidade monetária e sem risco de crise cambial, exige a implementação de políticas ativas de comércio exterior, agrícola, industrial e tecnológica – implicando, obviamente, uma outra postura por parte do Estado, o que demandaria uma modificação importante na atual corre-

---

[10] Os impactos da mudança da política cambial sobre a América Latina foram imediatos, a começar pelos países do Mercosul, em especial a Argentina, com a sua política cambial de *currency board* sendo testada nos limites de sua sustentabilidade, em razão da reversão que vem ocorrendo nas suas transações comerciais com o Brasil. A manutenção desse sistema levou, mais uma vez, a sua economia à recessão, acompanhando o seu principal parceiro comercial. A resposta que tem sido aventada pelo governo argentino é a de extinção formal da sua moeda, adotando-se o dólar como a moeda oficial do país. Caso isso ocorra, a Argentina se transformará em mais um "estado norte-americano" e se redobrarão as pressões para a extinção do Mercosul e a criação da Alca.

lação de forças políticas e, no limite, a construção de um novo "contrato social".

Em sentido contrário, a atual política econômica, de subordinação à lógica do capital financeiro e de aprofundamento das reformas liberais, apenas promove uma espécie de "fuga para frente", que concentra renda, precariza o mercado de trabalho, deteriora as condições sociais, fragiliza financeiramente o Estado e exige, reiteradamente, sucessivos "ajustes fiscais". Essa política pode saciar, momentaneamente, em cada conjuntura, o apetite dos "mercados", mas para apenas recolocar, mais à frente, os mesmos problemas e as mesmas contradições.

Conclusão [*]

O ANO de 1999 será, provavelmente, o pior desde a implantação do Real, apesar da não confirmação das expectativas, com relação ao primeiro semestre, de um quadro catastrófico no curto prazo – no que se refere, especificamente, a uma explosão dos preços e a uma brutal queda do PIB, que se delineavam como bastante provável, logo após a maxidesvalorização do Real.

De qualquer forma, o PIB, que se reduziu em 0,12% em 1998, poderá voltar a cair em 1999, o que caracterizaria dois anos seguidos de recessão ou estagnação. No entanto, ainda que o crescimento em 1999 não seja negativo (0%), a década de 1990, sob esse prisma, será mais "perdida" do que a de 1980. A taxa média de crescimento, nesta última, alcançou 2,9% ao ano, enquanto nos anos 90, com o predomínio das políticas liberais, deverá ficar em 2,3%. Até 1998, a taxa foi um pouco maior: 2,7%

---

[*] Conforme indicado no Prefácio, o período histórico de análise, adotado no presente trabalho, teve por limite o primeiro semestre de 1999. Por isso, e pelo fato desta Conclusão ter sido redigida em outubro, optamos por manter no futuro as partes do texto que se referem ao desempenho da economia para todo o ano de 1999. De qualquer forma, em que pese o limitado crescimento, mais uma vez, do nível de atividade econômica, os acontecimentos que se seguiram, ao longo do segundo semestre do ano passado e do primeiro semestre de 2000, continuam a evidenciar os mesmos problemas e as mesmas contradições existentes no "modelo econômico" adotado a partir da implementação do Plano Real – que estão associados à forma de inserção do país na nova (des)ordem mundial e que se expressam na sua dependência externa aos capitais internacionais e, internamente, na fragilização financeira do setor público.

ao ano, mas ainda menor do que a dos anos 80. Considerando-se somente o período do Plano Real (1994/1998), a taxa ficou em torno de 3,2% ao ano, praticamente semelhante à da década passada, devendo, contudo, ser de 2,7% ao ano, caso 1999 apresente crescimento zero.

No fim de 1998, mesmo com o desaquecimento da economia ao longo do ano – com redução do PIB e taxas de desemprego recordes, com a ocorrência de um período deflacionário, as contas públicas e externas só pioraram e o país foi vítima de uma crise cambial prevista por economistas das mais variadas correntes de pensamento.

O déficit em transações correntes atingiu, em dezembro, o montante de US$ 33,6 bilhões de dólares, aumentando em 8,7% em relação a 1997 e atingindo 4,5% do PIB; em que pese a balança comercial ter reduzido seu déficit em 23,5% (US$ 1,96 bilhão), registrando um saldo negativo de US$ 6,4 bilhões, como resultado de uma diminuição das exportações em 3,5%, que atingiram US$ 51,1 bilhões, e de uma queda maior ainda das importações (6,2%), que totalizaram US$ 57,6 bilhões (Gráficos 3 e 6).

O crescimento do déficit na balança de serviços em 9,6% (US$ 2,5 bilhões) mais do que compensou a queda da balança comercial, atingindo a casa dos US$ 28,8 bilhões (Gráfico 4) – impulsionado pelo crescimento das remessas de lucros e dividendos em 23% e de juros em 16,4%, que alcançaram, respectivamente, US$ 6,9 bilhões e US$ 12,1 bilhões (Gráfico 5).

Como decorrência, a dívida externa bruta chegou, até dezembro de 1998, a US$ 235 bilhões, indicando um crescimento de 17,5% em relação a 1997, enquanto a dívida líquida cresceu 28,3%, atingindo US$ 190,5 bilhões se considerarmos o montante de reservas de US$ 44,5 bilhões em dezembro. Contudo, as indicações eram de que as reservas, naquele momento, estavam em torno de US$ 35 bilhões, se não fosse considerado o adiantamento da primeira parcela do empréstimo do FMI, o que elevaria a dívida líquida para US$ 200 bilhões, isto é, um crescimento de 34,7%.

O déficit nominal consolidado de todo o setor público ficou em torno de 8,02% do PIB no final de 98 – contra 6,14%, no ano anterior, 5,87%, em 1996, e 7,20%, em 1995 –, alimentado por uma taxa básica de juros que chegou a atingir mais de 40% e se encontrava, em dezembro, ainda muito alta (29%). Esse déficit ocorreu, essencialmente, por conta do crescimento dos juros da dívida pública – cujo montante cresceu de 3,37% do PIB, em 1997, para 7,73%, em 1998 –, uma vez que o resultado primário apontou um pequeno superávit de 0,01% do PIB (Tabela 25). O total da dívida pública ultrapassou a casa dos R$ 388 bilhões, sendo mais de R$ 328 bilhões de dívida interna e quase R$ 60 bilhões de dívida externa (Tabela 26).

Entretanto, ainda no final de 1998, de forma aparentemente paradoxal, se observou um certo otimismo nas bolsas de valores e nos mercados financeiros internacionais, a partir das sucessivas quedas das taxas de juros americanas e em razão do acordo do Brasil com o FMI. No Brasil, contrastando com a grave situação vivida pelo setor produtivo da economia, as bolsas se recuperaram, momentaneamente, com altas sucessivas. Todavia, esse comportamento ciclotímico, beirando a esquizofrenia, de ondas de pessimismo e otimismo em curtos períodos de tempo, é próprio da natureza dos capitais especulativos, num ambiente de exacerbação da instabilidade e da incerteza.

Assim, no início de 1999, assistiu-se a mais uma fuga de capitais do país; desta feita detonando uma crise cambial que forçou a desvalorização do Real. Foi o fim da "âncora cambial", depois de um período de quatro anos e meio, no qual ela cumpriu um papel fundamental no controle da inflação – que possibilitou as condições políticas necessárias para a implementação, em tempo recorde, da agenda liberal: a quebra dos monopólios estatais, a ampliação e o aprofundamento do programa de privatizações, as reformas do Estado e da previdência etc.

Ao contrário de outras experiências recentes de desvalorização – México, Coreia do Sul, Indonésia e Tailândia, entre outros países –, os impactos negativos decorrentes da mudança do regime cambial, do ponto de vista macroeconômico e de curto prazo, foram menores do que se esperava, no primeiro semestre de 1999. Entre outras, pode-se aventar as seguintes razões para que isso tenha ocorrido:

- a recessão foi amenizada porque houve substituição de importações, em razão da mudança dos preços relativos a favor do produtor interno;
- a inflação subiu pouco porque as margens de lucro estavam muito elevadas, o que evitou o repasse do aumento dos custos para o consumidor;

- não houve crise bancária porque o Governo assumiu os riscos e, posteriormente os prejuízos da desvalorização cambial, socializando as perdas;
- houve o retorno rápido dos capitais especulativos porque eles saíram antes da maxidesvalorização, ou fizeram *hedge* cambial com títulos públicos, por terem previsto com antecedência a crise brasileira – que, de certa forma, foi anunciada pelo acordo do Governo com o FMI, uma vez que este arranjo já fazia parte das expectativas dos agentes econômicos desde setembro/outubro de 1998; e, por fim,
- não houve maiores dificuldades, por parte das empresas, em razão da flexibilidade dos salários, inclusive nominais, que se tornaram a principal variável de ajuste após a mudança dos preços relativos decorrente da desvalorização do Real – em virtude da ausência de mecanismos de indexação e da precarização do trabalho, anteriormente já comentada (Carvalho, 1999).

Todavia, numa perspectiva de médio e longo prazo, observa-se, de forma inequívoca, que a estabilidade monetária, da forma como ela vem sendo mantida, principalmente até o início de janeiro de 1999, vem se constituindo no elemento central de toda a instabilidade macroeconômica vivida pela economia brasileira desde a crise cambial mexicana – e, o que é mais dramático, sem nenhuma perspectiva de correção, mesmo com a mudança da política cambial ocorrida em janeiro.

A política de estabilização associada ao Plano Real, acompanhada por mudanças na forma de atuação do Estado na economia, nas relações econômicas internacionais do país, na estrutura dos setores industrial e financeiro e do mercado de trabalho – conforme o ideário liberal de estabilidade e desenvolvimento –, criou uma barreira intransponível entre estabilidade monetária e crescimento, agravando o desemprego, aprofundando a dependência externa do país, fragilizando financeiramente o Estado e enfraquecendo a sua capacidade de adotar políticas públicas e sociais.

As atuais, e evidentes, dificuldades para sustentação do Real, mesmo após o término da "âncora cambial", têm raízes externas e internas ao país. As crises internacionais, difundidas a partir de determinado país e/ou região, são uma realidade do capitalismo globalizado, que independe da vontade e das ações de outros países – em especial os da periferia do sistema – e ameaça inclusive a economia americana. No entanto, os seus efeitos globalizados têm impactos diferenciados nos diversos países, de acordo com a posição de cada um nessa nova (des)ordem – que se expressa em graus distintos de competitividade e vulnerabilidade externa – e a natureza de suas respectivas políticas econômicas adotadas: cambial, monetária e fiscal, mas também industrial e de comércio exterior.[1]

Assim, as dificuldades presentes não decorreram apenas de um erro de avaliação na condução inicial do plano ou da criação de um ambiente eleitoral mais favorável para o "pai do Real", como alguns podem pensar. Para além dessas razões, o discurso oficial, até a crise do México, enfatizava a necessidade desses déficits, uma vez que eles seriam fundamentais no combate à inflação, permitiriam a modernização da economia e poderiam ser compensados pela entrada de capitais estrangeiros. Em suma, ao contrário dos anos 80, fazia-se a apologia de um novo "modelo", no qual "importar é o que importa". Daí a pressa com que foram derrubadas as alíquotas do imposto de importação, que passaram de 51%, em média, em 1988, para 37%, em 1990, e 14%, em 1993, na véspera da implantação do Plano.

Além disso, para o Presidente da República e os ministros e técnicos da área econômica do Governo, a estratégia de estabilização adotada sempre foi fundamentalmente correta e as dificuldades sempre foram consideradas como transitórias – próprias de momentos adversos muito particulares. A perspectiva, para eles, sempre foi a de que a balança comercial voltaria a apresentar superávits, abrindo espaço para a queda

---

[1] "Diante das restrições impostas à política cambial, o aumento da taxa de juros torna-se o principal mecanismo para manejar a crise. Contudo, a absorção de recursos externos, especialmente nos países que a utilizaram como peça coadjuvante de seus programas de estabilização, resultou num aumento substancial do endividamento interno que, por sua vez, torna os agentes endividados e o sistema bancário extremamente vulneráveis a elevações nos juros domésticos. Assim, desvalorizações cambiais e/ou aumentos da taxa de juros podem resultar em crises financeiras de grande magnitude, como foi observado no México após a crise cambial de dezembro de 1994" (Prates, 1977: 180).

das taxas de juro e facilitando o ajuste das finanças públicas, o que permitiria, a médio prazo, a retomada do crescimento econômico. Enquanto isso, as reformas na Constituição e as privatizações trariam, para o país, os aguardados investimentos estrangeiros produtivos, contribuindo para o ajuste das contas públicas e ajudando a garantir a sustentação do Plano.

Em síntese, o sucesso definitivo do Plano seria apenas uma questão de tempo, de saber administrar as políticas cambial e monetária, realizar as reformas liberais e conduzir as privatizações, enquanto o setor privado acumularia ganhos de produtividade com a reestruturação produtiva – que o tornaria mais competitivo. Portanto, como chegaram a afirmar alguns técnicos do Governo, fez-se uma "aposta" numa certa direção que, no entanto, não se confirmou.

Assim, culpar unicamente as crises internacionais pelas dificuldades presentes da economia brasileira, como faz o Governo, desresponsabilizando-se de todo o processo e colocando-se numa posição essencialmente defensiva, de elevação das taxas de juros e aperto da política fiscal, com todas as implicações negativas daí advindas sobre o emprego e a renda, mistifica a história do Plano Real e não resolverá o problema central, qual seja: uma inserção, comercial e financeira, totalmente subordinada à nova (des)ordem internacional e a partir de uma estrutura produtiva com pequena capacidade competitiva – agravada pela ausência de uma política industrial ativa e de instrumentos de política de comércio exterior, como, por exemplo, uma política *antidumping* efetiva.

Desse modo, qualquer que seja a situação no futuro próximo, isto é, a confirmação ou não, nos próximos meses, de uma menor instabilidade nos mercados financeiros internacionais, o cenário que se pode delinear para o país é muito ruim – caso a política econômica permaneça como está.

Por outro lado, o segundo Governo Cardoso, ao contrário do primeiro, começou em circunstâncias políticas e econômicas extremamente negativas, no que se refere à continuação da implementação de seu projeto liberal. Antes de tudo, porque o Governo se fragilizou politicamente perante a sociedade, em razão do agravamento do desemprego e da deterioração do quadro social do país – a queda vertiginosa de popularidade do Presidente, em todas as pesquisas de opinião, foram reflexos imediatos dessa nova realidade. A sua principal promessa de campanha eleitoral, isto é, "acabar com o desemprego depois de ter acabado com a inflação", que já era um engodo, tornou-se perversamente o seu oposto.

Além disso, esse enfraquecimento ocorreu também com relação à sua própria base de sustentação parlamentar, que após aprovar, em janeiro, o "pacote fiscal" exigido pelo FMI, tornou-se mais refratária à adoção de medidas impopulares, tendo em vista a aproximação das eleições municipais e o próprio desgaste do Governo. Mais do que nunca, o Governo Cardoso só tem a apresentar à sociedade, enquanto uma realização sua positiva, a estabilização dos preços; e é desta questão que ele continua tratando fundamentalmente, ao subordinar todos os demais problemas a ela.

Como resultado dessa nova situação e, ao mesmo tempo, realimentando-a, passou-se a observar disputas mais acirradas no interior da base de sustentação política do Governo no Congresso Nacional – tendo por objeto, de forma absurdamente precoce, a futura sucessão presidencial –, que vêm se tornando mais reiteradas e cada vez mais graves. O episódio da queda do ministro das comunicações e do presidente do BNDES, bem como a disputa em torno da criação, e posterior indicação do titular, do Ministério do Desenvolvimento, explicitaram algumas divergências no interior do Governo, bem como a voracidade política das diversas facções da "corte".

Em todo esse período, como seria de se esperar, a velha tática das elites no Brasil de conclamar, em momentos de crise, todos os setores políticos e sociais do país para aderirem ao seu projeto, em nome de uma suposta defesa do país, reapareceu de novo no cenário político. A oposição foi convidada a compartilhar a responsabilidade de tirar o país da crise a partir da camisa de força de uma única alternativa possível, que é o aprofundamento da mesma política econômica até aqui implementada e que o levou à presente situação.

Em sentido contrário, a possibilidade de um caminho alternativo ao projeto liberal, que possa reverter a atual situação de evidente e explícita subordinação do país à plutocracia internacional, passa, necessariamente, pela defesa da produção nacional e do emprego, que possa articular e mobilizar amplos segmentos da sociedade brasileira, dentro e fora do parlamento – o que, evidentemente, exigiria um outro tipo de composição de forças políticas à frente do Estado brasileiro.

Nessa nova direção, são fundamentais o desarme da armadilha do câmbio sobrevalorizado – tardiamente já efetuado – e a redefinição do processo indiscriminado de abertura comercial e financeira – que contribuirão para uma maior competitividade da produção nacional e uma maior autonomia da política macroeconômica do país, bem como a adoção de políticas ativas – industrial e de comércio exterior –, direcionadas para o desenvolvimento tecnológico e a capacitação da empresa nacional. Ademais, dada a gravidade da deterioração do mercado de trabalho, torna-se indispensável a implementação de uma política de emprego, bem como de políticas públicas emergenciais, que atenuem, no curto prazo, os efeitos da crise sobre os grupos sociais mais frágeis.

A agenda liberal, de restringir as funções do Governo e circunscrever os objetivos da política econômica à promoção do equilíbrio fiscal e à defesa da moeda, deixando ao "livre mercado", sozinho, o papel de decidir e alocar os investimentos, só tem conseguido, até agora, e de forma precária, a manutenção da estabilidade monetária. Todas as outras questões fundamentais, ligadas ao crescimento e à distribuição da renda, praticamente não se constituem em objeto de preocupação ou, no máximo, aparecem de forma caudatária, subordinadas e submetidas que estão à política de estabilização e seus desdobramentos nas contas públicas e externas do país.

A opção recente pela política de "metas inflacionárias", a ser adotada a partir do segundo semestre de 1999, reafirmou no fundamental, mais uma vez, a orientação até então seguida, isto é, a política econômica continuará tendo como objetivo central, quase que único, o combate à inflação – coadjuvada pela busca de sucessivos ajustes fiscais e a retomada das reformas liberais. Uma vez estabelecida a meta para a inflação a ser alcançada em 1999 – de 8%, medida pelo IPCA/IBGE, mas admitindo-se um desvio de 2% –, as taxas de juros e os depósitos compulsórios serão manipulados, para mais ou para menos, a depender do que indicarem as projeções inflacionárias. Como a restrição externa permanece, apesar da mudança da política cambial, opondo crescimento e déficit no balanço de pagamentos, a perspectiva é de continuação da política de *stop and go*, com pequenas recuperações e recuos, mantendo-se a tendência à estagnação da economia brasileira – que, da mesma forma que a década anterior, tem caracterizado a "Era Liberal" nesses anos 90.

Portanto, se faz necessário, mais do que nunca, um projeto de desenvolvimento que aponte, de forma inequívoca, um outro caminho para a estabilização monetária e a integração do país à nova (des)ordem internacional – que consiga superar a contradição, hoje existente, entre crescimento e estabilização dos preços. Um projeto, em suma, que reconheça que o Brasil, embora faça parte da comunidade internacional e da dinâmica capitalista mundial, tem interesses próprios a serem perseguidos, que não necessariamente coincidem com os dos países desenvolvidos, podendo inclusive estar em contradição com eles. Isto exige a constituição de um projeto nacional, que esteja calcado na noção de um país soberano e voltado para a solução do principal problema da sociedade brasileira: a exclusão econômico-social de grande parte de sua população.

A construção desse projeto não se confunde com a simples listagem de um elenco de propostas econômicas, sociais e políticas, mas implica, sobretudo, a capacidade de se aglutinar forças sociais e políticas que consigam implementar uma alternativa consistente ao liberalismo no Brasil.

Em particular, para a definição da natureza dessa alternativa, é crucial se constatar que não existe mais hoje, no interior da burguesia brasileira, qualquer fração ou segmento que se proponha a assumir a direção de um projeto de caráter nacional, que incorpore, efetivamente, as aspirações e os interesses da grande massa de excluídos desse país. A razão disso se encontra na natureza de sua inserção objetiva no capitalismo globalizado, que reforçou o seu grau de dependência e internacionalização.

Desse modo, a necessidade de se reconstruir a utopia socialista, após a desestruturação do "Socialismo Real" e a grande vaga liberal dos anos 80 e 90, se fará sentir numa intensidade cada vez maior, não só no Brasil, mas em todos os países que passaram por essa experiência. A importância e compreensão dessa questão, sem dúvida, remete a uma série de problemas complexos, que extrapolam o escopo desse trabalho e fogem à competência do Autor, como, por exemplo:

- Qual a relevância e a situação do Estado-Nação nessa nova (des)ordem internacional que está em construção?
- Qual o grau de identidade das classes trabalhadoras hoje no Brasil e a sua possibilidade de se expressarem, de forma efetiva, sindical e partidariamente?
- E qual a possibilidade de se construir uma solidariedade internacional das classes trabalhadoras, acima da concorrência intercapitalista e da competição entre as nações?

UM GOVERNO DE CRISE:
O SEGUNDO MANDATO DE FHC (1999-2002)

O segundo Governo FHC teve por característica maior o fato de ter sido um governo de crise, em duplo sentido. Primeiramente, porque teve de administrar sucessivas crises do balanço de pagamentos (1999, 2001 e 2002) – que o levou a bater às portas do FMI para tomar três empréstimos nos montantes de US$ 41,5 bilhões (1998), US$ 15,6 bilhões (2001) e US$ 30 bilhões (2002). Em contrapartida, durante os seus quatro anos de duração, a economia brasileira foi monitorada externamente por essa instituição, a partir de parâmetros macroeconômicos explicitados nos acordos estabelecidos. Adicionalmente, também enfrentou uma crise de energia (2001), que colocou em xeque o modelo de privatização do setor elétrico e a atuação das agências reguladoras, inviabilizando o início do processo de privatização das empresas estatais geradoras de energia – que havia sido planejado e decidido ainda no primeiro Governo FHC.

Em segundo lugar, foi um governo de crise porque também teve de administrar a sua própria crise política interna, em virtude do esfacelamento de sua base político-parlamentar – que acabou culminando, no ano da eleição presidencial, com a saída do Partido da Frente Liberal (PFL) do Governo. Essa dimensão política da crise, em boa medida resultante da primeira, foi decisiva – juntamente com o desgaste do Governo perante a população, principalmente em virtude das consequências sociais desastrosas de sua política econômica – para o resultado do embate eleitoral para Presidente da República em 2002, qual seja: a vitória da aliança política comandada pelo Partido dos Trabalhadores (PT), com a eleição de Luís Inácio Lula da Silva.

Essas crises transcorreram num contexto de piora, evidente, do cenário internacional, tanto do ponto de vista econômico quanto do político. Do ponto de vista econômico, o ciclo de crescimento da economia norte-americana, iniciado no começo dos anos 1990, sofreu a sua reversão, a partir do "estouro da bolha" em 2000 –, desmistificando pela enésima vez, na história do capitalismo, concepções ideológicas, em alguns casos ingênuas, que acreditam na possibilidade de um crescimento permanente e linear da acumulação de capital, dessa feita apoiadas entusiasticamente no argumento de que as novas tecnologias estariam estruturando uma "nova economia", com capacidade ilimitada de expansão.[1]

Na realidade, como em outras experiências conhecidas na história do capitalismo, esse ciclo também desembocou numa frenética atividade especulativa nos mercados financeiros, que prolongou sua trajetória ascendente mas não impediu sua reversão. Essa "exuberância irracional" ou "ganância infecciosa", conforme expressões cunhadas pelo então presidente do Banco Central dos Estados Unidos (FED), foi acompanhada por crescentes déficits da balança comercial desse país e, a partir do Governo Bush, pela volta dos déficits fiscais do governo. Adicionando combustível a essa situação, ocorreram os atentados terroristas de 11 de setembro de 2001 em Nova Iorque e Washington e vieram à tona as fraudes contábeis envolvendo grandes corporações com ações negociadas nas bolsas de Nova Iorque.[2]

Ainda no campo econômico, a partir de janeiro de 1999, com a crise cambial no Brasil e a desvalorização do Real, o regime de câmbio fixo da Argentina ingressou em sua fase terminal, culminando, em dezembro de 2001, depois de quatro

---

[1] No fundo, todas essas concepções, baseadas na crença do poder ilimitado de crescimento da produção, se apoiam, direta ou indiretamente, na Lei de Say – mesmo após a crítica contundente feita por Keynes e Kalecki nos anos 1930, sem falar nas críticas de Malthus e Marx no século XIX.

[2] Mais recentemente, em 2003, a invasão do Iraque pelos Estados Unidos e pela Grã-Bretanha agravou ainda mais o cenário de incertezas, em particular com relação aos seus custos para a economia americana e à futura evolução dos preços do petróleo, durante e após o conflito.

anos seguidos de recessão, em uma crise econômico-política sem precedentes na história desse país – na qual se chegou a ter, sucessivamente, cinco presidentes da república num espaço de onze dias. A revogação da paridade cambial, como é comum nesse tipo de crise, impactou fortemente a inflação e ameaçou desmoronar todo o sistema financeiro, levando o governo argentino a confiscar os depósitos bancários, sob protestos violentos dos correntistas. A consequência para o Mercosul foi nefasta e decisiva: esse arranjo de integração econômica se esvaziou drasticamente e chegou ao limite de quase se inviabilizar.

De um ponto de vista mais estrutural, a crise Argentina se constituiu num caso paradigmático do profundo fracasso do modelo liberal, no país que mais o implementou e mais se subordinou a sua lógica. A manutenção da Lei de Conversibilidade por mais de dez anos e os sucessivos ajustes fiscais – com a privatização de todo o patrimônio público, redução do valor dos salários e aposentadorias e demissão de um grande contingente de servidores públicos – só aprofundaram as dificuldades e jogaram a crise para adiante.

Em todo esse processo, o posicionamento do FMI, do Tesouro americano e demais instituições multilaterais foi sempre o de elogiar o comportamento das autoridades econômicas da Argentina, ao tempo em que elegeram esse país como o grande modelo de desenvolvimento a ser seguido pelos demais países da América Latina. Quando as dificuldades se aprofundaram, as recomendações desses organismos foram as mesmas das outras crises – México, Ásia, Rússia e Brasil –, quais sejam: adoção de medidas no sentido de aprofundar o ajuste fiscal, com mais cortes nas despesas e redução de salários e aposentadorias. No entanto, após dezembro de 2001, essas instituições responsabilizaram unicamente as autoridades argentinas pela crise e, o que foi mais impressionante, indicaram como principal causa da crise a adoção insuficiente, por parte da Argentina, das reformas e das políticas recomendadas pelo receituário liberal. Em suma, o diagnóstico – apesar de todas as evidências empíricas em contrário – foi de que os governos argentinos não foram liberais e ortodoxos o suficiente, na condução econômica do país (Filgueiras, 2002a).

Para completar o quadro internacional desfavorável, ao longo do segundo Governo FHC, devem-se mencionar as situações complicadas da economia japonesa, que continuou no seu processo de estagnação, que já dura doze anos – desde a crise dos mercados financeiros e imobiliário do início dos anos 1990 –, e da União Europeia, que ingressou também numa quadra de dificuldades, que vem colocando em questão as metas de déficit fiscal e dívida pública estabelecidas no Acordo de Maastrisch, para as quais todos os países participantes devem convergir.

Do ponto de vista político, a vitória de Bush nos Estados Unidos trouxe à cena internacional, com ênfase, a afirmação de uma política unilateral por parte da única potência hoje existente e, junto com ela, o complexo industrial-militar norte-americano. Os eventos de 11 de setembro reforçaram essa nova política externa dos Estados Unidos – que já vinha sendo implementada antes mesmo dos atentados, expressando-se, por exemplo, na não adesão desse país à Convenção de Kyoto e no seu não reconhecimento do Tribunal Penal Internacional.[3] Na verdade, essa radicalização da política externa norte-americana trouxe para o âmbito estritamente político o comportamento unilateral já praticado pelos Estados Unidos na esfera econômica, através das ações do Tesouro, do FMI e do Banco Mundial.

No âmbito do continente americano, esse comportamento belicoso por parte dos Estados Unidos sinaliza para a ocorrência de fortes tensões no futuro, quando do aprofundamento das negociações acerca da criação da Alca.[4] Além disso, poderá agravar, ainda mais, os problemas enfrentados pela América Latina – com destaque para as situações da Colômbia, Venezuela e Argentina.

Esse cenário internacional desfavorável acompanhou, permanentemente, o segundo Governo FHC. Desse modo, logo após o início do segundo mandato de Cardoso, em

---

[3] O auge dessa política viria a culminar, posteriormente, com a invasão do Iraque à revelia das decisões do Conselho de Segurança das Nações Unidas (ONU).

[4] A divulgação, no início de fevereiro de 2003, da primeira proposta oficial do Governo dos Estados Unidos para a criação da Alca já havia tencionado as negociações antes mesmo da invasão do Iraque. Nessa proposta, há uma oferta diferenciada de redução de tarifas para os países que integrarão a Alca, com os países que constituem o Mercosul sendo tratados de forma muito mais dura do que os demais. Além disso, retira das negociações as barreiras não tarifárias, que dificultam as exportações de países como o Brasil para os Estados Unidos.

janeiro de 1999, o governo teve de administrar uma crise no balanço de pagamentos do país, que o obrigou a redefinir o regime cambial até então adotado, transitando para uma situação de câmbio flexível e assumindo, a partir do segundo semestre, o regime de metas de inflação. Essa nova política, juntamente com a obtenção de elevados superávits primários, passou a se constituir no centro da política econômica, tendo como instrumento primordial a manipulação da taxa de juros e do montante dos depósitos compulsórios retidos pelo Banco Central – acionado de acordo com a trajetória futura estimada para a inflação, tal como medida especificamente pelo IPCA do IBGE.

No ano seguinte (2000), apesar dos primeiros sinais de desaceleração da economia norte-americana – que culminaram com o estouro da enorme "bolha financeira", com impactos profundos nas bolsas de valores de todo o mundo –, houve uma queda da inflação e uma retomada das atividades econômicas no Brasil, com o PIB crescendo 4,4%. Essa recuperação, iniciada já no segundo semestre do ano anterior, foi propiciada pelo retorno dos investimentos diretos estrangeiros, em montante recorde – com a consequente valorização do Real – e, na sequência, pela queda da taxa de juros (Filgueiras, 2000). Depois de atingir um pico de 45% em março de 1999, essa taxa caiu seguidamente até abril de 2001. Além disso, como sempre acontece, as eleições municipais, que ocorreram em outubro de 2000, também ajudaram, de forma secundária, a movimentar a economia.

Em 2001, com o desenrolar da crise da economia argentina e, principalmente, da economia americana – cenário este agravado com os acontecimentos de 11 de setembro –, ocorreu uma nova desaceleração da economia brasileira, com o PIB crescendo apenas 1,5%. O Real, a partir de janeiro, voltou a se desvalorizar fortemente ao longo daquele ano – principalmente depois de abril –, registrando-se intenso movimento de saída de capitais e com a taxa de juros voltando a subir a partir do mês de maio (Filgueiras, 2001). Adicionalmente, ao longo do ano, o Governo FHC se defrontou com a "surpresa" de uma crise energética que, embora tendo sido desencadeada pela baixa dos reservatórios – associada às condições climáticas desfavoráveis –, decorreu, em grande medida, de sua política de privatização das empresas de energia elétrica e do modelo adotado para

gerenciar o setor. Como decorrência, implementou, a partir de
junho, uma política de racionamento de energia – com a adoção
da meta de redução de 20% do consumo, tanto para famílias
quanto para as empresas, de acordo com o gasto médio do consumidor no ano anterior –, que afetou diretamente a capacidade
de produção da indústria, restringido o seu crescimento. Nesse
contexto desfavorável, no âmbito doméstico e internacional, o
governo assinou em setembro, preventivamente – com o intuito
de tentar abortar a nova crise cambial que se esboçava –, um
novo acordo com o FMI, antes mesmo do término do acordo
anterior, de dezembro de 1998.

Por fim, em 2002, explicitou-se, a partir do mês de abril, o
início de uma nova crise cambial, com fuga de capitais e grande
desvalorização do Real. O aprofundamento da fragilidade financeira do setor público – com o crescimento continuado da
relação dívida pública/PIB –, o vencimento de grandes parcelas da dívida e a possibilidade da vitória de Lula abriram um
amplo campo para a especulação contra o Real; em boa medida
ajudada pelo comportamento do próprio Banco Central que, ao
anunciar que resgataria essas parcelas quando dos seus vencimentos, induziu reiterados movimentos especulativos que
pressionaram a subida do dólar, um pouco antes da data dos
resgates dos títulos, propiciando, assim, enormes ganhos aos
credores. Essa nova circunstância levou a novo crescimento
da taxa de juros a partir de setembro que, juntamente com a
superação da meta de superávit fiscal – acordada com o FMI
em 3,88% do PIB, mas que atingiu mais de 4% no final do ano –,
impactou negativamente as atividades econômicas, com o PIB
voltando a crescer apenas 1,51%.

Esses movimentos, de curto prazo, de aceleração e
desaceleração da economia brasileira, foram, na verdade,
uma característica básica dos oito anos de Governo FHC.
O câmbio flexível, a política de metas inflacionárias e um
regime fiscal mais draconiano não conseguiram reverter, de
forma estrutural, a vulnerabilidade externa da economia e a
fragilidade financeira do setor público – não abrindo espaço,
portanto, para a retomada sustentada do crescimento. A dinâmica perversa, que tem reafirmado, continuadamente, essas
duas restrições fundamentais para o desenvolvimento do país,
está sintetizada a seguir.

Vulnerabilidade externa e fragilidade financeira do setor público

Conforme amplamente evidenciado e discutido ao longo de todo este livro, o Plano Real se apoiou numa política de estabilização monetária calcada na sobrevalorização da nova moeda criada (o Real) e na abertura comercial e financeira da economia brasileira. O impacto sobre as taxas de inflação foi imediato; essas taxas caíram sistematicamente durante os quatro anos do primeiro Governo FHC, aproximando-se de valores próximos a 1% ao ano em 1998.

A estabilidade dos preços, no seu período inicial – principalmente de julho de 1994 a março de 1995 –, propiciou um círculo virtuoso de aumento do consumo e crescimento da produção e do emprego, impulsionado pelo fim do imposto inflacionário e a ampliação do crédito – que abriu a possibilidade de as famílias com rendimentos mais baixos efetuarem compras a prazo. No entanto, esse processo logo se mostrou muito frágil, diante dos problemas surgidos nas contas externas do país e nas finanças públicas.

Assim, a conta de transações correntes do balanço de pagamentos, refletindo o processo de reversão ocorrido nos saldos da balança comercial – que de superavitária se tornou, ano a ano, deficitária –, e de deterioração dos déficits da balança de serviços, também passou a apresentar, ano a ano, e de forma muito rápida, déficits elevados e crescentes, que implicaram um aumento dramático da vulnerabilidade externa do país.

Esse processo, de rápida deterioração das contas externas, determinou, concomitantemente, uma crescente piora das finanças do setor público, apesar da existência de equilíbrio ou pequenos déficits fiscais primários em cada ano. A permanente política de taxas de juros elevadas – para assegurar a entrada e permanência de capitais estrangeiros –, juntamente com a rolagem da dívida pública, conteve o ritmo de crescimento do PIB e elevou sistematicamente a dívida líquida do setor público, tanto em termos absolutos quanto como proporção do PIB. As taxas de desemprego, por sua vez, depois de uma pequena queda entre 1993 e 1995, voltaram a crescer, acompanhando o baixo dinamismo da economia. Nesse processo, cadeias produtivas importantes foram desestruturadas e/ou desnacionalizadas, dificultando ainda mais a possibilidade de, posteriormente, retomar o exercício de políticas industriais.

Em suma, com exceção da estabilidade monetária – que, posteriormente, em 1999 e em 2002 evidenciou suas dificuldades –, o desempenho da economia brasileira no primeiro Governo FHC se mostrou muito ruim, tendo culminado, dramaticamente, com uma grande crise cambial, que atingiu o seu auge no início do segundo Governo. Assim, este se iniciou sob o signo de dois grandes problemas, ainda hoje os mais graves da economia brasileira – que dificultam o crescimento do produto, a redução das taxas de desemprego, a gestão das políticas macroeconômicas e, mais ainda, a implementação das políticas sociais –, quais sejam: a vulnerabilidade externa do país e a fragilidade financeira do setor público.

A análise do segundo Governo FHC, objeto da primeira parte deste Posfácio, evidencia que, apesar da mudança do regime cambial, esses problemas continuaram a existir. A desvalorização do Real impediu o aprofundamento da deterioração do balanço de pagamentos do país e reduziu, conjunturalmente, a grande vulnerabilidade externa. No entanto, isto ocorreu, principalmente, à custa do baixo crescimento econômico do país – com taxas ainda menores do que as do primeiro Governo – e em razão da excessiva desvalorização do Real no último ano (2002). Portanto, as condições em que ocorreu essa melhora no balanço de pagamentos exigem, no mínimo, cautela na análise do problema. A retomada do crescimento econômico, a taxas acima de 4% e com uma taxa de câmbio mais realista, implicará, com certeza, novo aumento no grau de vulnerabilidade externa.

A fragilidade financeira do setor público, por sua vez, só piorou – a despeito da melhoria do balanço de pagamentos e dos reiterados superávits fiscais primários, crescentes e sempre acima de 3%, nos quatro anos do segundo Governo FHC. Esses superávits, embora elevados, não conseguiram reduzir a dívida pública, em razão do grande montante de juros pago e da manutenção de taxas de juros elevadas. Um eventual aumento do grau de vulnerabilidade externa, em razão de uma retomada do crescimento da economia, poderá, dinamicamente, piorar mais ainda a situação das finanças públicas – a partir de novas desvalorizações do Real e elevações da taxa de juros.

A continuação, no segundo Governo FHC, das enormes dificuldades da economia brasileira, em particular a manutenção da vulnerabilidade externa e a piora da fragilidade financeira do setor público, é analisada a seguir, de modo mais detalhado, a partir da evolução dos principais indicadores macroeconômicos do país – com base em informações oficiais do Banco Central e do IBGE.

Inflação

A trajetória da inflação pós-Real passou por dois períodos bem distintos, que corresponderam, precisamente, aos dois Governos de FHC. No primeiro governo, os índices de inflação caíram sistemática e continuadamente, alcançando ao final de 1998 percentuais próximos ou abaixo de 1% ao ano. Esse desempenho, conforme já visto, teve como causas determinantes o rápido e indiscriminado processo de abertura comercial e o uso da âncora cambial – com uma sobrevalorização evidente do Real frente ao Dólar –, o que acabou por implicar uma grande perda de competitividade dos produtos brasileiros, além de uma grande dependência para com os capitais financeiros internacionais. O resultado final foi a eclosão da crise cambial de janeiro de 1999, que forçou a mudança do regime cambial, bem como dos instrumentos de combate à inflação.

Com a crise cambial, as taxas de inflação voltaram a subir a partir de 1999, início do segundo Governo FHC. Os índices anuais se aproximaram ou até atingiram a casa dos dois dígitos nesse primeiro ano da crise e de adoção do câmbio flutuante. O Real se desvalorizou enormemente – da mesma forma que anteriormente havia sido sobrevalorizado –, afetando duramente os índices inflacionários – embora num grau bem menor do que em outras experiências internacionais. Posteriormente, com o retorno rápido dos capitais internacionais, logo a partir do segundo semestre de 1999, bem como a adoção do regime de metas inflacionárias, a ausência de indexação generalizada de preços, a obtenção de elevados superávits primários e o crescimento das reservas internacionais, ocorreu um novo movimento de valorização do Real e uma nova redução dos índices de inflação no ano 2000.

Nos dois últimos anos do segundo Governo FHC, quando ocorrem mais duas crises cambiais, a inflação voltou a incomodar, com taxas superiores às de 1999, quando da primeira crise cambial (Tabela 1). Os índices inflacionários foram fortemente influenciados pelos preços dos combustíveis e dos serviços públicos – energia elétrica e telefone. Portanto, preços administrados por contratos pelas agências reguladoras – Aneel e Anatel –, tendo por referência o IGP-M da FGV; índice este influenciado fortemente pelas variações cambiais. Adicionalmente, no ano de 2002 assistiu-se a uma nova crise cambial, que levou de novo à fuga de capitais e a uma grande desvalorização do Real, com impactos importantes sobre o preço dos combustíveis e das matérias-primas; além da subida de preços nos mercados internacionais de algumas *commodities* produzidas pelo Brasil – como a soja e o açúcar –, o que implicou no aumento dos preços internos.

A mudança do regime cambial evidenciou, de forma clara, a impossibilidade de conter a inflação, por um período prolongado, tendo por base uma sobrevalorização da moeda nacional, pois o surgimento de dificuldades no balanço de pagamentos é imediato e a eclosão de uma crise cambial é só uma questão de tempo – situação comprovada em vários outros países que adotaram a mesma estratégia, notoriamente o México (crise cambial em dezembro de 1994) e a Argentina (crise cambial em dezembro de 2001). Daí o artificialismo de se alcançar, como foi a situação em 1998 – último ano de utilização da âncora cambial –, índices inflacionários próximos a zero.

Tabela 1

Variação anual de preços 1990-2002 (%)

ANO	Índice (em 12 meses*)						
	IGP-M	IGP-DI	IPA-DI	IPC-BR	IPCA	IPC-FIPE	ICV
1990	1699,70	1476,71	1449,52	1657,70	1620,97	1639,08	1849,68
1991	458,37	480,23	471,67	493,79	472,72	458,61	500,39
1992	1174,47	1157,84	1154,18	1156,15	1119,09	1129,45	1127,52
1993	2567,46	2708,17	2639,27	2828,74	2477,15	2490,99	2579,31
1994	1246,62	1093,89	1029,36	1237,99	916,43	941,25	1130,48
1995	15,25	14,78	6,39	25,91	22,41	23,17	27,44
1996	9,20	9,34	8,09	11,34	9,57	10,04	9,94
1997	7,74	7,48	7,78	7,21	5,22	4,83	6,11
1998	1,78	1,70	1,51	1,66	1,65	-1,79	0,47
1999	20,10	19,98	28,90	9,12	8,94	8,64	9,57
2000	9,95	9,81	12,06	6,21	5,97	4,38	7,21
2001	10,38	10,40	11,87	7,94	7,67	7,13	9,42
2002	25,31	26,41	35,41	12,18	12,53	9,90	12,93

Fonte: FGV, IBGE e FIPE e DIEESE
* dezembro sobre dezembro

Desse modo, com o término da âncora cambial, embora a inflação não tenha escapado ao controle, ela não retornou mais para taxas próximas a zero, uma vez que a adoção do regime de câmbio flutuante implica que eventuais impactos negativos no balanço de pagamentos serão absorvidos, e amortecidos, por variações na taxa de câmbio. Acontece porém que, na prática, essas flutuações do câmbio, em países capitalistas dependentes financeiramente, e com baixa competitividade internacional – como é o caso do Brasil –, não são exceções ou meramente eventuais, tampouco são suaves, quando ocorrem. Na verdade, esse é um problema estrutural, associado à grande vulnerabilidade externa do país e à fragilidade financeira do setor público. Daí a convivência, permanente, com altas taxas de juros e a obrigação de realizar elevados superávits primários, para tentar evitar crises cambiais e manter a inflação minimamente sob controle e em níveis aceitáveis.

Das metas de inflação estabelecidas para os quatro anos do segundo Governo FHC – 8% em 1999, 6% em 2000, 4% em 2001 e 3,5% em 2002 –, com exceção da de 2000, as demais não foram cumpridas, tendo as taxas de inflação apuradas pelo IPCA ficado sempre acima delas, sendo que nos dois últimos anos essas taxas ultrapassaram a margem de variação de dois pontos percentuais (Tabela 2). Para o presente ano (2003) foi anunciada, em meados de 2001, uma meta de 3,25%, posteriormente ajustada para 4,0% e, agora mais recentemente, ajustada de novo para 8,5%. Mesmo assim, a expectativa geral é de que a inflação deverá ultrapassá-la, devendo se situar em torno de 12%. Apesar disso, a meta para 2004 foi estabelecida em 3,75%. Para esses dois anos a margem de variação subiu de mais ou menos 2% para 2,5%.

Tabela 2

Metas de inflação

ANO	Meta de inflação (%)	IPCA apurado (%)
1999	8,0	8,94
2000	6,0	5,97
2001	4,0	7,67
2002	3,5	12,53

Fonte: Banco Central do Brasil

A política de "metas de inflação" não tem a preocupação, como as políticas monetaristas tradicionais, de controlar a quantidade de moeda em circulação ("âncora monetária"); em virtude do reconhecimento, cada vez mais óbvio, da incapacidade de os governos controlarem esse montante, principalmente nos países da periferia do sistema capitalista. O processo de "privatização" das moedas se aprofundou enormemente com a globalização e a desregulamentação financeira, principalmente nos anos 1990, com a incorporação das "economias emergentes".

Por isso, na década de 1990, em lugar de "metas monetárias" passaram-se a utilizar "metas inflacionárias", como recurso maior para contenção da inflação. Políticas monetárias baseadas nessa nova orientação foram implementadas por alguns países da OCDE: Nova Zelândia (1990), Canadá (1991), Reino Unido (1992), Suécia (1993), Finlândia (1993), Austrália (1993) e Espanha (1995). O denominador comum entre esses países foi seu fraco desempenho relativo no enfrentamento da questão inflacionária nos últimos trinta anos, quando comparados a outros países desenvolvidos. O Reino Unido, em particular, passou a adotar "metas inflacionárias" após o ataque especulativo sofrido pela libra em 1992, que determinou a sua desvalorização e a passagem de um sistema cambial de bandas estreitas para um sistema de flutuação (Rigolon, Giambiagi, 1999).

O objetivo de uma política de "metas inflacionárias" é o de controlar a inflação com menor volatilidade na taxa de crescimento do PIB e, por consequência, com menor instabilidade e flutuação do emprego – quando comparada com a utilização de "metas monetárias" que, adicionalmente, também são difíceis de se atingir, uma vez que a fluidez do sistema financeiro inviabilizou, de vez, o controle dos agregados monetários pelas autoridades monetárias, tornando, assim, irrelevante esse conceito. Na verdade, a mesma se pretende constituir numa espécie de "âncora" ou indicador, que ajude a coordenar e balizar as expectativas e as avaliações que os agentes econômicos fazem das intenções e dos rumos da política econômica.

Tecnicamente, a concepção dessa nova política de estabilização é a de atingir a inflação diretamente, sem mediações; ao contrário da política de "metas monetárias", que busca combater a inflação de forma indireta, isto é, através do controle da liquidez da economia e, por decorrência, do seu impacto sobre o nível geral de preços. Desse modo, fixa-se previamente uma determinada meta para o crescimento dos preços durante um certo período, mais precisamente um intervalo (banda), no interior do qual a taxa de inflação deverá se situar. Com base nessa meta manipula-se, ao longo do período estabelecido, a política monetária, no sentido de viabilizá-la – tendo por guia o acompanhamento da evolução das expectativas inflacionárias, formadas a partir de modelos econométricos utilizados pelas autoridades monetárias, que têm por objetivo prever a tendência e a evolução provável da taxa de inflação.

Assim, através, fundamentalmente, da administração da taxa de juros (nominal) de curto prazo, busca-se influenciar a taxa de juros (nominal) de longo prazo e, dessa forma, a trajetória da economia. No entanto, o mecanismo de transmissão dos efeitos da taxa de juros sobre a dinâmica da economia é muito complexo, além de implicar em defasagens temporais de difícil previsibilidade e controle. No Brasil, em particular, a diferença entre a taxa de juros primária e as taxas que são aplicadas ao consumidor é muito grande, com a existência de diversos elementos – inadimplência, concentração do mercado financeiro e cunha fiscal, entre outros – que dificultam a transmissão dos impactos das flutuações da primeira sobre a trajetória das segundas. Além disso, diferentemente dos países desenvolvidos, a subida da taxa de juros aqui, ao contrário do esperado, pode implicar em aumento do consumo no curto prazo, em razão do "efeito riqueza" decorrente da valorização financeira das poupanças de segmentos importantes da população. Os outros instrumentos que podem ser utilizados pela política monetária são os depósitos compulsórios e a política de crédito.

A meta estabelecida, que necessariamente embute um cálculo sobre o crescimento da economia, o nível da taxa de juros e o gasto fiscal com a dívida pública, será tanto mais fácil de ser atingida quanto maiores forem o período de tempo estabelecido para alcançá-la e o intervalo (banda) no interior do qual a taxa de inflação deverá se situar.

Entre outras condições que devem estar presentes para adoção e êxito dessa política podem-se mencionar as seguintes: a) o Banco Central tem de ser capaz de prever com antecedência

e de forma "confiável", para os agentes econômicos, a tendência
da inflação;[5] b) o câmbio tem de ser determinado, essencialmente, em função da dinâmica do balanço de pagamentos, isto é,
através da oferta e demanda por divisas; c) a taxa de juros tem
de ser dirigida para combater os surtos inflacionários independentemente de problemas fiscais, o que significa dizer que o
superávit primário do governo deve aumentar caso a dívida
pública fique mais cara em razão da elevação da taxa de juros;
e d) o Banco Central deve receber do poder político as "metas" e
o tempo adequado para realizá-las, por isso a independência
operacional do mesmo para implementá-las é crucial (Filgueiras, 2000).

Desse modo, constata-se que, também no que se refere à
adoção da política de "metas inflacionárias", as restrições para
a sua implementação, e o seu sucesso, são as mesmas que afetam o conjunto da economia, quais sejam: fragilidade financeira do setor público e vulnerabilidade externa. Adicionalmente,
esse tipo de política de estabilização no Brasil, mais do que
nos países desenvolvidos, tende a ser sinônimo de política
econômica, principalmente dentro das atuais circunstâncias.
O entendimento de Freitas (2003) vai na mesma direção:

> "A adoção de metas de inflação como objetivo único do Banco
> Central engessa toda a política econômica, impede a coorde-
> nação de políticas e retira do Executivo o poder de formular a
> política monetária. Em um regime de metas de inflação, todas as
> demais políticas tornam-se subordinadas à política monetária.
> Até mesmo a formulação da política fiscal fica limitada, pois,
> ao manejar a taxa de juros para cumprir a meta de inflação fi-
> xada, o Banco Central condiciona a execução orçamentária do
> Tesouro. Assim, procura-se atender ao objetivo central dos seus
> defensores, que é 'despolitizar' a política econômica" (*Folha de
> S.Paulo*, 12/4/2003, Caderno A, p. 3).

Portanto, o sucesso da política de metas de inflação por reforçar as restrições à retomada do crescimento – primariamente

---

[5] Relacionada a esse problema está a questão da escolha do índice a ser
utilizado e, em particular, se se deve, ou não, corrigir o mesmo, para se
estimar o âmago (núcleo) da inflação; para se saber o que é realmente
influenciado pela política monetária, excluindo aqueles preços que sofrem
variações muito grandes. Na verdade, a polêmica é se se deve construir,
ou não, um novo índice apenas com os produtos considerados de volatilidade normal, expurgando, portanto, os efeitos sazonais.

determinadas pela forma de inserção do país no processo de globalização – e pode deteriorar as finanças públicas mais ainda, quando da necessidade de elevação da taxa de juros (Filgueiras, 2000). Ainda de acordo com Freitas (2003),

> "O regime de metas de inflação não é o único nem o melhor instrumento de política monetária. Nem sequer é o mais adequado em um país periférico como o Brasil, que não possui moeda internacional conversível e apresenta enorme vulnerabilidade externa. A economia brasileira vive sujeita à volatilidade dos fluxos de capital, com impactos consideráveis sobre a taxa de câmbio, contamina os preços 'controlados' das concessionárias de serviços públicos e dos produtos comercializáveis, pressionando a inflação. A elevação dos juros não tem tido o efeito esperado sobre a estabilidade dos preços, mas é sério obstáculo à retomada do crescimento e geração de empregos."

Balanço de pagamentos[6]

Com relação às contas externas do país, conforme evidencia a Tabela 3, houve uma reversão radical no resultado da balança comercial no segundo Governo FHC. O déficit acumulado

Tabela 3

Transações correntes
Montantes acumulados nos períodos pré e pós-Real (em US$ bilhões)

Discriminação	Pré-Real	Pós-Real	
	(1990-1994)	(1995-1998)	(1999-2002)
Balança comercial	60,3	-22,4	13,9
Serviços e rendas	-70,5	-92,7	-101,6
Serviços	-21,5	-36,9	-27,0
Rendas	-49,0	-55,8	-74,7
Transferências unilaterais correntes	8,6	9,3	7,2
Saldo	-1,6	-105,8	-80,5

Fonte: Banco Central do Brasil

---

[6] Após a primeira edição deste livro, o governo brasileiro passou a adotar uma outra forma de apresentar o balanço de pagamentos do país, que não altera, obviamente, o seu resultado global, quando comparado com aquele obtido com a utilização do formato anterior. No entanto, algumas vezes altera o resultado de algumas contas e subcontas, além de não explicitar, globalmente, o montante total das remessas de lucros e dividendos, bem como o total pago em juros e amortizações. Esses montantes estão distribuídos por diversas contas parciais; por isso, quando necessário, foram aqui apresentados separadamente.

de US$ 22,4 bilhões, no primeiro Governo, evoluiu para um superávit de US$ 13,9 no segundo mandato. Portanto, houve uma inversão no resultado da balança comercial no montante de US$ 36,3 bilhões (162%). Isso expressa o quanto o uso da âncora cambial pela política de combate à inflação, juntamente com a abertura comercial indiscriminada, foi deletério para as contas externas do país.

A forte desvalorização cambial e a quase estagnação do PIB (0,79% de crescimento) reduziram drasticamente o déficit já no primeiro ano pós-desvalorização (Gráfico 1). Este déficit reduziu de US$ 6,6 bilhões, em 1998, para US$ 1,2 bilhão em 1999. Nesse período, tanto o montante das exportações quanto das importações se reduziu; no entanto, enquanto o valor das primeiras caiu 6,1% (US$ 3,1 bilhões), o das segundas caiu 14,7% (US$ 8,5 bilhões).

Gráfico 1

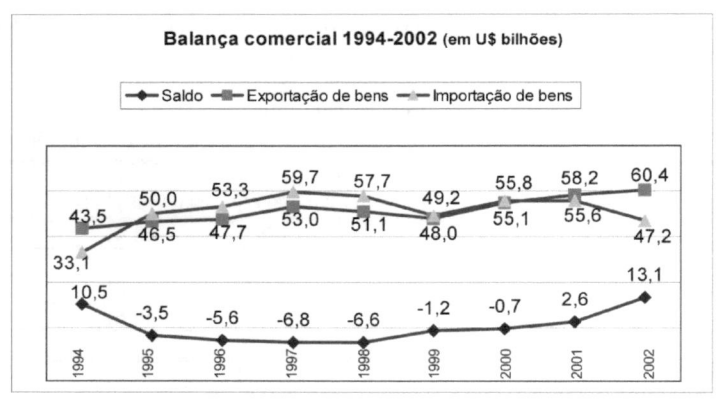

Fonte: Banco Central do Brasil

No ano seguinte (2000), ambos os valores voltaram a subir, acompanhando a retomada das atividades econômicas, com o crescimento de 4,36% do PIB; todavia, como as exportações cresceram um pouco mais que as importações, o déficit comercial sofreu nova redução, atingindo US$ 0,7 bilhão.

Em 2001, as exportações continuaram crescendo (mais 4,3% em relação ao ano anterior), enquanto as importações, acompanhando uma nova desaceleração do crescimento do PIB (1,42%), praticamente mantiveram o seu valor. Esse período foi influenciado, decisivamente, pela crise econômica norte-americana, agravada com os eventos de 11 de setembro; pelo aprofundamento da crise argentina, com o término da paridade cambial (câmbio fixo) no final do ano; e pela crise de energia (o apagão). Com isso, apareceu o primeiro superávit da balança comercial desde 1994 (US$ 2,6 bilhões) – dessa feita sob a égide do câmbio flutuante.

Por fim, em 2002, uma nova crise cambial, com forte desvalorização do Real (em torno de 40% no pico), propiciou um pequeno crescimento das exportações (2,2%), principalmente no segundo semestre do ano, e uma grande queda das importações (mais de 15%). Dessa forma, o superávit comercial atingiu US$ 13,1 bilhões (crescimento de mais de 400%), propiciando o maior saldo conseguido desde 1993. Além da nova crise cambial, que encareceu os produtos importados e tornou mais competitivas as exportações, esse resultado também foi ocasionado, mais uma vez, pelo baixo crescimento do PIB (1,52%).

A nova crise cambial foi alimentada, durante quase todo o ano de 2002, pela deterioração do cenário internacional – aprofundamento da crise americana e perspectiva de uma nova guerra no Oriente Médio –, juntamente com o aumento da fragilidade financeira do setor público expressa na relação dívida pública/ PIB, que continuou a crescer apesar da obtenção de elevados superávits fiscais primários. Adicionalmente, agravando a situação, ocorreram vencimentos de elevadas parcelas da dívida pública e uma grande especulação contra o Real, derivada da eleição para presidente, em particular a possibilidade, já bastante provável naquele momento, da vitória de Lula.

O quadro descrito acima evidencia que, de fato, no segundo Governo FHC houve um grande ajuste da balança comercial, que passou de um déficit de US$ 6,6 bilhões em 1998 para um superávit de 13,1 bilhões em 2002. No entanto, esse resultado foi produto de uma redução das exportações em 18,2% e de um crescimento das exportações de apenas 2,7%. Esse ajuste, no montante de US$ 19,7 bilhões, foi realizado, essencialmente, em dois anos de crise cambial, principalmente em 2002. Desse total, 27,4% foi conseguido em 1999 e 66,5% em 2002!

Portanto, essa evolução no saldo da balança comercial é expressão, sobretudo, das crises cambiais, de 1999 e 2002, por que passou o país – a desvalorização do Real encareceu as importações e tornou mais competitivos os produtos brasileiros –, e das baixas taxas de crescimento do PIB. Adicionalmente, pode-se conjeturar que o encarecimento das importações tenha levado, em algum grau, à substituição de importações em alguns setores, com menores exigências do ponto de vista tecnológico e do volume mínimo de investimento. Isso significa dizer que esse ajuste é muito frágil, porque não evidencia o fortalecimento estrutural da competitividade da economia brasileira, estando apoiado em baixíssimas taxas de crescimento do produto e numa taxa de câmbio muito favorável para as exportações, mas insustentável no longo prazo.

Desse modo, a consistência desse ajuste na balança comercial, iniciado com a mudança da política cambial em 1999, e aprofundado em 2002 com nova crise cambial, será testado, de fato, quando o câmbio se estabilizar num patamar compatível com taxas de inflação abaixo de um dígito e o país voltar a crescer a taxas acima de 4% ao ano – nível mínimo de crescimento para compensar, lentamente, o péssimo desempenho verificado nas duas décadas perdidas e reduzir as taxas de desemprego.

A desvalorização do Real, a partir da crise cambial de 1999, também impactou a balança de serviços – conta de serviços e renda –, mas numa intensidade bem menor do que a balança comercial. Embora os seus déficits anuais tenham se reduzido um pouco, ainda permaneceram bastante elevados durante o segundo Governo FHC. Com isso, o seu déficit acumulado foi maior do que no primeiro Governo em 9,6%, subindo de US$ 92,7 bilhões para US$ 101,6 bilhões (Tabela 4).

Mais especificamente, o montante acumulado gasto com serviços se reduziu em 26,8%, passando de US$ 36,9 bilhões para US$ 27 bilhões, principalmente em razão da grande queda com gastos em viagens – cujo déficit acumulado passou de US$ 14,5 bilhões para US$ 5,4 bilhões (redução de 62,8% em relação ao primeiro Governo FHC) – e do crescimento do superávit acumulado na venda de serviços empresariais, profissionais e técnicos em 207%. Em particular, os gastos com viagens respondem imediatamente às variações mais fortes do câmbio. Os outros serviços – com exceção de transportes, cujo saldo acumulado sofreu uma pequena queda – cresceram seus respectivos déficits acumulados.

Tabela 4
Serviços e rendas
Montantes acumulados nos períodos pré e pós-Real (em US$ bilhões)

Discriminação	Pré-Real	Pós-Real	
	(1990-1994)	(1995-1998)	(1999-2002)
Serviços e rendas	-70,5	-92,7	-101,6
Serviços	-21,5	-36,9	-27,0
Transportes	-9,2	-12,2	-11,0
Viagens internacionais	-2,6	-14,5	-5,4
Computação e informação	-0,5	-2,0	-4,3
Royalties e licenças	-0,5	-3,4	-4,7
Aluguel de equipamentos	-4,1	-3,1	-5,4
Empresariais, profissionais e técnicos	-0,5	2,7	8,3
Outros	-4,1	-4,4	-4,3
Rendas	-49,0	-55,8	-74,7
Salário e ordenado	-0,7	-0,1	0,4
Renda de investimentos direto	-11,0	-14,9	-16,5
Renda de investimento em carteira	-2,8	-20,7	-34,3
Renda de outros investimentos	-34,6	-20,1	-24,3

Fonte: Banco Central do Brasil

O inverso ocorreu com a conta de rendas, cujo déficit acumulado cresceu 33,9%; mais do que compensando, portanto, a redução do déficit ocorrida na conta de serviços. Em especial, o déficit acumulado na conta de juros cresceu de US$ 37,6 bilhões para US$ 57,5 bilhões (53%) e o déficit da conta de lucros e dividendos elevou-se de US$ 16,9 bilhões para US$ 17,5 bilhões (3,9%), conforme pode ser observado na Tabela 5. Isso evidencia que a vulnerabilidade externa, com referência à balança de serviços, continuou elevada e problemática, especialmente por conta da grande dependência do país para com capitais externos, tanto na forma de investimento direto quanto, principalmente, de empréstimos e financiamentos e investimentos em carteira – que alimentam a rolagem e o crescimento da dívida pública.

Tabela 5
Juros Líquidos e Lucros e Dividendos
Montantes acumulados nos períodos pré e pos-Real (em US$ milhões)

Discriminação	PRÉ-REAL	PÓS-REAL	
	(90-94)	(95-98)	(99-02)
Juros líquidos	-40.239	-37.644	-57.532
Lucros e dividendos	-7.144	-16.890	-17.554
Total	-47.383	-54.534	-75.086

Fonte: Banco Central do Brasil

A observação da evolução da balança de serviços, ano a ano, permite constatar que, tal como na balança comercial, há uma redução no seu déficit, logo após a crise cambial; mas num percentual bem menor do que o ocorrido na balança comercial. Enquanto esta reduziu seu déficit em 81,8% em 1999 em relação a 1998, aquela teve uma redução no seu déficit de apenas 8,2%, caindo de US$ 28,3 bilhões para US$ 25 bilhões (Gráfico 2). No ano seguinte, o déficit permaneceu quase o mesmo, voltando a crescer em 2001 para, finalmente, com nova crise cambial, reduzir-se para US$ 23,3 bilhões em 2002.

Aqui, mais uma vez, nota-se que a redução de US$ 5 bilhões no déficit da balança de serviços, entre 1998 e 2002, deveu-se à desvalorização do Real provocada por duas crises cambiais, principalmente a de 2002, que implicou em uma queda de US$ 4,2 bilhões; portanto, 84% do total do resultado final obtido no período. Além disso, observa-se que, enquanto a conta de serviços encerrou o ano de 2002 com um déficit de US$ 5,1 bilhões – praticamente metade do déficit de 1998 –, a conta de renda, embora reduzindo seu déficit em relação a 2001, permaneceu com o mesmo déficit obtido em 1998 – antes da mudança do regime cambial –, qual seja, US$ 18,2 bilhões.

Gráfico 2

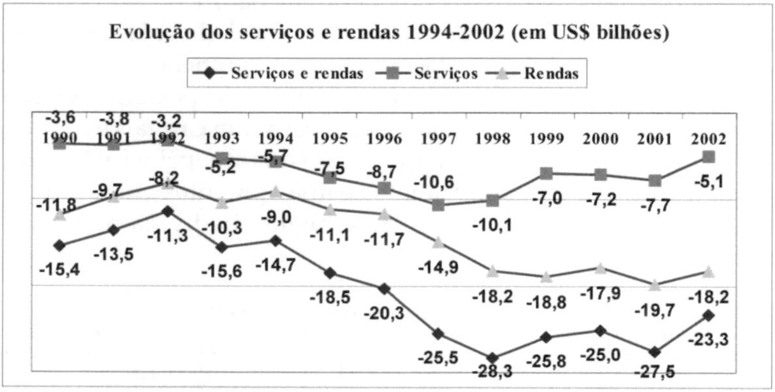

Evolução dos serviços e rendas 1994-2002 (em US$ bilhões)

◆ Serviços e rendas ■ Serviços ▲ Rendas

Esses movimentos, e respectivos resultados finais em 2002, das contas de serviços e rendas, se devem, respectiva-mente, aos desempenhos das contas de viagens internacionais (Gráfico 3) e de juros (Gráfico 4); a primeira fortemente influenciada pela desvalorização do Real e a segunda determinada pela tomada de empréstimos e financiamentos, cujos montantes se mantiveram elevados no segundo Governo FHC.

Gráfico 3

Serviços (viagens internacionais, computação e informação) e *royalties* e licenças (em US$ milhões)

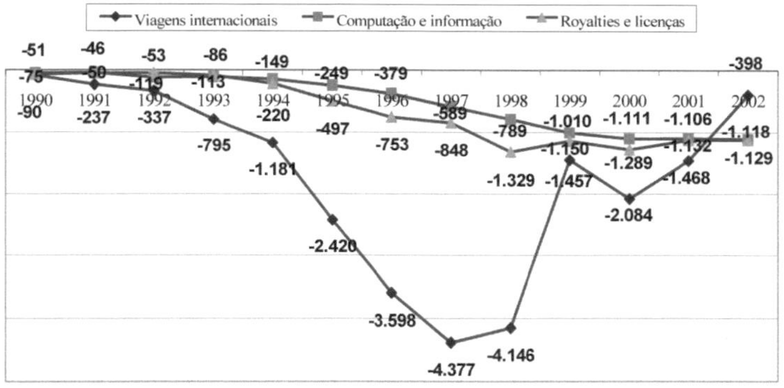

◆ Viagens internacionais   ■ Computação e informação   ━ Royalties e licenças

Fonte: Banco Central do Brasil

Por essas respectivas razões é que os saldos da conta de viagens internacionais desabaram em 1999 e 2002, enquanto a conta de juros aumentou o montante de seu déficit em 1999, permanecendo praticamente constante nos dois anos seguintes para, finalmente, ter uma pequena redução em 2002 (Gráficos 3 e 4). Os US$ 13,1 bilhões de juros pagos em 2002 superam em 14,8% o montante que foi pago em 1998, ano imediatamente anterior ao da crise do balanço de pagamentos e da mudança da política cambial.

Essa maior resistência da conta de Serviços e Rendas em reduzir o seu déficit, comparativamente à balança comercial, está muito associada à natureza do investimento direto estrangeiro direcionado ao Brasil nos últimos anos. Estudo do Instituto de Estudos de Desenvolvimento Industrial (Iedi), denominado de "O investimento estrangeiro na economia brasileira e o investimento de empresas brasileiras no exterior", constatou que, de todo o investimento direto estrangeiro acumulado entre 1996 e 2000, 60,2% foi direcionado para segmentos do setor de serviços, que, em geral, têm baixa propensão para exportar – reconhecidamente segmentos não comercializáveis. Assim,

"... as empresas com controle estrangeiro passaram a responder por parcela maior do grande déficit externo gerado pelo país. Em 2000, para um déficit total em transações correntes de US$ 24,3 bilhões (US$ 18,4 bilhões em 1995), o déficit das empresas controladas pelo capital estrangeiro atingiu US$ 14,9 bilhões (US$ 6,2 bilhões em 1995), o correspondente a 61,4% (33,8% em 1995). O maior desequilíbrio decorreu de um substancial aumento de seu déficit comercial ao lado de maiores pagamentos líquidos de juros e *royalties*" (p. 7).

Gráfico 4

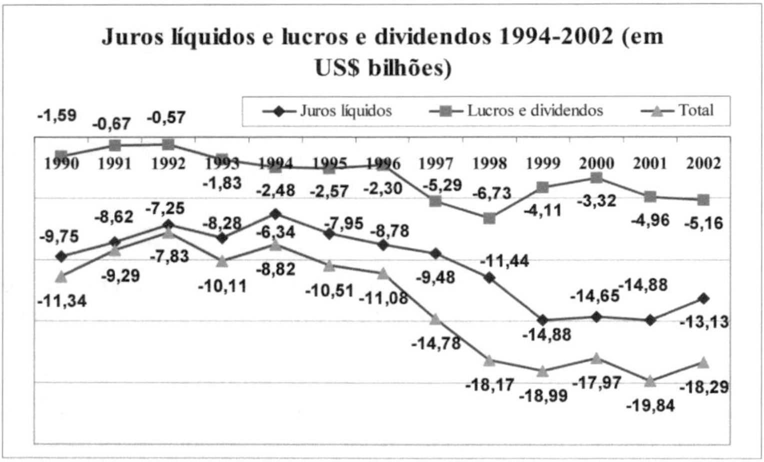

Juros líquidos e lucros e dividendos 1994-2002 (em US$ bilhões)

Fonte: Banco Central do Brasil

Por último, a conta de Transferências Unilaterais Correntes[7] manteve-se superavitária, tanto no primeiro quanto no segundo Governo FHC (Tabela 3), embora tenha reduzido o seu saldo acumulado de US$ 9,3 bilhões para US$ 7,2 bilhões (22,6%).

---

[7] Denominação substituta da antiga conta de "transferências unilaterais". A diferença entre elas é que a nova denominação não abrange as transferências unilaterais de capital, que passaram a fazer parte da subconta capital da "conta capital e financeira".

O resultado da conta de Transações Correntes, como não poderia deixar de acontecer, expressou a evolução da balança comercial, da balança de serviços e das transferências unilaterais. Desse modo, os impactos das crises cambiais se fizeram sentir no seu desempenho, influenciado, principalmente, pela performance da balança comercial e, em menor intensidade, da balança de serviços. Assim, no acumulado, o déficit em Transações Correntes sofreu uma redução de US$ 25,3 bilhões (23,9%) do primeiro para o segundo Governo FHC (Tabela 3).

Refletindo o ocorrido com a conta de comércio e de serviços e rendas, o déficit em Transações Correntes teve uma grande redução em 1999 e, principalmente, em 2002. Entre 1998 e 2002, esse déficit se reduziu em US$ 25,7 bilhões – passou de US$ 33,4 bilhões (4,6% do PIB) para US$ 7,7 bilhões (1,4% do PIB); sendo que, do total dessa redução, 31,5% ocorreu na crise cambial de 1999, e 60,3% na crise cambial de 2002 (Gráfico 5). Aqui, mais uma vez, observa-se que a redução do grau de vulnerabilidade externa está associada, sobretudo, à grande reversão do saldo da balança comercial ocorrida nos anos de 1999 e, principalmente, 2002.

Gráfico 5

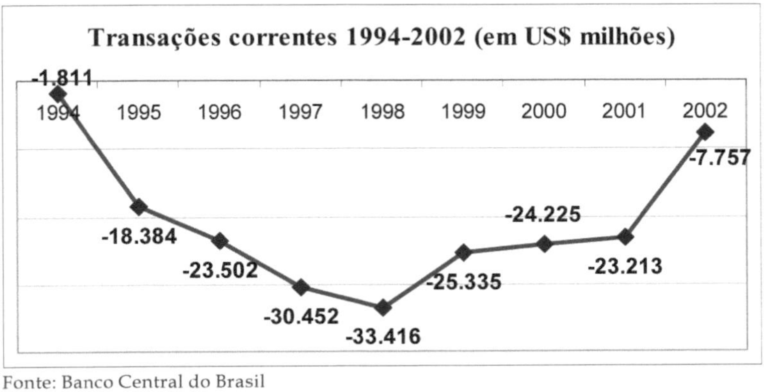

Transações correntes 1994-2002 (em US$ milhões)

Fonte: Banco Central do Brasil

No que se refere aos fluxos de capitais, a Tabela 6 nos informa que, no segundo Governo FHC, o superávit acumulado da Conta Capital e Financeira caiu 35,4% (US$ 42 bilhões) quando comparado ao período anterior (1995/1998), apesar do crescimento do superávit da conta de investimento direto em 64,5% (US$ 37,7 bilhões). A razão é que este último não conseguiu compensar a queda vertiginosa do investimento em carteira, que apresentou uma redução no seu superávit acumulado de mais de 90% (US$ 55,9 bilhões), e dos outros investimentos, que tiveram um aumento no seu déficit acumulado em mais de 100% (US$ 23 bilhões).

Tabela 6
Contra capital e financeira
Montantes acumulados nos períodos pré e pós-Real (em US$ bilhões)

Discriminação	Pré-Real	Pós-Real	
	(1990-1994)	(1995-1998)	(1999-2002)
Contra capital e financeira	33,89	118,57	76,57
Conta capital	0,30	1,52	1,01
Conta financeira	33,59	117,05	75,57
Investimento direto	4,63	58,45	96,18
Brasileiro	-2,96	-4,60	-4,20
Estrangeiro	7,59	63,05	100,38
Investimentos em carteira	81,71	61,58	5,72
Brasileiro	-4,12	-0,31	-2,55
Estrangeiro	85,83	61,88	8,27
Derivativos	-0,02	-0,73	-1,11
Outros investimentos	-52,74	-2,25	-25,22
Brasileiros	-23,69	-25,51	-15,97
Estrangeiros	-29,05	23,27	-9,25

Fonte: Banco Central do Brasil

A evolução ano a ano indica que o investimento direto estrangeiro líquido cresceu continuadamente de 1995 até 2000, vindo a cair, mas ainda mantendo montantes elevados em 2001 e 2002. Em contrapartida, o investimento em carteira, depois do crescimento fulminante em 1994, apresentou uma tendência clara a queda, apesar de algumas oscilações, atingindo o seu menor montante em 2002. Por fim, a conta de outros investimentos, que contêm, fundamentalmente, os empréstimos e financiamentos, além da maior parte das amortizações, apresentou déficits em 1999 e 2000 e superávits em 2001 e 2002; neste último ano, menor do que o alcançado no ano anterior.

A comparação entre o montante acumulado de empréstimos e financiamentos e o montante acumulado de amortizações demonstra que houve uma mudança perigosa entre os dois Governos de FHC. No primeiro período, o montante de empréstimos e financiamentos ultrapassou o montante de amortizações em 71% (US$ 66,6 bilhões), enquanto no segundo foi suplantado pelo montante de amortizações em mais de 22% (US$ 34,7 bilhões). Essa inversão ocorreu, ano a ano, desde 1999 (Tabela 7).

Tabela 7

Empréstimos e amortizações 1990-2002
Montantes acumulados nos períodos pré e pós-Real (em US$ milhões)

Discriminação	Pré-Real	Pós-Real	
	(1990-1994)	(1995-1998)	(1999-2002)
Empréstimo e financiamento	116.069	160.344	156.687
Amortizações	-83.566	-93.767	-191.354

Fonte: Banco Central do Brasil

Essa inversão, que significa que o pagamento de amortizações pelo país passou a ser maior do que o recebimento de empréstimos e financiamentos, sinaliza, evidentemente, para uma maior vulnerabilidade externa do país, que se expressa também na evolução da soma total de juros líquidos, lucros e dividendos e amortizações acumulada nos dois Governos FHC. No segundo período, esse montante cresceu em quase 80% (US$ 118,1 bilhões), passando de US$ 148,3 bilhões para US$ 266,4 bilhões (Tabela 8).

Tabela 8

Juros líquidos, lucros e dividendos e amortizações
Montantes acumulados nos períodos pré e pós-Real (em US$ milhões)

Discriminação	Pré-Real	Pós-Real	
	(1990-1994)	(1995-1998)	(1999-2002)
Juros líquidos	-40.239	-37.644	-57.532
Lucros e dividendos	-7.144	-16.890	-17.554
Amortizações	-83.566	-93.767	-191.354
Total	-130.949	-148.302	-266.440

Fonte: Banco Central do Brasil

Essa deterioração, da conta capital financeira e da subconta de renda da conta de transações correntes, significa que os superávits na balança comercial serão cada vez mais importantes para fechar o balanço de pagamentos e reduzir a vulnerabilidade externa do país. Mas, conforme já foi evidenciado, os elevados superávits obtidos recentemente, em razão da desvalorização do Real e do diminuto crescimento econômico, não asseguram uma trajetória de longo prazo (estrutural) favorável para a balança comercial.

Por fim, a dívida externa caiu entre 1999 e 2001, sobretudo pela redução da dívida privada no último desses anos. Assim, esta dívida, que em 1997 havia ultrapassado, em valor, a dívida pública, voltou a ficar menor em 2001.

Gráfico 6

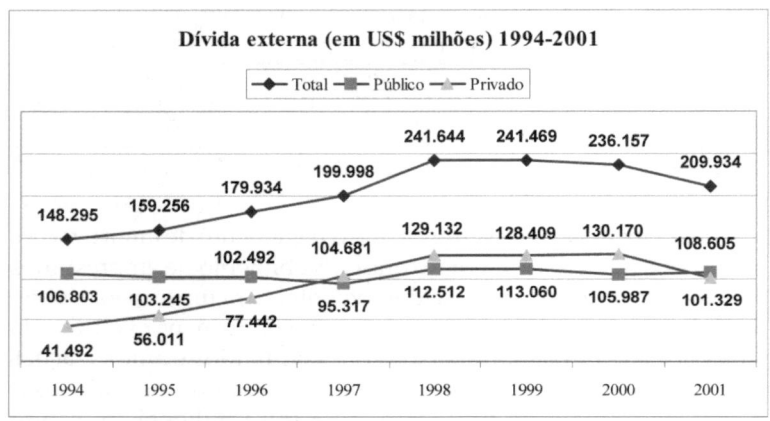

Fonte: Banco Central do Brasil

Superávits primários e dívida pública

A partir da crise cambial de janeiro de 1999, a política anti-inflacionáia teve de deslocar seu eixo da âncora cambial para as políticas fiscal e monetária. Desse modo, perseguir uma determinada meta de inflação, estabelecida e anunciada previamente, e implementar reiterados ajustes fiscais – através da obtenção de sucessivos e crescentes superávits fiscais primários, sempre acima de 3% do PIB (Gráfico 7) – passaram a ser os objetivos centrais da política econômica. Durante o segundo Governo FHC, esses superávits implicaram em uma economia acumulada dos recursos do Tesouro, para pagamento dos juros, de R$ 165,4 bilhões (Tabela 9).

Em virtude desses repetidos superávits primários, os déficits operacionais se reduziram de forma significativa; empurrados também pela redução – enquanto proporção do PIB – do montante dos juros reais pagos pelas dívidas públicas interna e externa (Gráfico 7). Depois de atingir um máximo de 7,42% do PIB em 1998, o montante de juros pagos ainda manteve-se elevado em 1999 (7,18%). A partir de 2000, esse montante reduziu-se, embora sempre ficando acima de 4%; em 2002 atingiu o seu menor nível durante o segundo Governo

FHC (4,46% do PIB). Desse modo, o déficit operacional atingiu a marca de 0,4% do PIB em 2002 – quando o superávit primário ultrapassou os 4% do PIB –, revelando-se também como o menor do segundo mandato de FHC.

Gráfico 7

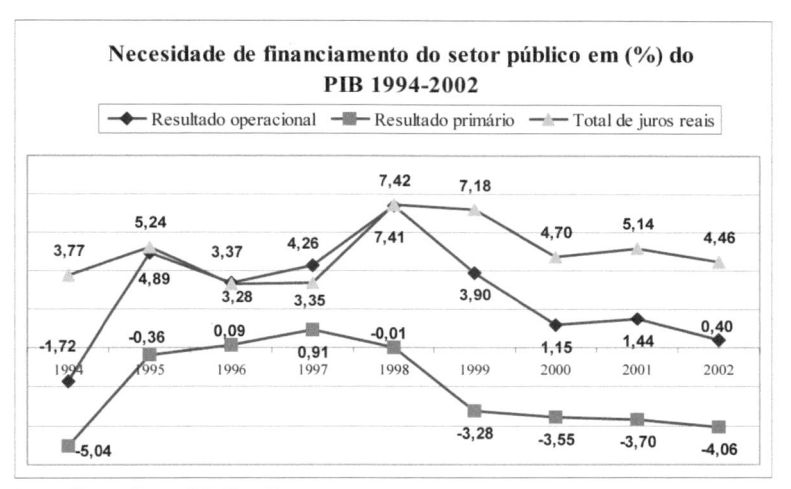

Necesidade de financiamento do setor público em (%) do PIB 1994-2002

Fonte: Banco Central do Brasil

Apesar desse enorme esforço fiscal, da aprovação da chamada "Lei de Responsabilidade Fiscal"[8] e do aumento impressionante da carga tributária bruta – referente à União, Estados e Municípios – de 28% para 36% do PIB entre 1995 e 2002, a dívida líquida do setor público só fez crescer, tanto em valores absolutos quanto como proporção do PIB, conforme pode ser constatado na Tabela 9. Depois de dar um salto muito grande em 1999, em razão da forte desvalorização cambial ocorrida – quando passou de R$ 385,9 bilhões (41,7% do PIB) para R$ 516,6 bilhões (49,2% do PIB) –, a dívida líquida do setor público continuou crescendo nos anos seguintes, atingindo o montante recorde de R$ 881,1 bilhões em 2002 (56,5% do PIB),

---

[8] Aprovada em maio de 2000, essa lei, sob o argumento de disciplinar os orçamentos públicos, transforma os investimentos dos governos e os gastos sociais em variável de ajuste, facilitando a obtenção de elevados superávits primários destinados ao pagamento dos juros da dívida pública.

quando foi realizado o maior esforço fiscal do período, com um superávit primário de 4,06% do PIB.

Como se pode constatar, o segundo Governo FHC – período no qual a entrada líquida de capitais no país se reduziu – adotou sempre a mesma resposta padrão para as crises cambiais, qual seja: a realização (ou aprofundamento) de mais um ajuste fiscal, com aumento do superávit primário – que em parte se anula porque, em geral, ele vem acompanhado pela subida da taxa de juros, que trás no seu rastro o crescimento da dívida pública. Nesse círculo vicioso, no qual a política monetária desfaz o que é feito pela política fiscal, o que se consegue alcançar – com o aperto fiscal (superávit primário) e monetário (elevação das taxas de juros) – é, no final das contas, a redução, momentânea, do risco-país.

Tabela 9

Superávit/déficit primário e dívida líquida do setor público – 1994/2002

Ano	Superávit % do PIB	Dívida % do PIB	Superávit R$ BI	Dívida R$ BI
dez. 1994	5,04	30	18,2	153,2
dez. 1995	0,36	30,6	1,7	208,5
dez. 1996	-0,09	33,3	-0,6	269,2
dez. 1997	-0,91	34,4	-8,3	308,4
dez. 1998	0,01	41,7	0,1	385,9
dez. 1999	3,28	49,2	31,1	516,6
dez. 2000	3,55	51,4	38,2	563,2
dez. 2001	3,7	52,6	43,7	660,9
dez. 2002	4,06	56,5	52,4	881,1

Fonte: Banco Central do Brasil

A parcela mais problemática dessa dívida é aquela referente à dívida interna, que cresceu continuadamente durante quase todo o tempo dos dois governos de FHC, somente apresentando uma pequena redução, enquanto proporção do PIB, em 2002 (Gráfico 8).

Esse resultado é ainda mais impressionante quando se constata que a receita do Governo, entre 1995 e 2002, cresceu sistematicamente em termos reais; nesse período, a carga tributária bruta passou de 28% para 36% do PIB. A dívida externa, por sua vez, além de ser a parcela menor do total da dívida (25,7% em 2002), cresceu mais lentamente no período aqui considerado. Entretanto, no segundo Governo FHC deu dois saltos, um em 1999 e o outro em 2002, em virtude da grande desvalorização do Real ocorrida nesses dois anos (Gráfico 8).

Gráfico 8

Fonte: Banco Central do Brasil

Conforme se pode observar no Gráfico 9, a dívida líquida total do setor público é, principalmente, do Governo Federal e do Banco Central (64% em 2002), cabendo aos Governos Estaduais e Municipais 33%. Do ponto de vista da evolução dessa participação, a parcela relativa desses últimos permaneceu praticamente a mesma; enquanto a parcela relativa da União só cresceu e a das empresas estatais só reduziu, atingindo, em 2002, apenas 3% do total da dívida – em virtude, evidentemente, do processo de privatização ocorrido no primeiro Governo FHC.

Gráfico 9

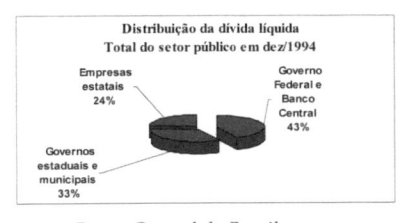

Fonte: Banco Central do Brasil

A contraface do crescente endividamento do Estado e dos elevados superávits primários foi o grande aumento da rentabilidade (lucro líquido/patrimônio) dos bancos durante os oito anos de Governo FHC. Essa rentabilidade subiu de 8,5% em 1995 para 24,5% em 2002. Os ganhos dos bancos, nesse período, foram provenientes, sobretudo, da rolagem da dívida pública – operações de tesouraria – e da especulação com o câmbio, além dos elevadíssimos *spreads* praticados – diferença entre as taxas de captação dos bancos e as taxas cobradas aos tomadores de empréstimos. Em compensação, o total de empréstimos concedidos pelo sistema financeiro caiu de 37% do PIB, em 1995, para 24% em 2002. Considerados em conjunto, os dez maiores bancos privados brasileiros, quando se comparam os resultados obtidos em 2001 com os de 1994, tiveram um crescimento de 70% no patrimônio, 64% na rentabilidade e 180% no lucro. Já a rentabilidade do setor não financeiro no Brasil, em 2002, foi de 5,6%; mas esse resultado se eleva para 15% quando se retiram as despesas financeiras.

Nesses dois Governos de FHC a concentração bancária cresceu, apesar do discurso de que se aumentaria a competição no sistema, a partir da entrada de bancos estrangeiros. As cinco maiores instituições financeiras do país, que respondiam, em 1994, por 45,2% do ativo total do sistema e por 48% dos depósitos existentes, passaram a deter, em 2002, 60,2% do ativo total e 69,2% dos depósitos. Esses mesmos números, para as dez maiores instituições, alcançaram, em 2002, 75,8% do ativo total e 85,9% dos depósitos, quando, em 2004, eram de 60,2% e 65,1% respectivamente.

Produto e emprego

Num quadro de crise permanente, as taxas de crescimento da economia no segundo Governo FHC foram ainda mais baixas do que as do primeiro Governo. O único ano, com desempenho minimamente aceitável, foi o de 2000, quando o PIB cresceu 4,36% e o PIB *per capita*, quase 3%. Nos outros anos, as taxas ficaram próximas ou abaixo de 1,5%, com a taxa do PIB *per capita* ficando negativa em 1999 e próxima a zero nos dois últimos anos (Gráfico 10).

No último ano, particularmente, o pequeno crescimento do PIB foi puxado pelas exportações, que voltaram a crescer a partir do segundo semestre – em razão da forte desvalorização cambial ocorrida no período –, uma vez que os gastos públicos, os investimentos e o consumo caíram. Portanto, se as exportações não tivessem voltado a crescer, teríamos tido, provavelmente, uma variação negativa do PIB em 2002.

Gráfico 10

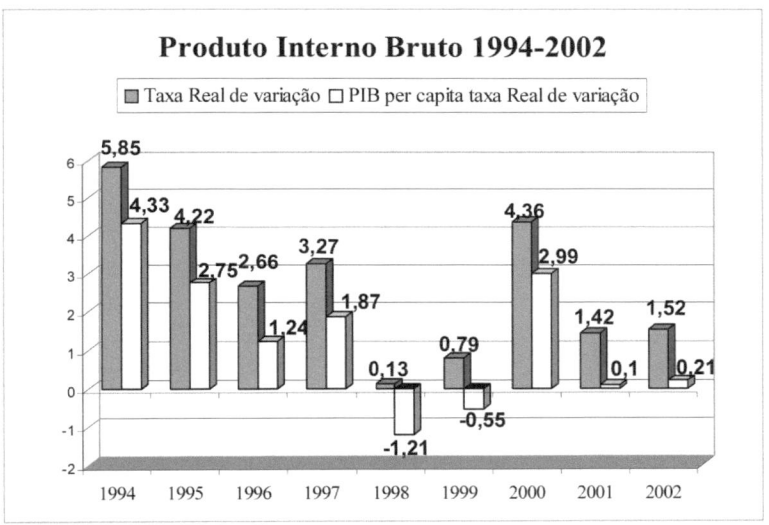

Produto Interno Bruto 1994-2002

Fonte: Banco Central do Brasil

O período do segundo Governo FHC evidenciou, mais uma vez, que a forma de inserção do país na economia mundial – apoiadas por políticas econômicas ortodoxas –, além de provocar as duas grandes vulnerabilidades existentes – externa e do setor público –, implicou em fortes impactos negativos no nível de atividade econômica. Conforme já visto anteriormente, o ambiente internacional desfavorável, ao longo de todo esse período, pode ser evidenciado pela constatação das seguintes circunstâncias: crise da economia norte-americana, com "o estouro da bolha" no final do ano 2000, acompanhada pelos eventos de 11 de setembro em 2001; desorganização da economia argentina e, por extensão, do Mercosul; piora da situação da América Latina em geral; e a quase estagnação da União Europeia, juntando-se, assim, ao Japão, que patina também numa estagnação há mais de dez anos. Adicionalmente, no âmbito interno, assistiu-se, em 2001, a eclosão da crise de energia e, como decorrência, a adoção de um conjunto de medidas para a redução do seu consumo.

O fraco desempenho do PIB se refletiu diretamente nas taxas de desemprego. Tendo por referência a Região Metropolitana de São Paulo, essas taxas, depois de atingirem os seus recordes em 1998 (8,5% pela PME) e 1999 (19,3% pela PED), auge da primeira crise cambial, apresentaram uma redução nos dois anos seguintes – influenciadas pela recuperação das atividades em 2000. No entanto, em 2002, essas taxas retornaram para níveis mais elevados, próximos aos de 1998 e 1999 (Gráfico 11).

Gráfico 11

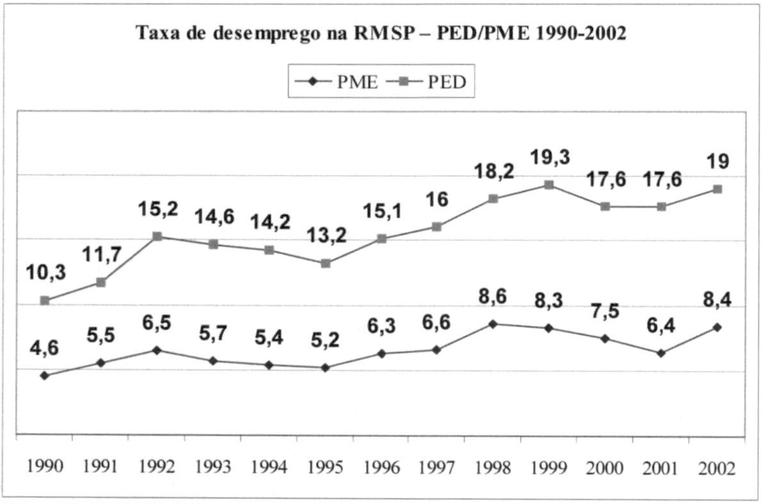

Taxa de desemprego na RMSP – PED/PME 1990-2002

Fonte: IBGE– PME / SEADE – DIEESE

O gráfico anterior retrata, para a principal região metropolitana do país, a trajetória das taxas de desemprego desde 1990, possibilitando, assim, uma comparação dos períodos pré e pós-Real, bem como entre o primeiro e segundo Governos FHC. Percebe-se, claramente, que são três períodos nos quais as taxas de desemprego, sucessivamente, mudam de patamar – tanto as da Pesquisa de Emprego e Desemprego (PED) realizada pelo SEADE – DIEESE como as da Pesquisa Mensal de Emprego (PME) elaborada pelo IBGE.

A continuação da piora do mercado de trabalho no segundo Governo FHC não se restringiu apenas às taxas de desemprego mais elevadas. Ela pode ser constatada também na redução reiterada dos rendimentos médios reais dos ocupados desde 1998, com exceção de 2000, e no aumento da informalidade, com o crescimento dos assalariados sem carteira assinada e dos trabalhadores por conta própria (autônomos). A dimensão mais profunda desse processo de precarização do trabalho pode ser mais bem aferida e compreendida quando se constata que, no plano da distribuição funcional da renda, cresceu, no total da renda nacional, a participação dos rendimentos não associados ao trabalho.

Conclusão

O abandono da âncora cambial no início do segundo Governo FHC, forçado por um violento ataque especulativo contra o Real, que reduziu as reservas do país dramaticamente, acabou com mais uma aventura cambial na América Latina, tendo por base a sobrevalorização da moeda nacional. Com isso, foi evitado um desastre maior, como o que viria a ocorrer com a Argentina três anos depois, após mais de dez anos de câmbio fixo.

Todavia, essa mudança, se amenizou a vulnerabilidade externa do país, pelo lado da balança comercial, manteve, no fundamental, a mesma concepção de inserção subordinada do país na globalização e, portanto, manteve também a dependência dos fluxos de capitais externos – que continuaram financiando o balanço de pagamentos e se alimentando da dívida pública. O caminho para o desenvolvimento sustentado – que compatibilize taxas de crescimento, por vários anos consecutivos, acima de 4% com equilíbrio do balanço de pagamentos e taxas de inflação moderadas – continuou interditado para a economia brasileira. Assim, a promessa de fazer voltar a crescer a economia e de reduzir as elevadas taxas de desemprego, centro da campanha da reeleição de FHC em 1998, como era de se esperar, ficou muito distante de ser realizada – conforme previsto neste livro, quando de sua 1ª edição.

O modelo liberal e suas respectivas políticas econômicas implicaram, durante oito anos de Governo FHC, em seis crises cambiais para o país. O novo governo, saído das urnas em outubro de 2002, teve como herança mais uma dessas crises. Essa circunstância, como se verá a seguir, deixou, de fato, do ponto de vista imediato, uma margem de manobra pequena para os novos condutores das políticas econômicas. Além disso, e para surpresa de muitos, as dificuldades herdadas passaram a servir de argumento para a manutenção, e mesmo aprofundamento, da mesma política econômica anterior; colocando em discussão, de forma objetiva, a seguinte questão: para onde caminhará o Governo Lula, que resultou de um repúdio da população às políticas econômicas liberais, em particular às suas consequências sociais?

O GOVERNO LULA: PARA ALÉM DE FHC

O resultado eleitoral de 2002, com a vitória de Luis Inácio Lula da Silva para ocupar o cargo de Presidente de República – com mais de 52 milhões de votos no segundo turno, equivalente a 61,2% dos votos válidos –, expressou, sem nenhuma dúvida, a rejeição da grande maioria da população às políticas econômico-sociais implementadas pelos dois governos de Fernando Henrique Cardoso. Portanto, a vitória das forças políticas comandadas pelo Partido dos Trabalhadores (PT) também expressou, como contrapartida, uma grande vontade de mudança por parte dos brasileiros, descontentes com os rumos do país e, principalmente, com as duras consequências sociais decorrentes dessas políticas.

Essas políticas, que operacionalizaram o projeto liberal – implementado a partir do início dos anos 1990 com o Governo Collor e aprofundado com os dois Governos FHC –, resultaram no aumento da dependência externa do país e no crescimento acelerado da dívida pública; na desnacionalização da estrutura produtiva e financeira; em taxas de crescimento diminutas, as menores da história econômica do Brasil; na precarização violenta do mercado de trabalho – com a elevação das taxas de desemprego e subemprego para níveis nunca antes atingidos, a ampliação da informalidade e a redução dos rendimentos reais dos trabalhadores; na manutenção do elevado grau de concentração da renda pessoal historicamente existente no país, além da redução da participação dos salários na renda nacional; na crise de energia e no aumento das tarifas públicas; e, por fim, na ampliação da pobreza e da insegurança em todos os âmbitos da vida social.

No entanto, transcorridos três meses do Governo Lula, verifica-se que as ações e políticas econômicas implementadas até aqui estão dando continuidade à mesma política econômica concebida e executada pelo Governo FHC; política esta, vale reiterar, rejeitada pela população e, por isso, derrotada nas urnas. As medidas tomadas pelo novo governo, listadas a seguir, e que em alguns casos foram até radicalizadas – quando comparadas com as adotadas pelo governo anterior –, não deixam margem para qualquer dúvida, senão vejamos:

1 – Aumento da meta de superávit fiscal para o ano de 2003 de 3,75% para 4,25% do PIB, decidido, segundo as autoridades econômicas, de forma unilateral e sem qualquer interferência por parte do FMI. Isso implicou em uma redução das despesas previstas no orçamento no montante de R$ 14,1 bilhões de reais (corte de 22,75% no total do orçamento), sendo R$ 5 bilhões nos ministérios da área social (corte de 12,44% dos gastos planejados). Entre eles, o mais atingido foi o Ministério das Cidades, que teve uma redução de 85% de seu orçamento. Convém lembrar que o maior superávit do Governo FHC, acertado com o FMI, foi de 3,88% em 2002, embora, no final do período, tenha alcançado, de fato, 4,06% do PIB. Ainda na área fiscal, em nome da necessidade de se manter o montante da arrecadação tributária, a tabela do Imposto de Renda de Pessoa Física – que discrimina as faixas de rendimentos, com suas respectivas alíquotas, nas quais os contribuintes são distribuídos – não foi corrigida, continuando, assim, a penalizar a classe média, em especial os assalariados.

2 – Aumento da taxa de juros básica do Banco Central (Selic) em 0,5% em janeiro, mais 1% em fevereiro – quando também se elevou o percentual dos depósitos compulsórios não remunerados no Banco Central, de 45% para 60% dos depósitos à vista existentes nos bancos – e manutenção de seu valor em 26,5% em março, porém indicando um viés de alta até a próxima reunião em abril. Apesar da crítica de alguns economistas e dos protestos de segmentos empresariais do setor produtivo, que chamaram atenção para a fragilidade da demanda – o baixo nível de atividade e a queda dos rendimentos reais dificultavam o aumento dos preços pagos pelos

consumidores –, o governo justificou essas decisões em razão da necessidade de se combater a dimensão inercial da inflação, que continuava a crescer mesmo após o recuo do dólar.

3 – Início de ações no sentido de implementação das reformas não realizadas, ou realizadas parcialmente, pelos dois Governos FHC, quais sejam: a Reforma Tributária, a Reforma da Previdência e a Reforma Trabalhista.[9] Do ponto de vista macroeconômico, o argumento levantado pelo Governo Lula, em favor de suas implementações, principalmente com relação às duas últimas, é semelhante àquele utilizado pelo governo anterior, qual seja: a efetivação dessas reformas seria uma condição essencial para baixar a taxa de juros, reduzir o desemprego e a informalidade, equilibrar as contas públicas, ampliar as políticas sociais e fazer justiça social. Em suma, no discurso governamental, essas reformas seriam cruciais para a retomada do desenvolvimento econômico-social sustentado (Filgueiras, 2003).

4 – Aprovação, em primeira instância, da Proposta de Emenda Constitucional (PEC) 53/99, que altera o artigo 192 da Constituição e suprime os seus incisos, que discorrem sobre o sistema financeiro nacional. A alteração, aparentemente, parece ser muito pequena, pois somente propõe que a regulamentação do sistema financeiro será feita por "leis complementares", e não apenas por uma lei complementar, como manda o texto atual. Todavia, essa mudança facilitará a aprovação da proposta de autonomia do Banco Central, tão cara ao capital financeiro, pois permite que o assunto possa transitar isoladamente dos demais temas referentes ao sistema financeiro. É no mínimo paradoxal, mas simbólico e, sobretudo, sintomático que a primeira vitória parlamentar do Governo Lula tenha sido exatamente sobre esse tema – apesar da reação e dos protestos de uma parcela importante de deputados do PT; tema esse em relação ao qual o Governo FHC, em oito anos, não conseguiu progredir.

---

[9] O tratamento específico para cada uma dessas reformas em si mesmas, dado pelo Governo Lula até aqui, infelizmente não poderá ser discutido neste posfácio, sob pena de se desviar demasiadamente do objeto principal, qual seja: a conjuntura macroeconômica e as políticas econômicas adotadas. De qualquer forma, é importante dizer que tanto os argumentos quanto o teor da proposta apresentada pelo Governo, no que se refere às Reformas Tributária e da Previdência, são muito semelhantes ao tratamento que esses temas tiveram no Governo FHC (Filgueiras, 2003).

5 – Por fim, a segunda revisão do terceiro acordo com o FMI – assinado pelo Governo FHC em setembro de 2002 –, divulgada em fevereiro de 2003, além de incorporar o aumento da meta de superávit primário decidido anteriormente, prometeu, para os anos seguintes do Governo Lula, gerar "... superávits primários suficientes para garantir o gradual declínio da relação dívida/PIB". Além disso, se comprometeu também em "... garantir uma aprovação rápida pelo Congresso da PEC que facilitará a regulação do setor financeiro – um passo necessário para a desejada lei que formalizará a autonomia operacional e a responsabilização do Banco Central", que, conforme já visto, foi aprovada pela Câmara de Deputados, posteriormente. Por fim, inseriu metas qualitativas, sob a denominação de parâmetros estruturais, com relação à nova Lei de Falências, à privatização de quatro bancos estaduais federalizados e à realização das reformas tributária e previdenciária, definindo prazos para suas respectivas tramitações no Congresso Nacional (Quadro 1). É inevitável a constatação de que metas e obrigações desse tipo nunca foram assumidas anteriormente, pelo menos dessa forma tão explícita, nos diversos acordos assinados com o FMI por governos anteriores.

Quadro 1

Acordo com o FMI – Parâmetros Estruturais (2ª versão – fev./2003)

Até maio de 2003

– obter progressos ma votação da nova Lei de Falências: para acelerar a reestruturação de empresas que estejam passando por dificuldades e para garantir os direitos dos credores (hoje relegados a segundo plano, após os trabalhadores)

Até junho de 2003

– progressos na venda de quatro bancos estaduais federalizados (CE, SC, MA, PI)
– envio ao Congresso de projeto para a reforma dos regimes de aposentadoria dos servidores públicos civis
– envio ao Congresso de projeto que permite a criação de fundos de pensão complementar para os novos servidores públicos federais após aprovação do projeto de lei complementar nº 9
– envio ao Congresso de projeto de reforma tributária

Na realidade, a possibilidade da adoção desse tipo de comportamento político por parte do Governo Lula foi anunciada, ainda que não tão explicitamente, já no transcorrer do processo eleitoral e, depois, durante o período entre a vitória eleitoral e a posse do novo presidente, na chamada fase de transição de Governo, quando as equipes econômicas do Governo FHC e do futuro Governo Lula trabalharam em conjunto. Em primeiro lugar, o arco de alianças políticas constituído no processo eleitoral, com a incorporação do Partido Liberal (PL) e de segmentos descontentes do Partido da Frente Liberal (PFL), se distanciou em muito da tradição do PT acerca dessa questão; os limites para alianças foram estendidos fortemente, tencionando o partido e as candidaturas para governadores nos estados. Posteriormente, no segundo turno das eleições, foi incorporado à aliança o PTB – além de parceiros históricos como o PDT, o PSB e o PPS.

Em segundo lugar, ainda no processo eleitoral, num momento mais delicado da crise cambial – com grande fuga de capitais, desvalorização do real, aumento do "risco Brasil" e a desvalorização dos títulos da dívida externa brasileira no exterior – Lula divulgou em 22 de junho a "Carta ao povo brasileiro", na qual explicitava, de forma direta, o compromisso de respeitar todos os contratos e compromissos do país estabelecidos pelo Governo FHC, inclusive o acordo com o FMI e as metas ali estipuladas,[10] em especial os superávits fiscais primários.

Após a vitória, durante o período de transição, esse discurso se acentuou, tendo sido reiterado sistematicamente pelo coordenador da equipe de Lula, o então futuro Ministro da Fazenda Antonio Palocci. Em particular, ao longo desse processo, sobressaiu a quase inexistência de críticas ao governo anterior, bem como a não explicitação para a população das dificuldades encontradas no serviço público. As poucas críticas que apareceram foram feitas com enorme cuidado e, na verdade, se restringiram, de forma genérica, à pesada herança recebida pelo novo governo ou aos métodos utilizados e às

---

[10] Sobre essa questão, nunca é demais alertar que *a preocupação do capital financeiro, e de seus representantes, é com a alteração de regras que afetem os seus contratos* – em particular os da dívida pública. Quando se olha para a previdência social e os encargos trabalhistas, os contratos – em verdade, o maior de todos os contratos, que é o contrato social que garante os direitos dos trabalhadores conquistados nos últimos setenta anos – não possuem o menor valor ou importância (Filgueiras, 2003).

metas estabelecidas pelo Governo FHC – como, por exemplo, no caso dos planos plurianuais, que teriam sido irrealistas.

Os fatos e as circunstâncias acima narrados, transcorridos três meses do Governo Lula, apontam para duas possibilidades, não totalmente excludentes e não suficientemente claras, quais sejam:

1 – Uma capitulação desse governo, frente ao ideário e às políticas liberais;[11] independentemente da manutenção, e até repetição à exaustão, do discurso de mudança. Essa alternativa – que estaria apenas reproduzindo a experiência dos partidos socialistas e social-democratas europeus que chegaram ao poder, nos anos 1980, com Mitterand na França, Craxi na Itália, Papandreou na Grécia e Felipe González na Espanha –, por motivos óbvios, jamais será assumida retoricamente – a não ser pontualmente – pelo Governo Lula e seus integrantes. Apesar disso, documento produzido pelo Ministério da Fazenda – intitulado "Política Econômica e Reformas Estruturais" –, e apresentado ao FMI no início de abril, reafirmava o compromisso de se continuar obtendo superávits fiscais primários de 4,25% do PIB ao ano, até o final do Governo Lula; além de apresentar simulações para a evolução da dívida pública, com base na hipótese de obtenção desse percentual de superávit, até o ano 2011![12]

2 – Uma estratégia política, de alto risco, que prevê a manutenção da mesma política econômica do Governo FHC, durante um certo período – não claramente definido –, na qual a obtenção da confiança dos "mercados" se constitui em peça central, com o objetivo de ganhar o tempo necessário para se criar as condições que permitiriam a transição para um outro modelo de desenvolvimento, com a implementação de novas

---

[11] Até mesmo com seus integrantes mais à esquerda reconhecendo que assumiram posições equivocadas no passado, como justificativa para a adoção de políticas que antes repudiavam.

[12] Adicionalmente, esse mesmo documento, ao tecer considerações sobre as políticas sociais, defende, sem cerimônias, a adoção de políticas focalizadas – em oposição às políticas universais –, bem ao gosto do FMI. Um dos argumentos utilizados é de que o Estado já gastaria muito com essas políticas, mas seus efeitos seriam diminutos; por isso, a diretriz a ser perseguida deve ser a de melhorar a qualidade do gasto e direcioná-lo para os grupos mais pobres entre os pobres. De novo, a mesma política implementada pelo Governo FHC.

políticas econômico-sociais. Portanto, nessa alternativa, o uso de políticas ortodoxas seria provisório; uma vez ganhada a confiança dos "mercados" e conseguida a estabilidade da economia, o rumo do governo seria redirecionado. Enquanto esse momento não chega, o Governo procuraria avançar, pontualmente, na implementação de programas sociais (que compensariam os efeitos da política econômica), com particular ênfase no programa "Fome Zero". Até o presente momento, esse é o discurso oficial (hegemônico) defendido pelo Governo Lula e seus representantes no parlamento.

Independentemente de qual seja a alternativa verdadeira, o certo é que o espaço de discussão – no sentido de construir um outro caminho para as políticas econômicas – foi tremendamente reduzido; com o Governo e a mídia acusando os críticos da política econômica, de forma pejorativa, de "radicais", em particular, de "radicais do PT". O objetivo então era claro, construir uma imagem dos críticos de irresponsáveis e intolerantes, tentando desqualificar previamente todas as críticas. No entanto, boa parte delas, principalmente quando feitas por economistas, não vinham de quadros do partido.

De qualquer forma, além do documento do Ministério da Fazenda acima referido, algumas ações já tomadas pelo Governo Lula não parecem expressar apenas um comportamento de curto prazo, que, segundo os seus porta-vozes e as lideranças mais expressivas do PT, deverá transitar, em um determinado momento, para a adoção de novas políticas econômicas. Ao contrário, são ações que indicam a direção de assumir, integralmente, as velhas concepções ortodoxas liberais, do Governo FHC e do FMI – acreditando-se que o seu aprofundamento produzirá os efeitos anunciados de redução da vulnerabilidade externa e da fragilidade financeira do setor público.[13] Entre elas, talvez a mais preocupante seja a que diz respeito à autonomia do Banco Central, porque sinaliza um compromisso estrutural que produzirá um efeito temporal mais permanente, na organização do Estado e nas condições do exercício da política econômica.

---

[13] Na mesma linha vai a Lei de Diretrizes Orçamentárias para o ano 2004, proposta pelo Ministério do Planejamento, quando, ao introduzir a diretriz de se ajustar o nível do superávit primário de acordo com as flutuações da economia, fixa como piso para esse superávit o percentual de 3,75% do PIB para os próximos anos.

O significado da autonomia do Banco Central, caso ela venha a ser implementada, foi competentemente sintetizada por Sampaio Jr. (2003) – considerando-se as atribuições e a natureza dos conflitos que constituem o cotidiano dessa instituição, bem como o caráter eminentemente político das decisões econômicas sob a sua competência e suas consequências para a sociedade –, da seguinte forma:

> "Para o leigo, que não tem a menor obrigação de entender os labirintos da macroeconomia, a independência do BC pode parecer uma questão secundária que deveria ser relegada aos especialistas em economia monetária. Não é. O caráter das decisões econômicas sob a competência do BC mostra bem a relevância do que está em jogo. Entre outras atribuições, cabem-lhe as funções de regular a liquidez do sistema financeiro, fiscalizar a saúde econômica dos bancos, definir a taxa de juros básica, estabelecer o regime cambial, controlar os fluxos de capitais, administrar as divisas internacionais, regular o mercado de câmbio, supervisionar o mercado de derivativos, socorrer bancos que atravessam crises temporárias de falta de dinheiro, liquidar instituições financeiras inadimplentes etc.
>
> Não existe gestão monetária neutra. As autoridades monetárias estão sempre pressionadas por interesses econômicos contraditórios que colocam em xeque a confiança na moeda nacional. Decidir a favor dos credores ou dos devedores, defender o patrimônio dos rentistas ou favorecer a geração de renda e emprego, privilegiar a estabilidade ou priorizar o crescimento, valorizar a moeda nacional, aumentando seu poder de compra no exterior, ou desvalorizá-la, empobrecendo os que possuem patrimônio denominado em moeda nacional em relação aos estrangeiros, sancionar a fuga de capitais ou centralizar o câmbio, deixar um banco quebrar ou socorrê-lo, eis a natureza dos conflitos que constituem o cotidiano de um Banco Central. Não há como escamotear o caráter eminentemente político destas decisões.
>
> Em outras palavras, como guardião da moeda – a mercadoria que funciona como equivalente geral de todas as mercadorias, sintetizando os nexos sociais e as relações de poder entre capitalistas e trabalhadores de uma determinada formação social e de suas relações com as demais sociedades do sistema capitalista mundial –, o Banco Central é a instituição que estabelece as condições de acesso dos capitalistas e do Estado à moeda nacional e às divisas internacionais. Ele exerce papel crucial em vários planos da economia nacional: na definição

de dois preços fundamentais do capitalismo – a taxa de juros e a taxa de câmbio; na determinação da oferta de crédito; no estabelecimento das condições de pagamento das dívidas privadas e públicas; na defesa das reservas internacionais; na inibição de manobras especulativas que colocam em risco a solidez do sistema financeiro; na definição da relação entre os preços internos e externos.

Em suma, o Banco Central é uma instituição-chave que permite ao poder público arbitrar a concorrência intercapitalista, buscando subordiná-la aos objetivos da sociedade nacional. É o controle da moeda que dá ao Estado alguma capacidade de graduar o ritmo, a intensidade e o sentido do processo de destruição criadora que caracteriza o desenvolvimento capitalista. Ceder a independência do BC às "forças do mercado" significa simplesmente renunciar à soberania do povo sobre os rumos da política econômica – uma usurpação de poder que fere a essência do mandato popular concedido ao presidente Lula. A independência do Banco Central significa literalmente aprisionar o futuro no passado, comprometendo a política econômica com a obrigação de honrar os gigantescos encargos financeiros externos e internos herdados da era FHC e de sancionar os extraordinários privilégios do capital internacional na economia brasileira. Por essa razão, trata-se de uma medida inaceitável para quem luta a favor dos interesses populares e nacionais" (p. 3-4).

A justificativa maior para adoção da estratégia até aqui seguida pelo Governo Lula, segundo os seus defensores, é o quadro econômico desastroso herdado do governo anterior, agravado por uma conjuntura particularmente desfavorável, que impediria, pelo menos momentaneamente, qualquer mudança de rumo, ou até mesmo qualquer sinalização nessa direção. Nas palavras do senador do PT por São Paulo, Aloízio Mercadante:

"O Governo Lula assumiu a administração do país em meio a uma crise grave e complexa, com fortes desequilíbrios tanto no cenário internacional – a retração da economia mundial e dos fluxos de investimentos, a instabilidade dos mercados financeiros e as incertezas da guerra EUA– Iraque – como no plano interno, no qual as tensões e desequilíbrios acumulados em diversas frentes ao longo dos oito anos precedentes deixaram uma herança extraordinariamente pesada: uma economia em situação de extrema vulnerabilidade externa e semiparalisada, um Estado debilitado pelo crescimento da dívida pública e um nível de desemprego aberto crescente" (*Folha de S.Paulo*, 6/4/2003, Caderno Dinheiro, p. 2).

A partir dessa constatação (verdadeira), entende-se que o poder dos "mercados" inviabilizaria qualquer tentativa de se redirecionar a política econômica em curto espaço de tempo. A desaprovação dos "mercados" se expressaria numa grande fuga de capitais e na instalação de uma crise cambial, levando à retomada da inflação e, no limite, a um processo que poderia vir a questionar a própria governabilidade. Em suma, a transição para um novo modelo deverá ser feita, cautelosamente, a partir da melhoria das contas externas do país e através da obtenção de elevados superávits fiscais primários, o que diminuirá o seu grau de vulnerabilidade e permitirá reduzir a taxa de juros, com reflexos positivos também sobre a fragilidade financeira do setor público – com a queda da relação dívida pública/PIB. Isso, juntamente com as reformas já mencionadas, recuperará a capacidade de investimento do Estado e aumentará a poupança interna do país, detonando um círculo virtuoso de crescimento sustentado.

É ainda o mesmo senador que resume, de forma clara e precisa, o significado e o objetivo dessa estratégia de política econômica, ao tempo em que recusa a acusação de continuísmo:

"... ao contrário do que ocorria no Governo FHC, a atual política econômica não está orientada para consolidar a lógica do modelo econômico neoliberal, fundada no binômio déficit nas transações correntes do balanço de pagamentos/aumento cumulativo do passivo externo dolarizado, que levou à desnacionalização, à privatização e à fragilização da economia. A política de ajustes graduais – expressão da pequena margem de manobra do novo governo – objetiva criar as condições de retomada do crescimento econômico e mudança do modelo de desenvolvimento. Para isso, é essencial não somente superar a vulnerabilidade – recuperando de maneira sustentável o saldo da balança comercial e reduzindo o déficit nas transações correntes –, mas também desenvolver novas frentes de ação na esfera real da economia... A opção por uma estratégia gradual não se confunde, nesse contexto, com o continuísmo. Somente reflete a decisão de, no marco das restrições estruturais existentes, avançar rumo ao futuro com os pés no chão, de maneira a minimizar os custos da transição para o novo padrão de desenvolvimento e a não frustrar as esperanças do povo brasileiro" (op. cit.).

Embora tente demonstrar o contrário, essa avaliação da política econômica do Governo Lula não consegue esconder que a estratégia eleita é semelhante àquela implementada pelos dois Governos FHC, durante oito anos seguidos. Os objetivos e os instrumentos utilizados são os mesmos, e seus efeitos são bastante semelhantes, apesar da afirmação de que ela estaria orientada para mudança do modelo de desenvolvimento. A superação gradual da vulnerabilidade externa – e de todas as demais consequências daí advindas –, através do aprofundamento da mesma política econômica que criou esse problema, também foi perseguida, disciplinadamente, pelos Governos FHC.

Nunca é demais lembrar que, em vários momentos entre 1995 e 2002, quando o cenário internacional conjunturalmente se mostrou menos desfavorável, e o fluxo de capitais estrangeiros para o país foi retomado de forma mais regular, o Governo e seus porta-vozes anunciaram, reiteradamente, a retomada do desenvolvimento autossustentado. E, em todas essas vezes, o otimismo também foi alimentado pela melhoria de indicadores voláteis e de curtíssimo prazo – como a taxa de câmbio, o risco-país,[14] o índice Bovespa e o valor dos títulos da dívida externa no exterior –, que refletem o estado de confiança (de curto prazo) do capital financeiro com relação ao desempenho da economia brasileira. Como se sabe, essas expectativas nunca se realizaram. Convém lembrar também que:

> "O último desses episódios é tão recente que parece incrível que possa ter sido esquecido. Há pouco mais de um ano, o quadro

---

[14] O risco-país é um índice que mede a (des)confiança do capital financeiro em relação a um país, no que concerne à capacidade de pagar ou não as suas dívidas. Quanto maior é esse indicador, mais altos são os juros que o país tem de pagar para renovar seus empréstimos ou captar novos recursos. Em suma, quanto mais arriscado for emprestar dinheiro a um país, maiores serão os retornos exigidos pelos investidores. O seu cálculo é feito comparando-se os juros que o país paga por títulos de sua dívida com aqueles que o Tesouro dos Estados Unidos paga pelos seus; estes últimos considerados como tendo risco zero. A diferença, portanto, reflete o prêmio de risco exigido para se aplicar recursos financeiros no país. O indicador é expresso em pontos para facilitar a comparação. Quando se afirma, por exemplo, que o risco-país do Brasil é de 1072 pontos significa dizer que os títulos da dívida brasileira devem pagar uma taxa de juros de 10,72 pontos percentuais acima daquela paga pelos Estados Unidos (Filgueiras, 2002b).

era o seguinte: o Brasil havia se 'descolado' da Argentina, os capitais externos voltavam e o Banco Central estava permitindo apreciação perigosa do câmbio. O ministro Malan chegou a antecipar o pagamento de uma volumosa quantia ao FMI, sob o argumento de que a situação brasileira era tranquila... Em questão de poucos meses, o sentimento do mercado mudou de maneira dramática. Instalou-se o pânico e o Brasil passou a ser considerado um país em estado pré-falimentar!" (Batista Jr., 2003).

Por tudo o que foi dito até aqui, se faz então necessário explicitar as seguintes perguntas: O que mudou na política e na economia do país, a partir do Governo Lula, que permita acreditar que essa estratégia, de manutenção e aprofundamento das mesmas políticas anteriormente adotadas, possam obter o êxito que os dois Governos FHC não lograram alcançar? Houve alguma mudança estrutural na competitividade do país, que venha a permitir saldos duradouros na balança comercial? Há possibilidade de se reduzir a dívida pública, ou pelo menos reduzi-la enquanto proporção do PIB, a partir da obtenção de elevados superávits fiscais primários? Em resumo, com a adoção dessa estratégia, há a possibilidade real de reduzir, estruturalmente, a vulnerabilidade externa do país e a fragilidade financeira do setor público, substituindo o predomínio da lógica rentista pela lógica produtiva?

A crer no documento do Ministério da Fazenda já citado, o Governo Lula acredita, piamente, na possibilidade de resolver os problemas da economia brasileira, em particular a vulnerabilidade externa e a fragilidade financeira do setor público, através do aprofundamento do ajuste fiscal, acompanhado pelas reformas previdenciária, trabalhista e tributária. Segundo os seus autores,

"O Brasil, para que possa retomar o crescimento econômico em bases sustentáveis, tem que sair da armadilha constituída pelo alto valor da dívida pública e outros passivos públicos em relação ao nosso produto... Nesse sentido, o novo governo tem como *primeiro compromisso* da política econômica a resolução dos graves problemas fiscais que caracterizam nossa história econômica, ou seja, a promoção de um ajuste definitivo das contas públicas... A importância do ajuste fiscal de longo prazo não pode ser subestimada. Caso o governo brasileiro tivesse realizado um superávit fiscal primário de 3,5% do PIB ao ano durante os últimos oito anos, a relação dívida/PIB hoje seria a metade da observada, mantidas todas as demais condições, inclusive as políticas cambial e monetária adotadas durante o período 1995-1998" (p. 6-7).

A melhora conjuntural de alguns indicadores nesses primeiros meses do Governo Lula seria a evidência de que a política adotada estaria no caminho correto. Ainda de acordo com o documento,

> "Essa política já está dando certo... A consistência da política econômica adotada pelo governo tem permitido a melhora das expectativas de médio prazo da economia brasileira, mesmo neste período de incerteza do cenário internacional e com os graves problemas que herdamos. Como consequência da melhoria na solidez das contas públicas, os títulos da dívida interna e externa brasileira nos mercados secundários apresentaram significativa valorização nos últimos meses, refletindo a queda dos nossos prêmios de risco" (p. 8-9).

Acontece, contudo, que esse critério – baseado em indicadores extremamente voláteis e que expressam movimentos de curtíssimo prazo –, é altamente duvidoso quando se trata de se avaliar o sucesso de uma política econômica. Na realidade, a observação e análise da evolução das principais variáveis macroeconômicas durante o período inicial do Governo Lula, a seguir consideradas, indicavam, ainda que de forma preliminar e parcial, que a dinâmica da economia nos primeiros meses do novo governo não havia mudado no essencial. Muito pelo contrário, os movimentos constatados foram bastante semelhantes aos observados durante a vigência dos Governos de FHC.

A conjuntura econômica no primeiro trimestre do Governo Lula

Ao longo dos três primeiros meses do Governo Lula, alguns indicadores da economia brasileira melhoraram, especialmente aqueles relacionados ao funcionamento dos mercados financeiros. O dólar, depois de bater na casa dos R$ 4,00 em outubro e iniciar o ano de 2003 em R$ 3,54, recuou para R$ 3,22 no começo de abril – redução, no ano, de mais de 9,%[15] (Gráfico 12). O índice Bovespa subiu 7,69% e o risco

---

[15] A rápida desvalorização do dólar já estava preocupando segmentos empresariais voltados para a exportação, bem como os Ministros da Agricultura e do Desenvolvimento, trazendo à tona a possibilidade de o Banco Central

Brasil, que chegou atingir mais de 2.000 pontos em outubro, caiu para 1.446 no final do ano e se aproximou de 900 pontos no início de abril, com os títulos da dívida externa brasileira no exterior voltando a se valorizar - alta de 26% dos C-Bonds desde o início do ano. Adicionalmente, as taxas de inflação se reduziram, os saldos da balança comercial aumentaram, impulsionados pelo bom desempenho das exportações, e os capitais especulativos, mais uma vez, retornaram - atraídos pela elevada taxa de juros e num momento em que o Tesouro dos Estados Unidos estava pagando 1,35% ao ano, para papéis de trinta anos.

Gráfico 12

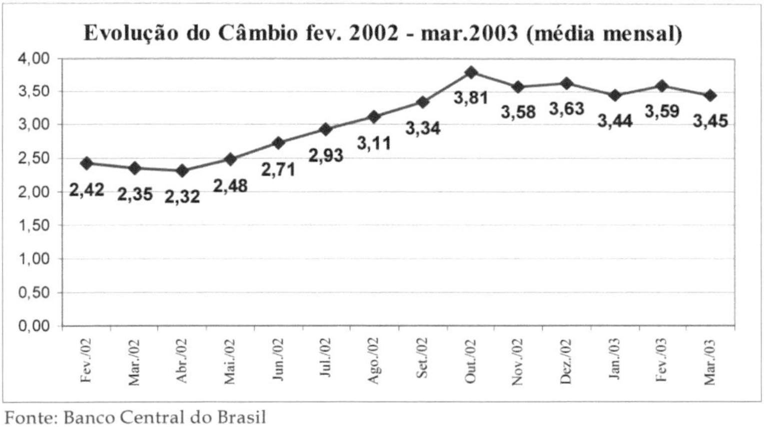
Evolução do Câmbio fev. 2002 - mar.2003 (média mensal)
4,00
3,50
3,00
2,50
2,00
1,50
1,00
0,50
0,00
2,42
2,35
2,32
2,48
2,71
2,93
3,11
3,34
3,81
3,58
3,63
3,44
3,59
3,45
Fev./02
Mar./02
Abr./02
Mai./02
Jun./02
Jul./02
Ago./02
Set./02
Out./02
Nov./02
Dez./02
Jan./03
Fev./03
Mar./03

Fonte: Banco Central do Brasil

A mudança de humor dos "mercados", indicando, como em tantas outras vezes, o início de uma conjuntura, aparentemente, mais favorável para a economia brasileira e a condução da política econômica, teve várias razões, relacionadas com o cenário internacional imediato e o comportamento do Governo Lula; este último, resumido de forma surpreenden-

---

intervir no mercado, para impedir uma queda maior. Essa possibilidade foi então afastada pelo Presidente do Banco Central e pelo próprio Presidente da República, ao afirmarem que o livre funcionamento do mercado deveria definir o preço do dólar - como se o dólar fosse uma mercadoria como outra qualquer, conforme enunciado pelo antigo Presidente do Banco Central, Gustavo Franco, quando comparou o mercado de divisas com o mercado de bananas.

temente sincera pelo Secretário para Assuntos Internacionais
do Ministério da Fazenda, Otaviano Canuto, ao explicar por
que esses indicadores melhoraram:

> "A palavra-chave é *delivery* [entrega], como bem empregou um
> analista de Wall Street. A gente está prometendo e a gente está
> entregando. A promessa e a realização da promessa [medidas
> econômicas] em sequência, dentro de uma linha coerente, é o
> que tem dado destaque ao Brasil como emergente" (*Folha de
> S.Paulo*, 6/4/2003, Caderno Dinheiro, p. 2).

Na verdade, para além da declaração do Secretário, podem-se mencionar as seguintes razões para o desempenho
recente desses indicadores:

1 – A agressão anglo-americana ao Iraque, ao aumentar
a instabilidade política e agudizar as incertezas econômicas,
desencadeou um movimento de antecipação de importações
por parte de parceiros comerciais brasileiros, ao tempo em que
também pressionou as cotações das principais *commodities* produzidas pelo Brasil. Com isso, as exportações, que já vinham
crescendo desde o segundo semestre de 2002 – em virtude
da desvalorização cambial – deram um salto, implicando um
grande aumento no saldo da balança comercial nos primeiros
meses do Governo Lula.

Assim, no primeiro trimestre de 2003, o Brasil exportou o
montante recorde de US$ 15,045 bilhões, 26,5% a mais do que
no mesmo período do ano anterior. As importações, por sua
vez, contidas pela desaceleração da economia, alcançaram,
nesse mesmo período, US$ 11,282 bilhões, com crescimento
de apenas 3,9% em relação a 2002. Desde 1993 o país não
acumulava um saldo comercial tão grande no primeiro trimestre: US$ 3,763 em 2003 contra US$ 3,981 bilhões em 1993,
equivalente a 265% do saldo obtido no primeiro trimestre de
2002. A grande surpresa foi a recuperação das exportações
para a Argentina, que haviam caído vertiginosamente no
último ano (Gráfico 13).

Esse resultado também foi ajudado pelo preço do petróleo, que, apesar de muitas oscilações, não explodiu, em
virtude da crença, nos mercados financeiros, de que a "guerra" seria muito rápida. O resultado da conta de Transações
Correntes acompanhou a evolução da balança comercial,
reduzindo, mês a mês, de forma significativa, os seus défi-

cits; de 4,37% do PIB, no início de 2002, caiu para 1,41% em fevereiro de 2003.

Gráfico 13

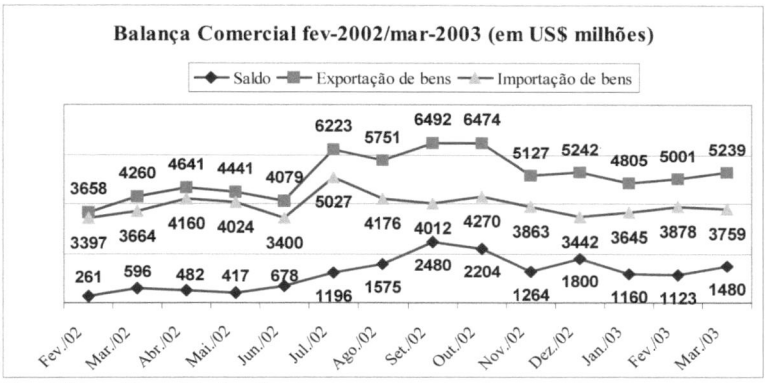

Balança Comercial fev-2002/mar-2003 (em US$ milhões)

Fonte: Banco Central do Brasil

2 – A revalorização do Real – motivada pelo melhor desempenho da Balança comercial, pela entrada de capitais especulativos e pela correção das expectativas pré-eleitorais dos investidores, excessivamente "pessimistas" com relação ao Governo Lula – teve impacto decisivo sobre a trajetória da inflação, que, após ter se acelerado a partir de abril de 2002 e atingir seu pico em novembro, começou a reverter a partir do mês de dezembro desse mesmo ano.

Esse movimento pode ser acompanhado, sobretudo, através do IGP-M, cujo comportamento é afetado de forma mais direta pelas variações cambiais. O Gráfico 14 explicita isso, ao mostrar, a partir de abril – quando começa o movimento mais forte de desvalorização do Real –, o afastamento da trajetória do IGP-M em relação à trajetória do IPCA. A associação entre as variações cambiais e as variações da taxa de inflação é evidente, podendo ser observada quando se compara esse gráfico de inflação com o gráfico 12 anterior, que retrata a evolução do câmbio em 2002 e 2003.

Apesar da trajetória descendente da inflação, no começo de abril, já havia ficado patente que a meta de inflação de 8,5%, estabelecida para o primeiro ano do Governo Lula, não teria a mínima chance de ser alcançada. O IPCA já indicava uma taxa

acumulada no primeiro trimestre de 5,13%, isto é, 60,3% da
meta. No mesmo período de 2002 esse indicador apurou uma
inflação acumulada de 1,49%. No caso do IGP, a diferença foi
maior ainda; no primeiro trimestre de 2002, quando o movimento de desvalorização do Real ainda não havia se acelerado,
a inflação acumulada foi de apenas 0,51%, contra 6,26% no
primeiro trimestre de 2003.

Gráfico 14

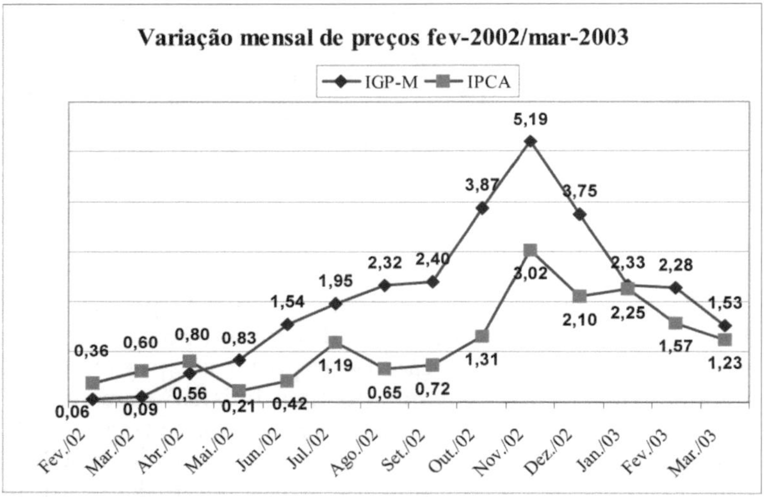

Variação mensal de preços fev-2002/mar-2003

◆ IGP-M ■ IPCA

Fonte: Banco Central do Brasil

Essas taxas de inflação bem mais elevadas no início de
2003, quando comparadas ao mesmo período de 2002, resultaram, principalmente, da elevação dos preços de alguns
alimentos e bens intermediários, que aumentaram a parte
de suas respectivas produções exportadas – em virtude do
aumento da demanda internacional associada ao conflito no
Iraque e do estímulo cambial – e/ou do fato de pertencerem a
setores que estavam no limite de suas respectivas capacidade
produtivas instaladas. Além disso, como já vem ocorrendo há
algum tempo, as tarifas de luz e telefone indexadas ao IGP,
e reajustadas por contratos, voltaram a pressionar a inflação.

Também contribuiu, para a redução dos índices inflacionários, ocorrida a partir de dezembro de 2002, o aumento em
8,5 pontos percentuais da taxa básica de juros administrada

pelo Banco Central. Esta, depois de sofrer uma pequena redução de 0,5 ponto percentual, entre março e setembro, começou
a subir a partir de outubro de 2002 – auge da desvalorização
do Real –, tendo sido elevada, até aqui, em mais 1,5 ponto
percentual no Governo Lula, atingindo 26,5% (Gráfico 15).
No entanto, a política monetária não consegue atuar sobre
os bens e serviços cujos preços estão atrelados ao mercado
internacional (combustíveis) ou indexados formalmente por
meio de contratos (luz e telefone).

Gráfico 15

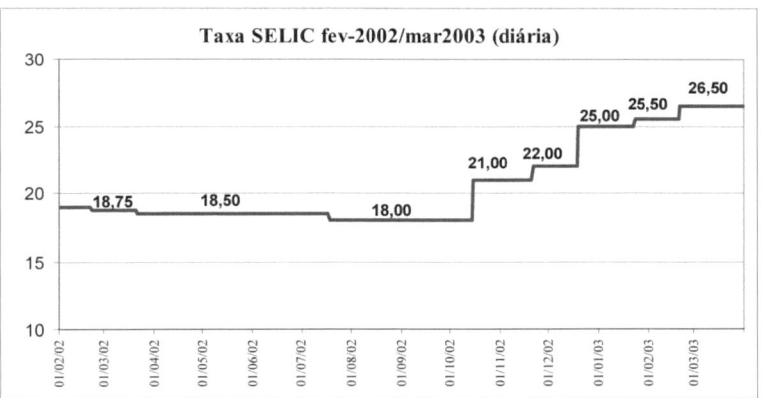

Fonte: Banco Central do Brasil

3 – A sinalização firme, por parte do Governo Lula, da
manutenção da mesma política econômica adotada durante
os oito anos dos Governos FHC – tanto através de medidas
e atitudes tomadas quanto do discurso e dos argumentos
utilizados, conforme já evidenciado anteriormente –, propiciou uma onda de menor desconfiança por parte dos investidores. A consequência se fez sentir, como já se viu, na
queda do risco Brasil, na revalorização dos títulos da dívida
externa e no retorno de capitais especulativos, atraídos pelas
elevadas taxas de juros praticadas no Brasil, comparativamente a outros países. Em sentido contrário, os investimentos diretos se reduziram muito no início de 2003, levando
o Banco Central a estimar, para este tipo de investimento, um montante total de US$ 13 bilhões para 2003, contra
US$ 16,6 bilhões em 2002.

No primeiro trimestre de 2003, já haviam sido realizadas 32 operações de lançamentos de papéis de empresas brasileiras no exterior, sendo que em 22 delas os prazos fixados foram de um ano ou menos e, destas últimas, 17 foram feitas por bancos – que, tipicamente, realizam essas operações para ganharem com as diferenças entre as taxas de juros praticadas no Brasil e no exterior. Até o início de abril, essas captações já totalizavam US$ 5,9 bilhões. Além dessas captações no exterior, a via de entrada de recursos estrangeiros estava também acontecendo através dos chamados *hedge funds*, sabidamente fundos de investimentos agressivos e altamente especulativos.

Todavia, como consequência da mesma política econômica adotada, em outros aspectos da economia observa-se uma espécie de contraface negativa dos indicadores acima mencionados. Assim, pode-se constatar que:

1 – As atividades econômicas, voltadas para o mercado interno, tiveram um desempenho ruim, implicando uma revisão das expectativas, tanto do governo quanto das instituições empresariais, com relação ao crescimento do PIB em 2003 – apesar do grande aumento das exportações. No caso do governo, a meta de 2,8%, estabelecida no acordo com o FMI quando da segunda revisão feita em fevereiro, foi revisada para 2,2% e, entre as instituições financeiras, as previsões já estavam abaixo de 2% no início de abril.

2 – Acompanhando essa desaceleração da economia, as taxas de desemprego, tanto para a Região Metropolitana de São Paulo (RMSP) quanto para a de Salvador (RMS), depois de caírem no mês de dezembro, voltaram a crescer nos meses de janeiro e dezembro (Gráfico 16). Em particular, a taxa da RMSP já apresentava tendência de elevação desde agosto de 2002. As previsões de especialistas em mercado de trabalho apontavam, caso a taxa de juros continuasse elevada, para uma taxa de desemprego recorde em 2003.

Além das taxas de inflação – que caíram, mas continuavam altas –, o rendimento médio dos assalariados também sofreu o impacto do baixo dinamismo da economia. Segundo o IBGE, os dados, para as seis regiões metropolitanas principais do país, indicam que esses rendimentos evoluíram de R$ 894,83, em dezembro de 2002, para R$ 849,50 em fevereiro de 2003; mantendo uma tendência de queda que já vinha ocorrendo. Essa evolução da taxa de desemprego e dos rendimentos impactou negativamente sobre o comércio, com a inadimplência crescendo 13% no primeiro trimestre de 2003 em relação ao mesmo período de 2002.

Gráfico 16

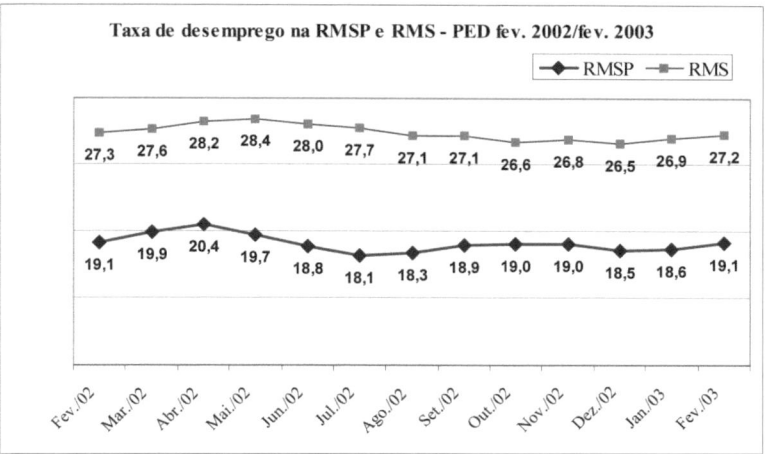

Taxa de desemprego na RMSP e RMS - PED fev. 2002/fev. 2003

Fonte: SEADE – DIEESE/FCE/UFBA – SEI – DIEESE

A promessa de dobrar o salário mínimo, em termos reais, até o final do governo, ficou mais distante com o reajuste de 20% anunciado pelo Governo em abril. O aumento real desse salário foi de apenas 1,85%, se o índice de inflação considerado for o INPC, e de 3,5% se a referência for o IPCA. Desde 1995 (nove reajustes), esse foi o terceiro menor percentual de reajuste real (em 97 foi de 0,18% e em 2002 foi de 1,43%). A importância do salário mínimo, como política de distribuição de renda e combate à pobreza, pode ser melhor dimensionada quando se constata que 21,35% da força de trabalho recebe até um salário mínimo por mês, principalmente entre os trabalhadores sem carteira assinada. Além disso, no caso dos benefícios previdenciários o mínimo é piso para 36% dos aposentados e pensionistas, e o seu valor também serve de base para o abono salarial e para o seguro-desemprego.

3 – Os gastos públicos, praticamente paralisados no primeiro trimestre, resultaram no atraso da implementação da maioria dos programas previstos, inclusive os sociais. O resultado se expressou na obtenção de um superávit fiscal pri-

mário, acumulado nos dois primeiros meses do ano de 6,59% do PIB (4,38% em doze meses), recorde mesmo se comparado aos Governos FHC. No acumulado do primeiro bimestre de 2002 esse superávit atingiu 4,27% do PIB e o obtido em doze meses alcançou 3,57%.

Em valores absolutos, o superávit primário obtido no primeiro bimestre de 2003 já somava R$ 16.084 milhões, mais do que os R$ 15.400 milhões acertados com o FMI para o primeiro trimestre. No entanto, a relação entre a Dívida Pública e o PIB (Gráfico 17) praticamente não se alterou em fevereiro de 2003, quando se compara com dezembro de 2002, passando de 56,5% para 56,6% do PIB (R$ 904 bilhões). Nesse mesmo período, o montante a ser pago pelos juros da dívida pública alcançou R$ 32.159 milhões – quase o dobro do superávit obtido.

Gráfico 17

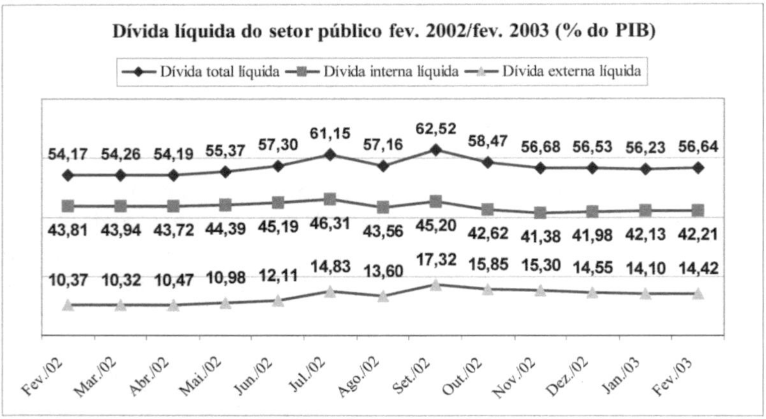

Dívida líquida do setor público fev. 2002/fev. 2003 (% do PIB)

— Dívida total líquida — Dívida interna líquida — Dívida externa líquida

Fonte: Banco Central do Brasil

Na mesma linha de priorizar o aprofundamento do ajuste fiscal, que vinha sendo feito pelo governo anterior, mas com o argumento da existência de limites estreitos no orçamento já elaborado, os salários dos servidores públicos federais foram reajustados em apenas 1% – para cumprir decisão do Supremo Tribunal Federal –, mais um valor fixo de R$ 59,87. Nesse caso, mais uma vez, os argumentos explicitados e a orientação foram os mesmos do Governo FHC, que também reajustou os salários dos servidores, de forma diferenciada – criando gratificações dos mais variados tipos, com o intuito de desvincular as aposentadorias dos reajustes salariais –, sob a justificativa da necessidade de se "corrigir distorções salariais existentes no serviço público". Assim, enquanto o Governo FHC corrigiu distorções favorecendo as chamadas "carreiras de Estado", o Governo Lula começou corrigindo distorções, favorecendo, relativamente, os níveis salariais mais baixos. Na verdade, a razão maior desse tipo de política salarial errática se localiza no aperto fiscal, que empurra o Ministério do Planejamento a construir sua argumentação a partir de racionalizações feitas *ex post*.

Em suma, como se pode constatar, a política econômica adotada pelo Governo Lula até o primeiro trimestre de sua gestão não se desviou um milímetro sequer da orientação seguida pelo Governo anterior. Muito pelo contrário; reafirmou no discurso e nas ações implementadas essa orientação, em especial aprofundando-a no que se refere ao ajuste fiscal, que, segundo as autoridades econômicas, foi insuficientemente realizado pelos Governos de FHC. Portanto, a solução proposta, e executada, se resume a "mais do mesmo".

O recente ciclo de valorização do Real, ocorrido no Governo Lula, recolocou, de novo, um velho dilema, que sempre se apresenta no interior da política econômica que vem sendo implementada, qual seja:

1 – Manter ou mesmo elevar a taxa de juros, privilegiando a queda da inflação e tentando atingir a meta de inflação de 8,5%; tendo como contrapartida imediata a continuação da entrada de capitais especulativos e a valorização maior ainda do Real e, num segundo momento, a redução do saldo da balança comercial, com o aumento do grau de vulnerabilidade externa que, por sua vez, implicará em interrupção da recente onda de otimismo dos "mercados".[16]

2 – Reduzir a taxa de juros e/ou intervir no câmbio para recompor as reservas internacionais, dando prioridade ao ajus-

---

16 Sobre isso Batista Jr. (2003) alerta que: "Não há ninguém em Brasília para explicar a esses cristãos-novos da ortodoxia que não se deve confundir câmbio flutuante com câmbio livre? Um país como o Brasil não pode nem pensar em praticar flutuação pura, de livro-texto... Existe, sim, o risco de que a apreciação vá longe demais, prejudicando os setores que exportam e aqueles que substituem importações. E as acentuadas flutuações do valor externo da moeda dificultam o planejamento dos investimentos nessas áreas".

te das contas externas e à reativação da economia, tendo como contrapartida uma pressão maior sobre o nível dos preços e afastando-se da meta inflacionária estabelecida para 2003.

Por fim, apesar do recente otimismo dos "mercados", relatório aprovado pela diretoria do FMI, em março de 2003, embora tecendo rasgados elogios ao Governo Lula e à política econômica implementada, afirma que:

> "Os acontecimentos de 2002 demonstraram que o Brasil continua vulnerável a mudanças no humor dos investidores. Fontes dessa vulnerabilidade incluem o tamanho e o perfil da dívida pública, as necessidades de financiamento externo e o lento crescimento econômico" (*Folha de S.Paulo*, 9/4/1993, p. B5).

Para além de FHC

Desde a implantação do Plano Real e da política macroeconômica que o seguiu, particularmente a partir da crise do México em dezembro de 1994, têm-se aprofundado dois problemas estruturais da economia brasileira, quais sejam: a vulnerabilidade externa do país e a fragilidade financeira das finanças públicas. Em cada conjuntura específica, esses problemas podem ser mais ou menos agravados ou mais ou menos reduzidos, mas tendencialmente seguem existindo e condicionando o comportamento do conjunto da economia. A crise cambial de 2002, no final do segundo Governo FHC, evidenciou isso mais uma vez; a possibilidade de vitória de Lula apenas agudizou o processo, que poderá voltar a se repetir caso as condições estruturais da economia permaneçam as mesmas.

Vale recordar que, a partir de 1999, sempre com base nessa lógica – conforme acordo estabelecido com o FMI –, a política econômica passou a ter como objetivo fundamental a obtenção de superávits fiscais primários em montantes acima de 3% do PIB. No ano passado, esse superávit foi de R$ 52 bilhões (4,06% do PIB), ultrapassando, inclusive, a meta fixada pelo FMI (3,88% do PIB). Apesar disso, esse superávit não conseguiu pagar nem metade dos juros da dívida, cujo montante ficou em R$ 113,9 bilhões em 2002, o que implicou, mais uma vez, o crescimento do seu principal, bem como da relação dívida pública/PIB. Essa dívida tem limitado dramaticamente a capacidade do Estado de executar políticas sociais e impedido a adoção de políticas macroeconômicas que estimulem o crescimento.

Na verdade, essa dinâmica perversa – de vulnerabilidade externa da economia e instabilidade cambial, que levam ao aumento da taxa de juros e, como consequência, ao crescimento da dívida pública, à estagnação econômica e à elevação da taxa de desemprego – dificilmente será alterada com a obtenção de superávits fiscais, muito menos com as reformas previdenciária, trabalhista e tributária. O mais provável, caso não ocorra uma mudança verdadeira nos rumos da política econômica, é que esse processo de transferência de renda – dos trabalhadores e do setor produtivo para o capital financeiro –, que fragiliza as finanças públicas e impede o crescimento econômico do país, continuará o seu curso, até uma nova crise e um novo acordo com o FMI. Períodos de alívio momentâneo – que dão a impressão de se estar caminhando para uma saída –, alternados por períodos mais dramáticos – como as crises cambiais de 1999 e 2002 –, fazem parte da lógica que preside esse processo; que é a lógica volátil, e de curto prazo, dos capitais financeiros.

Em suma, dentro do modelo econômico liberal, posto em prática desde o Governo Collor, não há saída possível. É uma permanente fuga para frente, com a obrigação permanente de aprofundar mais ainda as mesmas políticas. A ideia de que se possa transitar para um novo modelo gradualmente é ingênua e inverossímil; a manutenção da política econômica herdada do Governo FHC não cria instrumentos, condições ou espaços para se fazer qualquer tipo de transição. Ao contrário, a sua dinâmica interna recria e reproduz as condições que aprofundam a fragilidade financeira do Estado; portanto, quanto mais se insiste nela, mais complicado e mais difícil fica o seu abandono. Essa dificuldade poderá ser maior ainda no futuro, caso o Governo Lula reduza a sua popularidade e venha a perder apoios políticos. Comentando acerca dos governos socialistas e social-democratas, que assumiram o poder na Europa nos anos 1980 e implementaram políticas liberais mais duras do que as dos governos de partidos conservadores, Fiori (2003) faz o seguinte comentário a respeito da Espanha:

> "Essa experiência socialista espanhola deixa algumas lições econômicas importantes: a primeira é que com uma política macroeconômica ortodoxa e conservadora não há espaço para um crescimento sustentado, por maior que seja a sua credi-

bilidade, e a segunda é que a desinflação parece não chegar jamais a patamares capazes de deter a desindustrialização e a desnacionalização da economia. Além disso, o ajuste microeconômico baseado apenas na 'racionalização' do trabalho, como o que ocorreu nos primeiros anos das décadas de 1980 e 1990, não é capaz de dar maior competitividade internacional a uma economia que esteja, como no caso espanhol, bloqueada pelas altas taxas de juros."

Os beneficiários desse modelo econômico, profundamente perverso para com o povo brasileiro, são poucos, mas têm, de fato, grande poder material e influência política. À frente deles, em primeiro lugar, o capital financeiro internacional – expresso na movimentação dos fundos de pensão, dos fundos mútuos de investimentos e dos grandes bancos dos países desenvolvidos –, alicerce da nova (des)ordem mundial e parasita do processo de criação de riqueza em escala planetária. A seguir os grandes grupos econômico-financeiros nacionais, que conseguiram sobreviver, até aqui, ao processo de globalização, em função de sua capacidade competitiva ou através da associação (subordinada) com capitais estrangeiros. E, por último, uma parcela diminuta da população que, na falta de uma identificação mais precisa, pode ser denominada genericamente como uma espécie de "classe média alta" – formada por executivos de grandes empresas, certos segmentos de profissionais liberais, a alta burocracia governamental, uma nova intelectualidade identificada com os valores e hábitos forâneos e um pequeno grupo de consultores e trabalhadores autônomos altamente qualificados, ocupados em atividades econômicas recém-surgidas e típicas dos novos paradigmas tecnológicos. Esses "novos ricos" se beneficiaram com a "farra das importações" e as altas taxas de juros e, ao descobrirem os padrões de consumo próprios dos países desenvolvidos e a ele terem acesso, se deslumbraram e se sentiram incluídos no primeiro mundo. Todos esses segmentos, em maior ou menor grau, não desejam a mudança do modelo; no máximo, apoiam pequenos ajustes no seu interior (Filgueiras, 2002c).

Do ponto de vista político-ideológico, o modelo liberal e suas políticas se instalaram e se sustentaram, como não poderia deixar de ser, com o apoio e a chancela da burguesia financeira nacional e internacional, conhecida do grande público pelo apelido acéptico de "os mercados", expressão-fetiche que dá uma ideia de algo (entidade) sobrenatural e onipresente, que não pode e nem deve ser contrariado. Também decisivos foram o apoio e o monitoramento das instituições internacionais (ditas) multilaterais, com especial destaque para o FMI, o Banco Mundial e a OMC. O papel e a função desses organismos, bem como sobre a influência decisiva do governo dos Estados Unidos na difusão do modelo liberal mundo afora, é explicado de maneira bastante convincente por Stiglitz (2002); que chefiou a equipe de assessores econômicos do presidente americano Bill Clinton e que, posteriormente, foi vice-presidente do Banco Mundial. Portanto, um ator político de dentro do "sistema", profundo conhecedor de seu funcionamento.

Como se pode constatar, os interesses que deverão ser contrariados, caso se queira realmente mudar o país, são poderosíssimos. A gritaria, em particular dos "mercados", começou desde o processo eleitoral e mal disfarçava o seu caráter chantagista e autoritário. Durante toda a campanha presidencial de 2002 o capital financeiro e seus representantes tentaram criar um clima de medo e insegurança, prevendo consequências desastrosas e inimagináveis para o país, caso algum dos candidatos de oposição saísse vitorioso. Mais do que isso, os especuladores do mercado financeiro comandaram um processo artificial de valorização do dólar, que adentrou os limites da criminalidade, como forma de ganhar com a rolagem dos títulos da dívida pública. Por fim, derrotado formalmente na eleição, o capital financeiro participou, sem a menor cerimônia, da indicação do Presidente do Banco Central. Tudo em nome da manutenção da atual e responsável política econômica, que levou o país a bater às portas do FMI por três vezes nos últimos quatro anos.

Sem dúvida, a herança deixada por mais de dez anos de implementação do projeto liberal e de suas políticas complica enormemente, mas não impede, o redirecionamento dos rumos da nação. Por isso, o reconhecimento dessas dificuldades, bem como da existência de interesses poderosos que deverão ser contrariados, não podem servir de álibi para a manutenção e aprofundamento do atual estado de coisas ou mesmo para justificar mudanças apenas cosméticas no atual modelo. Ao contrário, a constatação dessas dificuldades é o primeiro passo para se discutir e buscar uma saída. Não pode haver tergiversações com relação a isso. A vontade expressa nas urnas foi clara e direta, a esmagadora maioria da sociedade deseja e exige um novo projeto de desenvolvimento. Além disso, com relação aos resultados da implementação do projeto liberal, a experiência internacional conhecida é meridianamente clara, qual seja: não há desenvolvimento econômico sustentado pela manutenção ou aprofundamento da vulnerabilidade externa e a consequente perda da soberania nacional.

No entanto, a construção político-ideológica neoliberal, que vê o mercado capitalista como o fim da história e apresenta a globalização do capital, e suas consequências, como tendo uma força avassaladora, quase que como fenômenos da natureza, inevitáveis e incontroláveis, dá a falsa impressão da existência de um caminho único e inexorável para a humanidade. Com isso, aquilo que é produto da ação política e das decisões de sujeitos definidos (os governos das grandes potências econômicas, as grandes corporações produtivo-financeiras transnacionais e as instituições econômicas multilaterais sob domínio do capital financeiro) transfigura-se num processo autônomo, acima da vontade e da ação dos indivíduos e dos sujeitos coletivos.

A consequência prática dessa hegemonia ideológica, ao longo das duas últimas décadas do século passado, foi a difusão, para toda a sociedade, de um sentimento de impotência, reforçado diariamente pelos meios de comunicação, que se expressa numa tendência à aceitação passiva de uma única direção, à qual todos deviam se adaptar, ou perecer. No entanto, no Brasil, como em todo o mundo, a chegada do novo milênio coincidiu com a crise do projeto econômico-político neoliberal. Os seus resultados econômicos e sociais, para os países periféricos e para as classes trabalhadoras, falaram mais alto do que o discurso neoliberal sobre a eficiência dos mercados. O caráter regressivo e antissocial do projeto foi desnudado. E mais ainda, a chamada terceira via, expressão da capitulação da social-democracia à política e à ideologia neoliberais, também entrou em crise. Os exemplos de vários países europeus, mas especialmente o da França, e o do próprio Estados Unidos, não deixam dúvidas.

O Governo Lula está apenas começando, mas já está diante de uma disjuntiva dramática, que definirá sua trajetória e marcará, profundamente, o futuro do país e a biografia do Presidente Lula. A escolha a ser feita, que não dependerá apenas do Governo e muito menos do Presidente, será decisiva e não permitirá nuanças ou meios-termos. No essencial, existem dois grandes caminhos possíveis, quais sejam:

1 – *Ir além de FHC*, no sentido de, aceitando a condição de refém do capital financeiro, manter e aprofundar, mais ainda, as políticas ortodoxas e o modelo econômico-social liberal. Nesse caso, a escolha será no sentido de reciclar esse modelo, na linha do pós-Consenso de Washington,[17] através da maior aceitação da intervenção do Estado como planejador e articulador da concorrência intercapitalista e da maior ênfase – mais retórica do que prática – na condução de programas sociais mais ou menos focalizados. As experiências históricas disponíveis indicam que a escolha desse caminho, na pior das hipóteses, conduzirá a reiteradas crises cambiais e das finanças públicas, com repetidos ajustes fiscais e rápida deterioração do ambiente político-social. E, na melhor das hipóteses, permitirá, através de um permanente e radical ajuste fiscal, reduções conjunturais (cíclicas) da vulnerabilidade externa e da fragilidade financeira do setor público, tendo por contrapartida um crescimento econômico pífio e um custo social enorme.

2 – *Ir além de FHC*, no sentido de romper, de fato, com a "Era Liberal" – iniciada com o Governo Fernando Collor de Mello e levada às suas últimas consequências pelos Governos FHC. Isso se expressaria, de logo, na superação das políticas que fragilizaram financeiramente o Estado e que aprofundaram a vulnerabilidade externa do país. O momento político-econômico para tomar essa decisão pode ser decisivo, mas essa ruptura não será fácil em nenhuma circunstância, em virtude do cenário econômico-político internacional desfavorável e da capacidade de retaliação do capital financeiro, externa e internamente. Mas, antes de tudo, esse caminho só será trilhado se a esquerda se convencer de que, apesar dos riscos e custos imediatos (inevitáveis) envolvidos, essa é a rota que poderá levar o país ao desenvolvimento. Além disso, essa escolha pressupõe, necessa-

---

17 Conforme documento elaborado pelo Instituto de Economia Internacional, que já havia, anteriormente, sistematizado o chamado "Consenso de Washington".

riamente, a redefinição da atual aliança política que inviabiliza a execução de um projeto alternativo de cunho nacional e popular, cuja possibilidade de ser efetivado dependerá, fundamentalmente, da vontade e da capacidade das esquerdas e de seus partidos articularem, fortalecerem e ampliarem os movimentos sociais e o movimento sindical – levando-os a se superarem, ultrapassando as suas fronteiras temáticas, setoriais e corporativas.

O Brasil necessita, mais do que nunca, de um projeto nacional, que leve sua economia a se articular internacionalmente a partir das necessidades e dos interesses de sua população. Para isso será fundamental a constituição de uma aliança política que permita, no plano da política econômica, a consecução, entre outros, dos seguintes objetivos mais imediatos: a) centralização do câmbio, com a administração seletiva da entrada e saída de capitais, reduzindo a exposição do país aos humores cambiantes do capital financeiro e permitindo uma maior grau de autonomia para o exercício das políticas monetária e fiscal; b) definição de metas inflacionárias menos draconianas, que possibilite a queda das taxas de juros e a redução dos famigerados superávits fiscais primários, com a recuperação da capacidade de investimento do Estado; c) nessa mesma direção, e ainda no plano das finanças públicas, realização de uma reforma tributária que onere os mais ricos e desonere as exportações e o emprego, através da transferência dos encargos trabalhistas da folha salarial para o faturamento ou valor adicionado das empresas; d) adoção imediata de políticas industriais, agrícolas, comerciais e tecnológicas ativas, que promova a inserção competitiva da economia brasileira nos mercados mundiais, estimulando a substituição criteriosa de importações e reduzindo a dependência financeira do país de capitais externos; e, por fim, e) realização de uma verdadeira reforma agrária, como apoio decisivo das políticas agrícolas.

Enfim, a política pode, e deve, superar a ditadura da economia e a chamada "via única" – em crise, há algum tempo, em todo o mundo – , sob pena de termos mais uma "década perdida"; dessa feita, paradoxalmente, com o país dirigido por forças políticas construídas, historicamente, na luta permanente contra o neoliberalismo. Esse é o grande desafio; mas sem dúvida a construção de uma outra economia é necessária, e se é necessária, é possível (Filgueiras, 2002c).

BIBLIOGRAFIA

ALMONACID, R. D. "A mágica do dr. Gustavo Franco", revisitada. In: *Revista de Economia Política*, abr.-jun., 1998, vol. 18, nº 2. São Paulo: Editora 34, p. 90-95.

AMADEO, E. "Discurso de posse do novo Ministro do Trabalho". In: *Revista de Economia Política*, out.-dez., 1998, vol. 18, nº 4. São Paulo: Editora 34, p. 145-148.

ANDERSON, P. "Balanço do neoliberalismo". In: SADER, E. e PABLO, G. (orgs.), *Pós-neoliberalismo – As políticas sociais e o Estado Democrático*. Rio de Janeiro: Paz e Terra, 1995, p. 9-23.

ANTUNES, R. *Adeus ao trabalho? – Ensaio sobre as metamorfoses e a centralidade do mundo do trabalho*. São Paulo: Cortez, 1995.

ARIDA, P. e LARA-RESENDE, A. "Inflação inercial e reforma monetária: Brasil". In: ARIDA, P. (org.), *Inflação zero – Brasil, Argentina e Israel*. Rio de Janeiro: Paz e Terra, 1985, p. 9-35.

BACHA, E. L. "Prólogo para a Terceira Carta". In: *Revista de Economia Política*, out.-dez., 1983, vol. 3, nº 4. São Paulo: Brasiliense, p. 5-19.

BARROS, J. R. M. e GOLDENSTEIN, L. "Avaliação do processo de reestruturação industrial brasileiro". In: *Revista de Economia Política*, abr.-jun., 1997, vol. 17, nº 2. São Paulo: Editora 34, p. 11-31.

BARROS, P. B.; CAMARGO, J. M. e MENDO, R. "A estrutura do desemprego no Brasil". In: ANPEC – *Anais do XXIV Encontro Nacional de Economia*. Rio de Janeiro, 1996, p. 497-516.

BATISTA JR., P. N. "O Consenso de Washington: a visão neoliberal dos problemas latino-americanos". *Cadernos de Debates nº 1 – Associações da CESP*, São Paulo, 1995.

BATISTA JR., P. N. "'Globalização' financeira e regimes cambiais". In: *Revista de Economia Política*, abr.-jun., 1998, vol. 18, nº 2. São Paulo: Editora 34, p. 20-30.

BATISTA JR., P. N. "O Plano Real à luz da experiência mexicana e argentina". In: *Estudos Avançados – USP*, 1996, 10 (28), p. 129-197.

BATISTA JR., P. N. "Dois diagnósticos equivocados da questão fiscal no Brasil". In: *Revista de Economia Política*, abr.-jun., 1985, vol. 5, nº 2. São Paulo: Brasiliense, p. 16-38.

BATISTA JR. P. N. Erros novos, por favor. Folha de S.Paulo, São Paulo, 17/4/2003. Caderno Dinheiro, p. 4.

BELLUZZO, L. G. M e TAVARES, M. C. "Uma reflexão sobre a natureza da inflação contemporânea". In: REGO, J. M. (org.), *Inflação inercial, teorias sobre o inflação e o Plano Cruzado*. Rio de Janeiro: Paz e Terra, 1986, p. 47-71.

BELLUZZO, L. G. M. e MELLO, J. M. C. "FMI x Brasil: a armadilha da recessão – Introdução". In: *Fórum Gazeta Mercantil*. São Paulo, 1983.

BELLUZZO, L. G. M. e COUTINHO, L. G. "Política econômica, inflexões e crise: 1974/1981". In: BELLUZZO, L. G. M. e COUTINHO, R., *Desenvolvimento capitalista no Brasil – Ensaios sobre a crise*, vol. 1. São Paulo: Brasiliense, 1982, p. 159-193.

BELLUZZO, L. G. M. e MELLO, J. M. C. "Reflexões sobre a crise atual". In: BELLUZZO, L. G. M. e COUTINHO, R. *Desenvolvimento capitalista no Brasil – Ensaios sobre a crise*, vol. 1. São Paulo: Brasiliense, 1982, p. 141-158.

BIONDI, A. *O Brasil privatizado: um balanço do desmonte do Estado*. São Paulo: Fundação Perseu Abramo, 1999.

BOMBERGER, W. A. e MAKINEN, G. E. "A hiperinflação húngara e a estabilização de 1944-46". In: REGO, J. M. (org.), *Inflação inercial, teorias sobre o inflação e o Plano Cruzado*. Rio de Janeiro: Paz e Terra, 1986, p. 204-233.

BONELLI, R. e MALAN, P. "Os limites do possível: notas sobre o balanço de pagamentos e indústria nos anos 70". *Pesquisa e Planejamento Econômico*, 1976, vol. 6, nº 2. Rio de Janeiro: FGV, p. 353-406.

BONOMO, M. "The political economy of exchange rate policy in Brazil". XXVI Encontro Nacional de Economia – ANPEC. Vitória, Espírito Santo. Mimeo., 1998, 20 p.

BORGES, A. "Trabalho e renda nos anos 90: novos horizontes de exclusão". In: *Bahia Análise & Dados*, dez., 1993, vol. 3, nº 3, p. 76-87.

BORGES, A. e DRUCK, M. G. "Crise global, terceirização e exclusão no mundo do trabalho". *Caderno CRH*, Salvador, jul.-dez., 1993, nº 19, p. 22-43.

BORGES, A. e FILGUEIRAS, L. "Mercado de trabalho nos anos 90: o caso da Região Metropolitana de Salvador (RMS)". In: *Bahia: Análise & Dados*, dez., 1995, vol. 5, nº 3, p. 30-36.

BRAGA, J. C. e PRATES, D. "Todos os bancos do presidente?". In: *Praga – Estudos marxistas 6*. São Paulo: Hucitec, 1998, p. 33-43.

CANO, W. "Industrialização, crise, ajuste e reestruturação". In: OLIVEIRA, C. A. et al. (orgs.), *O mundo do trabalho – Crise e mudança no final do século*. São Paulo: Página Aberta, 1994, p. 589-604.

CARDOSO, F. H. "Prefácio". In: FRANCO, G. H. B., *O Plano Real – E outros ensaios*. Rio de Janeiro: Francisco Alves, 1995, p. 9-15.

CARNEIRO, R. e MIRANDA, J. C. "Os marcos gerais da política econômica". In: CARNEIRO, R. (org.), *A política econômica da Nova República*. São Paulo: Paz e Terra, 1986.

CARVALHO, C. E. "A economia brasileira depois da desvalorização: muitas surpresas". In: *Cadernos do CEAS*, Salvador, set.-out., 1999, nº 183, p. 11-21.

CASTRO, A. B. de e SOUZA, F. E. P. de *A economia brasileira em marcha forçada*. Rio de Janeiro: Paz e Terra, 1985.

CHESNAY, F. *A mundialização do capital*. São Paulo: Xamã, 1996.

CINQUETTI, A. C. "The Real Plan: stabilization and destabilization". XXVI Encontro Nacional de Economia – ANPEC. Vitória, Espírito Santo. Mimeo., 1998, 19 p.

CORIAT, B. "Ohno e a escola japonesa de gestão da produção: um ponto de vista de conjunto". In: HIRATA, H. (org.), Sobre o modelo japonês. São Paulo: EDUSP, 1993, p. 79-91.

CORSEUIL, C. H.; REIS, C. e URANI, A. "Determinantes da estrutura do desemprego no Brasil – 1986-1995". In: ANPEC – Anais do XXIV Encontro Nacional de Economia, 1996, p. 462-477.

COUTINHO, L. "Terceira revolução industrial e tecnológica: as grandes tendências de mudança". In: Revista Economia e Sociedade, nº 1, ago., 1992. Campinas: IE – UNICAMP, p. 69-87.

CRUZ, P. R. D. "Notas sobre o endividamento externo brasileiro nos anos setenta". In: BELLUZZO, L. G. M. e COUTINHO, R., Desenvolvimento capitalista no Brasil – Ensaios sobre a crise, vol. 2. São Paulo: Brasiliense, 1982, p. 59-106.

DEDECA, C. S. "Desemprego e regulação no Brasil hoje". In: Cadernos do CESIT, Campinas: UNICAMP, 1996, nº 20.

DELFIM NETTO, A. "Só o político pode salvar o economista". In: A tragédia do Cruzado. Folha de S.Paulo, 1986, p. 148-150.

DRUCK, M. G. Terceirização: (Des)Fordizando a fábrica – Um estudo do complexo petroquímico da Bahia. Tese de doutorado em Ciências Sociais, UNICAMP, 1995, 275 p.

ERBER, F. S. e CASSIOLATO, J. E. "Política industrial: teoria e prática no Brasil e na OCDE". In: Revista de Economia Política, abr.-jun., 1997, vol. 17, nº 2. São Paulo: Editora 34, p. 32-60.

FERREIRA, C. G. "O fordismo, sua crise e o caso brasileiro". Cadernos do CESIT, Campinas: UNICAMP, 1993, nº 13.

FILGUEIRAS, L. Reforma da previdência e capital financeiro. Revista Reportagem, v. 4, n. 42, p. 36-38, mar. 2003.

FILGUEIRAS, L. Brasil e Argentina: semelhanças e diferenças. A Tarde, Salvador, 28/1/2002a, p. 5.

FILGUEIRAS, L.. O risco Brasil e a eleição para presidente. A Tarde, Salvador, 10/6/2002b, p. 4.

FILGUEIRAS, L. Uma outra economia é possível. A Tarde, Salvador, 17/10/2002c, p. 4.

FILGUEIRAS, L. Da substituição de importações ao Consenso de Washington. In: Reflexões de Economistas Baianos. Salvador: Conselho Regional de Economia – Corecon – 5ª Região, 2001.

FILGUEIRAS, L. Economia brasileira: as fragilidades estruturais permanecem. Revista Bahia Análise e Dados, Salvador, v. 10, n. 3, 2000.

FILGUEIRAS, L. A. M. "Globalização e crise: segredo e dificuldades do Plano Real". In: Desal Mídia (jornal do Banco Central – Salvador), jan., 1998, Ano III, nº 35, p. 2-3.

FILGUEIRAS, L. A. M. "Reestruturação produtiva, globalização e neoliberalismo: capitalismo e exclusão social neste final de século". In: Cadernos do CEAS, Salvador, set.-out., 1997, nº 171, p. 9-29.

FILGUEIRAS, L. A. M. "O Plano Real ao sabor das eleições: o ciclo econômico/político". In: Jornal Bahia Hoje, Salvador, 10/7/1996, p. 6.

290 *História do Plano Real*

Filgueiras, L. A. M. "Plano FHC e desindexação: a questão salarial". In: *Cadernos do Ceas*, Salvador, set.-out., 1995, nº 159, p. 7-25.

Filgueiras, L. A. M. "Plano FHC: da 'âncora cambial' à 'âncora salarial'". In: *Conjuntura e Planejamento*, Salvador, ago., 1995, nº 15, p. 3-6. Superintendência de Estudos Econômicos e Sociais da Bahia (SEI) – Seplantec/BA.

Filgueiras, L. A. M. "Desindexação dos salários: a 4ª fase do Plano FHC". In: *Bahia: Análise & Dados*, Salvador, jun., 1995, vol. 5, nº 1, p. 71-81. Superintendência de Estudos Econômicos e Sociais da Bahia (SEI) – Seplantec/BA.

Filgueiras, L. A. M. "O plano econômico-político FHC e as eleições presidenciais". *Cadernos do Ceas*, Salvador, jul.-ago., 1994, nº 152, p. 32-41.

Filgueiras, L. A. M. "A questão salarial no Plano FHC (Real)". In: *Força de Trabalho e Emprego*, jan.-abr./maio-ago., 1994, vol. 11, nº 1/2.

Filgueiras, L. A. M. A lei de valor como lei de movimento do capital. FCE/Ufba. Salvador. Mimeo., 1993, 14 p.

Fiori, J. L. "As palavras e as coisas". In: *Os moedeiros falsos*. Petrópolis: Vozes, 1997a, p. 23-31.

Fiori, J. L. "O novo papel do Estado frente à globalização". In: *Os moedeiros falsos*. Petrópolis: Vozes, 1997b, p. 229-239.

Fiori, J. L. "Os moedeiros falsos". In: *Os moedeiros falsos*. Petrópolis: Vozes, 1997c, p. 11-21.

Fiori, J. L. Resultados de uma gestão socialista do capitalismo. Disponível em: http://www.agênciacartamaior.uol.com.br. Acesso em: 19/4/2003.

Fiori, J. L. e Tavares, M. da C. "Apresentação". In: Tavares, M. C. e Fiori, J. L. (orgs.), *Poder e dinheiro – Uma economia política da globalização*. Petrópolis: Vozes, 1998, p. 17-13.

Fiori, J. L. e Tavares, M. da C. "Introdução". In: Tavares, M. C. e Fiori, J. L., *Desajuste global e modernização conservadora*. São Paulo: Paz e Terra, 1993, p. 17-20.

Franco, G. "A inserção externa e o desenvolvimento". In: *Revista de Economia Política*, jan.-mar., 1996, vol. 18, nº 3. São Paulo: Editora 34, p. 121-147.

Franco, G. *Plano Real – e outros ensaios*. Rio de Janeiro: Francisco Alves, 1995.

Freitas, M. C. P. de. Implicações profundas e negativas. Folha de S.Paulo, São Paulo, 12/4/2003, Caderno A, p. 2.

Friedman, M. *Capitalismo e liberdade*. Tradução de Luciana Carli. Coleção Os Economistas. São Paulo: Abril Cultural, 1984.

Fukuyama, F. *O fim da história e o último homem*. São Paulo: Rocco, 1992.

Germer, C. M. "O sistema de crédito internacional e a instabilidade financeira dos países da periferia capitalista". I Jornada de Economia Política. SEP (Sociedade Brasileira de Economia Política). Vitória, Espírito Santo. Mimeo., 1998, 20 p.

Goldstein, L. "Os percalços da política econômica recessiva (1981-1982)". In: *Revista de Economia Política*, abr.-jun., 1983, vol. 3, nº 3. São Paulo: Brasiliense, p. 141-153.

Gorender, J. *Globalização, revolução tecnológica e relações de trabalho*. São Paulo: Instituto de Estudos Avançados – USP, Série Assuntos Internacionais – 47, 1996.

Gorz, A. "O declínio da relevância do trabalho e a ascensão de valores pós-econômicos". In: *O socialismo do futuro*, nº 06, 1993. Instituto Pensar – Fundação Sistema.

GRAMSCI, A. "Americanismo e fordismo". In: *Maquiavel, a política e o Estado moderno*. Rio de Janeiro: Civilização Brasileira, 1976, p. 375-413.

GRAY, J. *Falso amanhecer – Os equívocos do capitalismo global*. Rio de Janeiro: Record, 1999.

HADDAD, F. "50 anos em 5". In: *Praga – Estudos marxistas 6*. São Paulo: Hucitec, 1998, p. 63-66.

HARVEY, D. *A condição pós-moderna*. São Paulo: Loyola, 1992.

IEDI. O investimento estrangeiro na economia brasileira e o investimento de empresas brasileiras no exterior. Disponível em: http://www.iedi.org. br. Acesso em: 20/4/2003.

JORNAL FOLHA DE S.PAULO, 24/1/1999, p. 5-5.

JORNAL FOLHA DE S.PAULO, 24/1/1999, p. 5-7.

JORNAL FOLHA DE S.PAULO, 20/1/1999, 2º caderno, p. 10.

JORNAL FOLHA DE S.PAULO, 19/1/1999, p. 2-2.

JORNAL FOLHA DE S.PAULO, 18/11/1997.

LOPES, F. L. "Inflação inercial, hiperinflação e desinflação": Notas e conjecturas". In: *Revista de Economia Política*, abr.-jun., 1985, vol. 5, nº 2, São Paulo: Brasiliense, p. 135-151.

LÖWY, M. *As aventuras de Karl Marx contra o Barão de Münchhausen*. São Paulo: Busca Vida, 1987.

MARX, K. *O capital: crítica da economia política*. Tradução de Regis Barbosa e Flávio R. Kothe. Coleção Os Economistas. São Paulo: Abril Cultural, 1983-4.

MARX, K. *O 18 brumário de Luís Bonaparte*. Coleção Os Pensadores, XXXV, 1ª ed. São Paulo: Abril Cultural, 1974, p. 329-410.

MATTOSO, J. e BALTAR, P. E. de A. "Transformações estruturais e emprego nos anos 90". In: *Cadernos do CESIT*, Campinas: UNICAMP, 1996, nº 21.

MATTOSO, J. *A desordem do trabalho*. São Paulo: Scritta, 1995.

MAYER-SERRA, C. L. "Tres trampas: sobre los orígenes de la crisis económica mexicana de 1994". In: *Revista de Economia Política*, out.-dez., 1998, vol. 18, nº 4. São Paulo: Editora 34, p. 122-140.

MERCADANTE, A. A esperança com os pés no chão. Folha de S.Paulo, São Paulo, 6/4/2003, Caderno Dinheiro, Lições Contemporâneas, p. 2.

MERKIN, G. "Para uma teoria da inflação alemã: algumas observações preliminares". In: REGO, J. M. (org.), *Inflação inercial, teorias sobre a inflação e o Plano Cruzado*. Rio de Janeiro: Paz e Terra, 1986, p. 301-327.

MINISTÉRIO DA FAZENDA. Política econômica e reformas estruturais. Disponível em: http://www.fazenda.org.br. Acesso em: 20/4/2003.

MOREIRA, M. M. e CORREA, P. G. "Abertura comercial e indústria: o que se pode esperar e o que se vem obtendo". In: *Revista de Economia Política*, abr.-jun., 1997, vol. 17, nº 2. São Paulo: Editora 34, p. 61-91.

MUNHOZ, D. G. "Alternativas à 'não política' recessiva". In: *Revista de Economia Política*, out.-dez., 1981, vol. 1, nº 4. São Paulo: Brasiliense, p. 95-102.

NAKATANI, P. "Capital especulativo parasitário, capital fictício e crise no Brasil". I Jornada de Economia Política. SEP (Sociedade Brasileira de Economia Política). Vitória, Espírito Santo. Mimeo., 1998, 20 p.

NEC. A mudança ministerial e o esgotamento de uma forma de governo. Núcleo de Estudos Conjunturais. Salvador: FCE/Ufba. Mimeo., 1991, 16 p.

Offe, C. e Hinrich, K. "Economia social do mercado de trabalho: diferencial primário e secundário de poder". In: Offe, C., Trabalho e sociedade: problemas estruturais e perspectivas para o futuro da "Sociedade do Trabalho". Rio de Janeiro: Tempo Brasileiro, 1989, p. 43-81.

OIT. Organización Internacional del Trabajo 1996 – Informes de Prensa, 26/11/1996.

Oliveira, F. A. de. "Política fiscal e política monetária no Brasil: o estrangulamento imposto pela dívida externa". In: Nova Economia, nov., 1990, vol. 1, nº 1, Belo Horizonte: Cedeplar/Ufmg.

Oliveira, F. de. "Fernando Otto von Collor Bismarck". In: Revista de Economia Política, jul.-set., 1990, vol. 10, nº 3, São Paulo: Brasiliense, p. 137-139.

Ormerod, P. A morte da economia. São Paulo: Companhia das Letras, 1996.

Pastore, A. C. "Os rumos do Plano Cruzado". In: A tragédia do Cruzado. Folha de S.Paulo, 1986, p. 182-186.

Pastore, J. Flexibilização dos mercados de trabalho e contratação coletiva. São Paulo: LTR, 1995.

Paula, L. F. R. de e Alves Jr., A. J. "Fragilidade financeira externa e os limites da política cambial no Real". In: Revista de Economia Política, jan.-mar., 1999, vol. 19, nº 1. São Paulo: Editora 34, p. 72-93.

Paulani, L. M. "A dança dos capitais". In: Praga – Estudos marxistas 6. São Paulo: Hucitec, 1998, p. 45-55.

Paulani, L. M. "O debate da inflação e o paradoxo do choque". In: A tragédia do Cruzado. Folha de S.Paulo, 1986, p. 77-79.

Pereira, C. L. Reforma do estado e privatização: uma análise do Programa Nacional de Desestatização. Dissertação de mestrado. Salvador: Faculdade de Ciências Econômicas, Ufba. Mimeo., 1996, 166 p.

Pereira, L. C. B. "A economia e a política do Plano Real". In: Revista de Economia Política, out.-dez., 1994, vol. 14, nº 4. São Paulo: Editora 34, p. 129-149.

Plihon, D. "A ascensão das finanças especulativas". In: Economia e Sociedade, 1995, nº 5. Campinas: Instituto de Economia, Unicamp, p. 61-78.

Pochmann, M. "O problema recente do emprego no capitalismo contemporâneo". In: Anpec – Anais do XXIV Encontro Nacional de Economia, 1996, p. 517-535.

Prates, D. M. "A abertura financeira dos países periféricos e os determinantes dos fluxos de capitais". In: Revista de Economia Política, jan.-mar., 1999, vol. 19, nº 1, São Paulo: Editora 34, p. 55-71.

Prates, D. M. Abertura financeira e vulnerabilidade externa: a economia brasileira na década de 90. Dissertação de mestrado. Campinas: Instituto de Economia, Unicamp. Mimeo., 1997, 192 p.

Receita ortodoxa mostra eficácia, diz Canuto. Folha de S. Paulo, São Paulo, Caderno Dinheiro, 16/4/2003, p. 5.

REP. "Documentos (artigos na imprensa sobre o novo plano de estabilização econômica)". In: Revista de Economia Política, jan.-mar., 1988, vol. 8, nº 1. São Paulo: Brasiliense, p. 132-152.

REP. "Documentos (Novo Plano Cruzado)". In: *Revista de Economia Política*, out.-dez., 1987, vol. 7, n⁰ 4. São Paulo: Brasiliense, p. 145-151.

REP. "Documentos (A crise do Plano Cruzado)". *Revista de Economia Política*, abr.-jun., 1987, vol. 7, n⁰ 2. São Paulo: Brasiliense, p. 131-149.

REP. "Documentos (plano de estabilização econômica; artigos na imprensa sobre o Plano Cruzado)". *Revista de Economia Política*, jul.-set., 1986, vol. 6, n⁰ 3. São Paulo: Brasiliense, p. 109-151.

RESENDE, A. "Discurso de posse no Banco Central". In: *Revista de Economia Política*, abr.-jun., 1995, vol. 15, n⁰ 2. São Paulo: Nobel, p. 150-152.

RESENDE, A. "A moeda indexada: nem mágica nem panacéia". In: *Revista de Economia Política*, abr.-jun., 1985, vol. 5, n⁰ 2. São Paulo: Brasiliense, p. 124-129.

RESENDE, A. "A moeda indexada: uma proposta para eliminar a inflação inercial". In: *Revista de Economia Política*, abr.-jun., 1985, vol. 5, n⁰ 2. São Paulo: Brasiliense, p. 130-134.

RICARDO, D. *Princípios de economia política e tributação*. Coleção Os Economistas. São Paulo: Abril Cultural, 1982.

RIGOLON. F. & GIAMBIAGI, F. A atuação do Banco Central em uma economia estabilizada: é desejável adotar metas inflacionárias no Brasil? *Revista de Economia Política*, São Paulo, v. 19, n. 3, p. 3-22, jul./set. 1999.

RIFKIN, J. *O fim dos empregos*. São Paulo: Makron Books, 1995.

ROCHA, C. H. "Salário, câmbio e a competitividade das exportações brasileiras". In: *Revista de Economia Política*, abr.-jun., 1997, vol. 17, n⁰ 2. São Paulo: Editora 34, p. 145- 148.

SAMPAIO JR., P. DE A. A dança imóvel e os impasses da transição. *Revista ADUSP*. Disponível em: http://www.ivanvalente.com.br. Acesso em: 16/4/2003.

SARGENT, T. "Os finais de quatro hiperinflações". In: REGO, J. M. (org.), *Inflação inercial, teorias sobre o inflação e o Plano Cruzado*. Rio de Janeiro: Paz e Terra, 1986, p. 235-299.

SAYAD, J. "A funcionalidade política da recessão". In: *Revista de Economia Política*, out.-dez., 1981, vol. 1, n⁰ 4. São Paulo: Brasiliense, p. 87-93.

SCHAFF, A. "O futuro do trabalho e do socialismo". In: *O socialismo do futuro*. Salvador: Instituto Pensar, 1993, n⁰ 6, p. 11-23.

SCHWARTSMAN, A. "A crise cambial e o ajuste fiscal". In: *Revista de Economia Política*, jan.-mar., 1999, vol. 19, n⁰ 1. São Paulo: Editora 34, p. 5-29.

SERRA, J. "Crítica ao receituário ortodoxo". In: *Revista de Economia Política*, out.--dez., 1981, vol. 1, n⁰ 4. São Paulo: Brasiliense, p. 71-86.

SICSÚ, J. "A URV e sua função de alinhar preços relativos". In: *Revista de Economia Política*, abr.-jun., 1996, vol. 16, n⁰ 2. São Paulo: Brasiliense, p. 71-85.

SIMONSEN, M. H. "O Cruzado e a tesoura". In: *A tragédia do Cruzado. Folha de S.Paulo*, 1986, p. 129-131.

SIMONSEN, M.H. "Ascensão e declínio do choque heterodoxo". In: *A tragédia do Cruzado. Folha de S.Paulo*, 1986, p. 234-238.

SIMONSEN, M. H. "Experiências anti-inflacionárias: lições da história". In: REGO, J. M. (org.), *Inflação inercial, teorias sobre o inflação e o Plano Cruzado*. Rio de Janeiro: Paz e Terra, 1986, p. 167-184.

SMITH, A. *A riqueza das nações: investigação sobre sua natureza e suas causas*. Coleção Os Economistas. São Paulo: Abril Cultural, 1983.

STIGLITZ, J. E. *A globalização e seus malefícios*. São Paulo: Futura, 2002.

STIGLITZ, J. E. "More instruments and broader goals: moving toward the pos--Washington Consensus". In: *Revista de Economia Política*, jan.-mar., 1999, vol. 19, nº 1. São Paulo: Editora 34, p. 94-120.

TAVARES, M. da C. "A economia política do Real". In: MERCADANTE, A., *O Brasil pós-Real – A política econômica em debate*. Campinas: Instituto de Economia, UNICAMP, 1997, p.101-129.

TAVARES, M. da C. "As políticas de ajuste no Brasil: os limites da resistência". In: TAVARES, M. C. e FIORI, J. L., *Desajuste global e modernização conservadora*. São Paulo: Paz e Terra, 1993, p. 75-126.

WOOD, S. "Toyotismo e/ou japonização". In: HIRATA, H. (org.), *Sobre o modelo japonês*. São Paulo: EDUSP, 1993, p. 49-77.

OUTRAS PUBLICAÇÕES DA BOITEMPO

ARSENAL LÊNIN
Conselho editorial: Antonio Carlos
Mazzeo, Antonio Rago, Fábio Palácio,
Ivana Jinkings, Marcos Del Roio, Marly
Vianna, Milton Pinheiro e Slavoj Žižek

O desenvolvimento do capitalismo na Rússia
VLADÍMIR ILITCH LÊNIN
Tradução de Paula Vaz de Almeida
Apresentação de José Paulo Netto
Orelha de Anderson Deo
Apoio de Fundação Maurício Grabois

BIBLIOTECA LUKÁCS
Coordenação: José Paulo Netto e
Ronaldo Vielmi Fortes

*Estética: a peculiaridade do
estético – volume 1*
GYÖRGY LUKÁCS
Tradução de Nélio Schneider
Revisão técnica de Ronaldo Vielmi Fortes
Apresentação de José Paulo Netto
Orelha de Ester Vaisman

ESCRITOS GRAMSCIANOS
Conselho editorial: Alvaro Bianchi,
Daniela Mussi, Gianni Fresu, Guido
Liguori, Marcos del Roio e Virgínia Fontes

Vozes da terra
ANTONIO GRAMSCI
Organização e apresentação de Marcos
Del Roio
Tradução de Carlos Nelson Coutinho e
Rita Coitinho
Notas da edição de Rita Coitinho e Marília
Gabriella Borges Machado
Orelha de Giovanni Semeraro

ESTADO DE SÍTIO
Coordenação: Paulo Arantes

Colonialismo digital
DEIVISON FAUSTINO E WALTER LIPPOLD
Prefácio de Sérgio Amadeu da Silveira
Orelha de Tarcízio Silva

MARX-ENGELS

Para a crítica da economia política
KARL MARX
Tradução de Nélio Schneider
Apresentação de Jorge Grespan
Orelha de Hugo da Gama Cerqueira

MUNDO DO TRABALHO
Coordenação: Ricardo Antunes
Conselho editorial: Graça Druck, Luci
Praun, Marco Aurélio Santana, Murillo
van der Laan, Ricardo Festi, Ruy Braga

A angústia do precariado
RUY BRAGA
Prefácio de Sean Purdy
Orelha de Silvio Almeida

PONTOS DE PARTIDA

Lukács: uma introdução
JOSÉ PAULO NETTO
Orelha de João Leonardo Medeiro

Este livro foi composto em Book Antiqua, corpo 10/12, e reimpresso em papel Chambril Avena 80 g/m² pela gráfica Forma Certa para a Boitempo, em outubro de 2024, com tiragem de 100 exemplares.